*Os domínios do mistério
prometem
as mais belas experiências*

Einstein

1 — HISTÓRIA DA ASTROLOGIA, por Serge Hutin
2 — OS EXTRATERRESTRES NA HISTÓRIA, por Jacques Bergier
3 — O OURO DOS ALQUIMISTAS, por Jacques Sadoul
4 — O MISTÉRIO DAS CATEDRAIS, por Fulcanelli
5/6 — HISTÓRIA DA MAGIA, por Kurt Seligmann
7 — O LIVRO DOS MUNDOS ESQUECIDOS, por Robert Charroux
8 — OS ENIGMAS DA SOBREVIVÊNCIA, por Jacques Alexander
9 — O OCULTISMO, por Papus
10 — OS DOMÍNIOS DA PARAPSICOLOGIA, por H. Larcher e P. Revignan
11 — STONEHENGE, por Fernand Niel
12 — ESTAMOS SÓS NO COSMOS? por Pontmann, J. Illies e outros
13 — ARQUIVOS SECRETOS DA FEITICEIRA E DA MAGIA NEGRA, por François R. Dumas
14 — TRATADO DA PEDRA FILOSOFAL, seguido de O PILOTO DA ONDA VIVA, por Lambsprink e M. Eyquem du Martineau
15 — AS MANSÕES FILOSOFAIS, por Fulcanelli
16 — O GRANDE E O PEQUENO ALBERTO
17 — OS 13 PANTÁCULOS DA FELICIDADE, por Kersaint
18 — MANUAL PRÁTICO DE ASTROLOGIA, por Joelle de Gravelaine
19 — CARTAS E DESTINO, por Hadès
20 — A ARQUEOLOGIA MISTERIOSA, por Michael-Claud Touchard
21 — OS GRANDES LIVROS MISTERIOSOS, por Guy Bechtel
22 — SETE, O NÚMERO DA CRIAÇÃO, por Desmond Varley
23 — AS MEDICINAS TRADICIONAIS SAGRADAS, por Claudine Brelet-Rueff
24 — A CIÊNCIA PERANTE O DESCONHECIDO, por F. L. Boschke
25 — A CHAVE DA TEOSOFIA, por H. P. Blavatsky
26 — A TRADIÇÃO HERMÉTICA, por Julius Evola
27 — TRATADO DA REITEGRAÇÃO DOS SERES, por Martinets de Pasquallys
28 — A CABALA E A TRADIÇÃO JUDAICA, por R. de Tryon-Montalembert e K. Hruby
29 — OS ROSA-CRUZ, por J. P. Bayard e P. Montlion
30 — A MAGIA DOS NÚMEROS, por Jorg Sabellicus
31 — A HISTÓRIA DA PARAPSICOLOGIA, por Massimo Inardi
32 — A TELEPATIA, por Vicenzo Nestler
33 — A SINARQUIA, por Jean Saunier
34 — A LEVITAÇÃO, por Anna Maria Turi
35 — OS CÁTAROS, por René Nelli
36 — O ESPIRITISMO, por Jaques Lantier
37 — ALQUIMIA E OCULTISMO , por Hermes, Paracelso e outros
38 — INICIAÇÃO À ASTROLOGIA, por Leonardo Oliveira
39 — O SUFISMO, por William Stoddard
40 — CIVILIZAÇÕES SUPERIORES DA ANTIGUIDDE
41 — OS GRANDES ENIGMAS DA ARQUEOLOGIA
42 — AS PEDRAS E A ESCRITA, vários
43 — O SIMBOLISMO DO TEMPLO CRISTÃO, por Jean Hani
44 — A CIÊNCIA DOS SÍMBOLOS, por René Alleau
45 — AS CIVILIZAÇÕES DO MISTÉRIO, por Sabatino Moscati
46 — O REI DO MUNDO, por René Guénon
47 — NOS CONFINS DO MUNDO, por C. Finzi
48 — HISTÓRIAS DA FILOSOFIA OCULTA, por Alexandrian
49 — O SEXO, OS ASTROS E NÓS, por Huguett Hirsig
50 — DEUSES DO PARAÍSO, ASTRONAUTAS DO FUTURO, por Erich von Däniken
51 — GUIA ASTROLÓGICO DA VIDA QUOTIDIANA por Ariette Dugas e Sylvie Bar-Bennett
52 — MANUAL DOS HORÓSCOPOS CHINESES, por Theodora Lau
53 — LIVRO DOS AMULETOS E TALISMÃS, por Jo Logan
54 — O PEQUENO LIVRO SOBRE A ARTE, por Gaspar Hartung von Hoff
55 — HITLER E O NAZISMO MÁGICO, por Giorgio Galli
56 — AS ARTES ADIVINHATÓRIAS, por Papus
57 — GUIA COMPLETO DE NUMEROLOGIA por Philippe de Louvlgny
58 — ADIVINHAÇÃO: QUIROMANCIA – I CHING, por Catherine Aubier
59 — ADIVINHAÇÃO: QUIROLOGIA - NUMEROLOGIA - CARTOMANCIA, por Catherine Aubier
60 — O UNIVERSO DA ASTROLOGIA, por Hadès

MANUAL PRÁTICO
DE ASTROLOGIA

Título original: *Connaissez-vous par votre signe astral!*

© Éditions de la Pensée Moderne, 1975

Tradução de Isabel Braga

Capa de Edições 70

Depósito legal n.º 147708/00

ISBN 972-44-0456-0

Direitos reservados para todos os países de língua portuguesa
por Edições 70, Lda.

EDIÇÕES 70, Lda.
Rua Luciano Cordeiro, 123 – 2.º Esq. – 1069-157 Lisboa
Telef.: 21 319 02 40
Fax: 21 319 02 49

Esta obra está protegida pela lei. Não pode ser reproduzida,
no todo ou em parte, qualquer que seja o modo utilizado,
incluindo fotocópia e xerocópia, sem prévia autorização do Editor.
Qualquer transgressão à lei dos Direitos de Autor será passível
de procedimento judicial

JOELLE DE GRAVELAINE

MANUAL PRÁTICO DE ASTROLOGIA
ASTROS, SIGNOS E ZODÍACO

INTRODUÇÃO

O carácter do homem é o seu destino
HERACLITO

Sigmund Freud, o pai da psicanálise, marcou um encontro com um astrólogo cujo nome lhe havia sido indicado por um amigo, de passagem por Viena. No autocarro que o devia conduzir a casa desse homem descobriu, de repente, que se esquecera do seu nome e morada. Que belo acto falhado! Teria ele «medo de saber»?

Parece, de facto, que a maior parte dos mal-entendidos acerca da astrologia provém disso. Os seus detractores decidiram negar a sua realidade porque essa é uma cómoda maneira de fugir à angústia. Aqueles que acreditam «nela» levam, por vezes, muito longe a sua credulidade, dando à astrologia poderes infalíveis de advinhação ou esperando dela previsões exactas, que, na maior parte dos casos, não são, quando acontecem, mais do que o resultado de um encontro feliz — e ocasional — entre um trânsito (ou passagem de um planeta sobre um ponto do tema de nascimento), uma intuição e uma tradição às vezes milenária.

Com segurança, que se pode esperar da astrologia?

Que ela ajude cada um a conhecer-se melhor, a conhecer melhor os seus próximos e, por isso mesmo, a melhor os compreender, a melhor explorar os seus dons, a melhor orientar uma criança — evitando assim trágicos erros de «agulhagem» — a aplicar-lhe, na medida do possível, um método de educação mais conforme com o seu temperamento.

Aquele que antes de um casamento ou de uma união pedir conselho a um astrólogo para melhor compreender os seus complexos, os seus problemas afectivos e os do seu futuro cônjuge, levará, sem dúvida, para essa união conhecimentos preciosos.

Ficará a saber que um Capricórnio frustrado terá necessidade de mais afecto que outro ou que um Gémeos que vive do presente reagirá mal a tudo que possa significar o seu encerramento num projecto de futuro.

Ficará também a saber que um determinado período, marcado por um «trânsito» planetário duro, poderá fazer surgir uma crise no casal e o facto de estar prevenido contra isso permitir-lhe-á manter-se vigilante ou compreender melhor as suas reacções.

De todas as tipologias — ou ciências dos tipos humanos a astrologia é a mais rica, a mais subtil, a mais universal. E, sem dúvida, com a ajuda da psicologia que, por seu turno, enriquece, ela permitirá, no futuro, um conhecimento infinitamente mais rápido e mais seguro dos mecanismos humanos, das estruturas psicológicas, dos grandes ciclos da civilização, etc.

Porque a astrologia, nascida na antiga Caldeia, conhece hoje um novo período de enriquecimento. Ela implanta-se nos meios universitários, suscita o interesse apaixonado de médicos, psiquiatras e psicanalistas. Desperta a curiosidade de sociólogos e filósofos; surpreende os biologistas; outros sábios espantam-se por encontrarem na estrutura astrológica a réplica da do átomo. Os meteorologistas descobrem que Urano, de acordo com a simbologia tradicional, desempenha, de facto, um papel nas tempestades magnéticas. Os estatísticos, como Michel Gauquelin, demonstram, desejando chegar a um resultado contrário, o bem fundamentado desta ciência.

Médicos, cardiologistas e outros especialistas fazem experiências juntamente com astrólogos. O doutor Allendy no seu sanatório verificou, no princípio do século, que as hemorragias, hemoptises e outros acidentes pulmonares coincidiam com certos aspectos formados no céu. Médicos soviéticos, conscientes do papel desempenhado pelas manchas solares no enfarte isolaram certos doentes, ameaçados de crise, em quartos totalmente protegidos da acção do sol e assim evitaram-lhes esses incidentes. Japoneses, especialistas no estudo das ostras, dedicaram-se por sua vez, a certas experiências sobre a melhor maneira de tratar as ostras tendo em conta as posições e interacções planetárias.

Psicossomáticos, como Helen Flanders Dunbar, estabeleceram retratos psicológicos de acidentados, cardíacos, tuberculosos, etc. E essas descrições reconstituem de maneira surpreendente a caracteriologia oferecida pela astrologia.

Não terminaríamos de apontar exemplos que provassem até que ponto a astrologia se tornou um campo de pesquisa aceite pelos sábios mais autênticos, como no tempo de Kepler e Galileu e quando era até praticada por papas e teólogos. Hoje em dia, enfim, «entrada nos costumes», muito explorada pela publicidade e pela imprensa de grande tiragem, a astrologia conquista novas cartas de nobreza através da psicologia. E é aí sem dúvida alguma que ela pode dar o seu melhor contributo. E já utilizada por investigadores americanos, como Clarke, em testes de orientação profissional, entrou já no ordenador das «casamenteiras patenteadas»; já a vemos, mais ou menos oficialmente, a ser usada por pessoas cuja profissão consiste em dar empregos a uns e empregados a outros.

A nossa intenção aqui não é explicar porquê e como funciona a astrologia. O debate seria árduo e muito demorado. E sim propor, com a ajuda de retratos. um melhor conhecimento dos signos do Zodíaco, dos quatro elementos (Fogo, Terra, Ar, Água), dos signos masculinos e femininos, Cardeais, Fixos, Mutáveis, a fim de que o leitor, se já foi «tocado», como se diz em esgrima, possa ir mais longe.

Uma crítica correntemente feita à astrologia diz respeito ao determinismo que implica, à noção de fatalidade que pressupõe. É uma falsa querela. Nada é inelutável a não ser o que nos constitui, quer dizer, a nossa herança genética (reforçada, de resto, pelo facto de existir também uma evidente herança astral) a cor da nossa pele, dos nossos olhos, o nosso aspecto em suma, assim como o meio no qual evoluímos, a nossa raça, a nossa religião, a própria época a que pertencemos... O nosso signo de nascimento nada mais é do que um determinismo entre outros; mas nós somos livres de utilizarmos os instrumentos que nos impõe. Isto é, de resto, o livre arbítrio.

QUADRO DAS DATAS QUE CORRESPONDEM À ENTRADA DO SOL EM CADA SIGNO DO ZODÍACO

(A data indicada representa um período médio, uma vez que o Sol entra nos signos com um ou dois dias de diferença consoante os anos são bissextos ou não.)

CARNEIRO	de 21 de Março a 20 de Abril
TOURO	de 21 de Abril a 21 de Maio
GÉMEOS	de 21 de Maio a 21 de Junho
CARANGUEJO	de 22 de Junho a 23 de Julho
LEÃO	de 24 de Julho a 23 de Agosto
VIRGEM	de 24 de Agosto a 23 de Setembro
BALANÇA	de 24 de Setembro a 23 de Outubro
ESCORPIÃO	de 24 de Outubro a 22 de Novembro
SAGITÁRIO	de 23 de Novembro a 22 de Dezembro
CAPRICÓRNIO	de 23 de Dezembro a 20 de Janeiro
AQUÁRIO	de 21 de Janeiro a 19 de Fevereiro
PEIXES	de 20 de Fevereiro a 21 de Março

N. B. Para conhecer com exactidão a data da entrada do Sol no seu signo, é preciso consultar as efemérides planetárias estabelecidas para todos os dias do ano e para cada ano em geral... ou apresentar o problema a um astrólogo. Informamos os amadores que nas livrarias especializadas existem obras excelentes sobre astrologia e todo o material indispensável.

O QUE É PRECISO SABER
PARA COMPREENDER O QUE SE SEGUE

Existem doze signos do Zodíaco. Assinalamos de passagem que o décimo terceiro signo, que se diz ter sido descoberto por Jean Rihnac, fazia parte do Zodíaco egípcio que não era, como o nosso, formado por doze campos de força iguais com trinta graus cada um, mas por treze signos de importância diferente. No entanto, podemos admitir esta divisão com a condição de se respeitar a distribuição em graus estabelecida pelos egípcios.

Estes doze signos estão, por sua vez, divididos em seis signos masculinos e em seis signos femininos. O Carneiro que é o primeiro signo e começa no equinócio da Primavera é um signo masculino. É seguido de Touro, um signo feminino, dos Gémeos, masculino... e assim por diante.

O Zodíaco está em seguida dividido em signos do Fogo, da Terra, do Ar e da Água. A cada elemento correspondem três signos: o Carneiro, o Leão e o Sagitário pertencem ao Fogo. O Touro, a Virgem e o Capricórnio pertencem à Terra. Os Gémeos, a Balança e o Aquário pertencem ao Ar. O Caranguejo, o Escorpião e os Peixes pertencem à Água.

Mas existem quatro signos Cardeais — que correspondem aos grandes eixos dos solstícios e dos equinócios: o Carneiro, o Caranguejo, a Balança e o Capricórnio. Quatro signos *Fixos*: o Touro, o Leão, o Escorpião e o Aquário (cuja equivalência simbólica vamos encontrar nos quatro evangelistas: Lucas, o Touro, Marcos, o Leão, João, o Escorpião (representado por uma cabeça de águia, pois ele incarna o Escorpião que ultrapassou o seu ser instituto, símbolo que vamos ensontrar nos Aztecas com o deus Ketzalcoatl, a serpente com penas) e Mateus, o Aquário, o único signo «humano» que no Zodíaco incarna o homem — ou a transcendência do homem: o anjo. Há, finalmente, quatro signos *Mutáveis*: os Gémeos, a Virgem, o Sagitário e os Peixes, os mais complexos e contraditórios do Zodíaco.

Eis um exemplo do Zodíaco tal como é vulgarmente utilizado pela astrologia: com indicações da natureza elementar dos doze signos, do planeta que os governa e da sua natureza Cardeal, Fixa ou Mutável, assim como da sua natureza masculina (+) ou feminina (−).

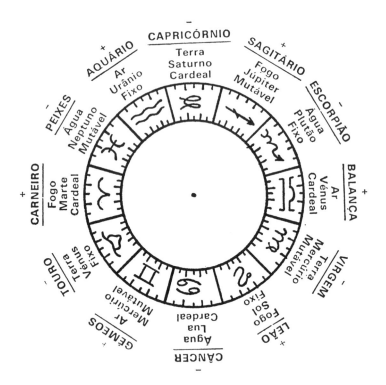

Eis um exemplo de tema astral completo, montado com base numa data: 16 de Julho de 1947; numa hora: duas horas da manhã; e num lugar: Marselha (B.-du-R.).

Com a posição dos planetas no tema no momento do nascimento e os aspectos que os ligam entre si, assim como as doze Casas determinadas pela hora do nascimento.

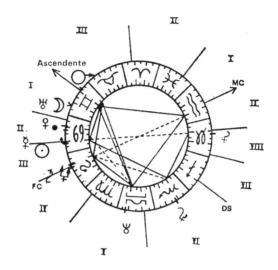

Podemos então dizer que o Zodíaco representa o palco no qual será representada a peça desempenhada pelo nativo; as Casas representam o cenário instalado no palco; os planetas são as personagens que evoluem no decorrer dos dias e os aspectos, o diálogo trocado entre esses planetas-personagens. Soam as três pancadas e um novo ser aparece na cena do mundo... naquele instante exacto, naquele lugar exacto.

IMPORTÂNCIA DO SIGNO ASCENDENTE

Quando alguém diz: «Nasci a 13 de Julho», está a afirmar: «Sou Caranguejo», ou mais precisamente: «no momento em que nasci, o Sol ocupava o signo zodiacal do Caranguejo.» Pois é assim que as coisas se passam: só o Sol determina o signo do nascimento.

Mas quando essa pessoa acrescenta: «Nasci a 13 de Julho às 19 horas ([1]), vê-se enriquecida com um *Ascendente* ([2]), na ocorrência no signo de Capricórnio (cf. o quadro n.º 7). Astronomicamente, essa é também a forma de assinalar que o Sol se punha no momento em que essa pessoa nascia. O Ascedente é o ponteiro grande do relógio, enquanto o Sol é o ponteiro pequeno. A combinação dos dois fornece a hora exacta. As modificações trazidas pelo Ascendente às características gerais do signo solar são essenciais. Claro que só um tema astral

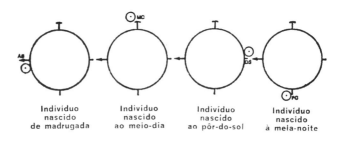

completo permite uma análise profunda da personalidade e da sua evolução mas a combinação signo solar-signo ascendente permite já um diagnóstico. Evidentemente que um Carneiro dotado dum Ascendente em Touro não será o mesmo «animal» que um Carneiro dotado dum Ascendente em Leão. O primeiro, como teremos ocasião de ver, será travado e estabilizado pelo Touro; terá mais facilidade em passar aos actos, em ir até ao fim dos empreendimentos, uma vez que o Fogo do Carneiro tem aqui um desenvolvimento em Terra. O segundo, movido exclusivamente pelo Fogo, será mais dinâmico, mais ousado, mais aventureiro; expor-se-á mais.

([1]) O lugar, a data e a hora do nascimento permitem fornecer o tema astral ou horóscopo pessoal.

([2]) O grau em que encontra o Ascendente representa o ponto em que o Sol se encontra no momento do nascimento. Se o indivíduo nasceu ao meio-dia, o Sol encontrar-se-á a Meio do Céu. À meia-noite, o Sol encontrar-se-á no Fundo do Céu. Ao nascer do Sol, no Ascendente. Ao pôr do Sol, no Descendente.

Como se vê, é essencial completar o signo solar. Você poderá fazê-lo sem precisar de recorrer a cálculos com uma simples consulta a um dos doze quadros incluídos no fim do estudo de cada signo.

O Ascendente modelaria o comportamento e a saúde, ao passo que o Sol definiria o eu profundo, assim como certas estruturas patológicas. No entanto não podemos ser tão categóricos: a astrologia é tão rica e subtil que outras diferenças se impõem. O «físico» também sofre a influência do signo solar. Podemos reconhecer um Carneiro pela maneira como ele fala. Também nesse ponto, o Ascendente corrige e fornece pormenores. A Balança em Ascendente acrescentará um elemento de graça. de «venustidade» à brusquidão dum nativo do Carneiro. O Capricórnio em Ascendente tornará o comportamento dum Leão mais natural, menos teatral, etc.

Acrescentemos ainda que basta encontrar no Ascendente a presença dum planeta, Saturno, Júpiter, Urano ou qualquer outro para que possamos «afirmar» o nosso retrato. Saturno, por exemplo, próximo do Ascendente, interiorizará um indivíduo expansivo, dar-lhe-á seriedade, abrandará o seu ritmo. Júpiter, pelo contrário, favorecerá a extroversão, a expansividade.

HORAS DE VERÃO EM PORTUGAL CONTINENTAL, AÇORES, MADEIRA E BRASIL

Não é possível, evidentemente, incluir no âmbito desta obra os quadros que permitem conhecer a localização dos planetas no céu, na altura de um determinado nascimento. Os quadros que fornecemos para o cálculo do signo ascendente estão adaptados a Portugal e ao Brasil. As pessoas nascidas durante os períodos em que esteve em vigor a hora de Verão, em qualquer dos países, deverão atrasar uma hora (ou duas horas, em certos casos) à sua hora de nascimento, antes da consulta dos quadros.

Ano	Início		Fim	
1916	23 h.	17 de Junho	1 h.	1 de Novembro
1917	0 h.	1 de Março	24 h.	14 de Outubro
1918	0 h.	1 de Março	24 h.	14 de Outubro
1919	0 h.	1 de Março	24 h.	14 de Outubro

Ano	Início		Fim	
1920	0 h.	1 de Março	24 h.	14 de Outubro
1921	0 h.	1 de Março	24 h.	14 de Outubro
1922	não houve hora de Verão			
1923	não houve hora de Verão			
1924	23 h.	16 de Abril	24 h.	4 de Outubro
1925	não houve hora de Verão			
1926	23 h.	17 de Abril	24 h.	2 de Outubro
1927	23 h.	9 de Abril	24 h.	1 de Outubro
1928	23 h.	14 de Abril	24 h.	6 de Outubro
1929	23 h.	20 de Abril	24 h.	5 de Outubro
1930	não houve hora de Verão			
1931	23 h.	18 de Abril	24 h.	3 de Outubro
1932	23 h.	2 de Abril	24 h.	1 de Outubro
1933	não houve hora de Verão			
1934	23 h.	7 de Abril	24 h.	6 de Outubro
1935	23 h.	30 de Março	0 h.	6 de Outubro
1936	23 h.	18 de Abril	24 h.	3 de Outubro
1937	23 h.	3 de Abril	24 h.	2 de Outubro
1938	23 h.	26 de Março	24 h.	1 de Outubro
1939	23 h.	15 de Abril	24 h.	18 de Novembro
1940	23 h.	24 de Fevereiro	24 h.	7 de Outubro
1941	23 h.	5 de Abril	24 h.	5 de Outubro
1942 *	23 h.	14 de Março	24 h.	24 de Outubro
1943 *	23 h.	13 de Março	24 h.	30 de Outubro
1944 *	23 h.	11 de Março	24 h.	28 de Outubro
1945 *	23 h.	10 de Março	24 h.	27 de Ouutbro
1946	23 h.	6 de Abril	24 h.	5 de Outubro
1947	2 h.	6 de Abril	3 h.	5 de Outubro
1948	2 h.	4 de Abril	2 h.	3 de Outubro
1949	2 h.	3 de Abril	3 h.	2 de Outubro
1950	2 h.	2 de Abril	3 h.	1 de Outubro
1951	2 h.	1 de Abril	3 h.	7 de Outubro
1952	2 h.	6 de Abril	3 h.	5 de Outubro
1953	2 h.	5 de Abril	3 h.	4 de Outubro

* Anos em que, durante um certo período, o acréscimo de hora de Verão foi de 2 horas:

1942 — entre as 23 h. de 25 de Abril e as 24 h. de 15 de Agosto
1943 — entre as 23 h. de 25 de Abril e as 24 h. de 28 de Agosto
1944 — entre as 23 h. de 22 de Abril e as 24 h. de 26 de Agosto
1945 — entre as 23 h. de 21 de Abril e as 24 h. de 25 de Agosto

Ano	Início	Fim
1954	2 h. 4 de Abril	3 h. 3 de Outubro
1955	2 h. 3 de Abril	3 h. 2 de Outubro
1956	2 h. 1 de Abril	3 h. 7 de Outubro
1957	2 h. 7 de Abril	3 h. 6 de Outubro
1958	2 h. 6 de Abril	3 h. 5 de Outubro
1959	2 h. 5 de Abril	3 h. 4 de Outubro
1960	2 h. 3 de Abril	3 h. 2 de Outubro
1961	2 h. 2 de Abril	3 h. 1 de Outubro
1962	2 h. 1 de Abril	3 h. 7 de Outubro
1963	2 h. 7 de Abril	3 h. 6 de Outubro
1964	2 h. 5 de Abril	3 h. 4 de Outubro
1965	2 h. 4 de Abril	3 h. 3 de Outubro
1966 a 1976	2 h. 3 de Abril	1 h. 26 de Setembro
1977	0 h. 27 de Março	1 h. 25 de Setembro
1978	1 h. 2 de Abril	2 h. 1 de Outubro
1979	24 h. 31 de Março	2 h. 30 de Setembro
1980	1 h. 6 de Abril	2 h. 28 de Setembro

Nota para os Açores e a Madeira: terão acompanhado o horário de Verão do Continente, a partir de 1916, excepto no período compreendido entre 1923 e 1947.

QUADRO DE HORAS DE VERÃO NO BRASIL

Ano	Início	Fim
1931/32	3 de Outubro	1 de Abril
1932/33	»	2 de Abril
1933/34	»	»
1934/35	»	»
1935/36	»	»
1936/37	»	»
1937/38	»	»
1938/39	»	»

Ano	Início	Fim
1939/40	»	»
1940/41	»	»
1941/42	»	»
1942/43	»	»
1943/»	»	»
1944/45	»	»
1945/46	»	»
1946/47	»	»
1947/48	»	»
1948/49	»	»
1949/50	1 de Dezembro	1 de Maio
1950/51	»	16 de Abril
1951/52	»	1 de Abril
1952/53	»	1 de Abril

Ano	Início	Fim
1963/64		
Estados de S. Paulo, Minas Gerais, Rio de Janeiro e Espírito Santo	23 de Outubro	28 de Fevereiro
Restantes estados	9 de Dezembro	28 de Fevereiro
1965		
Estado de S. Paulo	31 de Janeiro	28 de Fevereiro
Restantes estados	1 de Janeiro	28 de Fevereiro
1965/66	1 de Dezembro	28 de Fevereiro
1966/67	1 de Novembro	28 de Fevereiro
1967/68	1 de Novembro	28 de Fevereiro

A hora de Verão foi abolida em 1968.

I
OS ELEMENTOS: FOGO, TERRA, AR, ÁGUA

«*A grande síntese astrológica é um teclado misterioso em que os nossos "ritmos instintivos" descobrem um "mundo de analogias"*» (C. Moriquand).

(*Miroir d'Astrologie*, N. R. F.)

O Zodíaco, como acabamos de ver, está dividido em doze signos três dos quais pertencem ao Fogo, três à Terra, três ao Ar e três à Água.

O elemento corresponde de certa maneira ao terreno que marca o sujeito como a mesma acepção que a palavra «terreno» tem em medicina. Aliás, foi o médico grego Hipócrates o primeiro a fundar uma tipologia com base no «quaternário», com os seus quatro temperamentos de base que foram utilizados durante tanto tempo: o Bilioso, o Sanguíneo, o Nervoso e o Linfático, que corresponderiam sucessivamente aos quatro elementos: Fogo, Terra, Ar, Água. Claro que a medicina não recorre já a esta terminologia (ou a esta classificação) mas percebemos sempre o que se quer dizer quando se afirma acerca de alguém: «É um linfático», ou «É um nervoso»...

Os elementos definem a nossa estrutura mais profunda. Não podemos fazer batota com o temperamento que eles nos conferem. Vivemo-los no mais íntimo de nós mesmos, denunciamo-los quando nos exprimimos espontaneamente.

Além disso, há pontos comuns inegáveis entre personaliidades pertencentes aos signos de Fogo, por exxemplo, e existem menos diferenças entre um Carneiro, um Leão e um Sagitário que entre um Carneiro e um Peixes.

Então o que têm de comum as «Pessoas de Fogo»?

São arrastadas por um dinamismo poderoso que os torna entusiastas, seres fisicamente activos e empreendedores. Para eles tem mais importância do que para os outros acreditar no que fazem. É a fé que os move; precisam de se sentir motivados para agir. Se, de repente, deixassem de o ser, desistiriam ou sucumbiriam a uma depressão. Mas, quanto a esse aspecto, o facto de pertencer a um Fogo diferente implicaria uma reacção diferente; o Carneiro desistirá mais depressa e mais radicalmente que os outros porque também é mais espontâneo, mais íntegro, mais absoluto e desconhece os subterfúgios. Além disso, inclui-se no grupo dos signos Cardeais que obedecem a princípios e possuem, devido a isso, piores faculdades de adaptação que os outros.

O Leão, que é movido pelo orgulho e que, enquanto signo Fixo, está orientado para a acção — e para uma acção monárquica — reagirá à perda brutal duma motivação, da sua fé na actividade, com um comportamento mais ou menos «saudável». Poderá sucumbir àquilo a que os psicólogos chamam uma nevrose de fracasso, como se fosse menos doloroso para o seu orgulho ele ter a responsabilidade do seu insucesso do que ver este ser-lhe imposto por outra pessoa. Por vezes também, preferirá ignorar o fracasso continuando como se nada tivesse acontecido, e substituindo assim a fé pela tenacidade.

Quanto ao Sagitário, igualmente entusiasta e com sede de triunfo mas talvez com uma consciência mais lúcida das suas hipóteses de sucesso ou mais confiante na sua boa estrela, tem, como todos os signos Mutáveis, a possibilidade de se adaptar às circunstâncias e de as utilizar como trampolim, depois de examinar a situação. Se sofre uma depressão — e isso pode suceder-lhe porque é um emotivo — não se deixa vencer por ela como sucede a um Carneiro ou mesmo a um Leão; espera até recobrar forças e recorre ao jogo, ao aspecto lúcido da sua natureza.

As «Pessoas de Fogo» têm em comum um temperamento colérico; inflamam-se com facilidade... o que não surpreenderá ninguém. Mas o Carneiro gritará mais alto e esquecerá depressa. Uma vez extinta a sua cólera, não alimentará rancores. O Leão impressiona as multidões com gestos teatrais e devastadores; se o seu amor próprio é ferido, não perdoa. A cólera do Sagitário assemelha-se à do personagem «sopa de leite» e susceptível, que se enfurece mas tenta logo a seguir que lhe perdoem.

Estes três signos são dominados pela paixão e, portanto, pelo exagero e pelo excesso. A paixão do Carneiro assemelha-se a um fogo de palha; entusiasma-se mas depressa se cansa; precisa de mudar de paixão constantemente. Necessita de grandes aventuras exaltantes... que o estimularão e lhe permitirão fazer proezas; é essencial para ele encontrar terreno propício para o combate.

A paixão do Leão tem grandeza e ênfase; o orgulho e a nobreza dão-lhe cor; é um Fogo de chama viva que se avista de longe... O Leão ocupa-se de assuntos elevados ou abalança--se a grandes empreendimentos; só assim se satisfaz; vive as suas paixões com uma confiança cega e total nele próprio.

Quanto à paixão do Sagitário, é um fogo que se mantém latente sob a cinza, talvez mais aceso que o fogo dos outros dois. Dá mais calor do que chama; por isso é menos espectacular mais secreto. Traduz-se em amor pelo risco, pelo desejo de ultrapassar as fronteiras que lhe são impostas. Sente um certo entusiasmo pela vida em si mesma, uma confiança que o leva a dizer: «Se sou generoso para com a vida ela retribuir-me-á». E muitas vezes é isso que sucede. Como vemos, trata-se duma paixão mais controlada que a dos outros.

Que têm em comum os signos de Terra?

O simbolismo da Terra está, como é evidente, ligado à estabilidade, à construção, à permanência. Não existe pressa, mas uma continuidade no esforço, um sentido da permanência e uma relação muito particular com o tempo.

O Touro caminha pesadamente, mas com graça. Escolhe a melhor ocasião para agir, vive calmamente. A sua capacidade de trabalho é notável, mas não deixa que ninguém lhe modifique o ritmo. Precisa também de tempo para tomar consciência daquilo que sente, daquilo que quer. Daí a sua dificuldade em tomar decisões e uma dificuldade maior ainda em mudar de opinião.

Signo Fixo, orienta-se para a realização concreta; precisa de «fazer coisas» e o mesmo sucede com todos os signos da Terra que são «enraizados». No Touro, este enraízamento toma o aspecto dum imenso amor pela vida e pelos seus prazeres; é sem dúvida o mais sensual dos três e também o mais artista. O mais sensível ao «lirismo» da natureza.

A Virgem, signo Mutável, mostra-se mais ambígua nas suas relações com o tempo pois Mercúrio domina-a; haverá, portanto, uma mobilidade e uma rapidez maior na maneira como conduz a acção, nas reacções, na própria sensibilidade. Mas, como sucede com todos os signos de Terra, possui aquela «paciência infinda» que vamos encontrar com mais força ainda no Capricórnio e que se manifesta aqui no trabalho de formiga próprio da Virgem que soma ou acumula, sem pressas, com a precisão mecânica do insecto, com uma notável eficácia.

Mas no plano interior, encontramos as inibições da Terra e uma certa dificuldade em viver o momento que passa.

Todos os signos de Terra melhoram com a idade, uma vez que precisam de tempo para tomar consciência de si próprios e para evoluir.

No Capricórno, governado por Saturno, deus do Tempo, esta tendência ainda é mais acentuada. O Capricórnio está quase sempre «desfazado» em relação ao presente. Só é atingido depois das coisas acontecerem e nessa altura sofre mais do que qualquer outro, reagindo sempre em profundidade. Acusam-no muitas vezes de não ter a resposta pronta mas ele assimila devagar e talvez também mais completamente que os outros.

Os signos de Terra têm em comum a característica de gostar do seu elemento. Ele fá-los sentirem-se seguros. A faceta «terra firme» determina simultaneamente as suas possibilidades de construção e a sua estabilidade. A terra é ao mesmo tempo o inelutável e o estável; a riqueza e a paciência.

A Terra do Touro é uma terra de abundância; a das flores e dos frutos. É uma terra fértil ao passo que a terra da Virgem o foi, no passado; rica em cereais já armazenados no celeiro, em vinhas já vindimadas, mas tornou-se estéril e está condenada a alimentar-se das suas reservas. O Capricórnio, diz-nos Conrad Moriquand, «simboliza a terra, o seu peso, os seus segredos, a sua fatalidade». O Capricórnio é movido por um objectivo que procura atingir com paciência, sem desânimos, com uma confiança sempre renovada na Primavera que há-de chegar, depois do longo Inverno. É uma terra interior, uma terra que espera. De certa maneira, o tempo torna-se abstracto nela. Assume foros de eternidade.

Os signos de Terra possuem ainda um outro traço comum: são realistas e sedentários. O que há de mais real e concreto que este elemento? O Touro não voa; sabe para onde vai; semeia e recolhe. Tem os pés assentes na terra. Sabe preparar o seu triunfo e utiliza as suas armas para alcançar o que quer. A Virgem é precisa. metódica, ordenada. Obedece às regras do jogo que lhe impõe a natureza; sabe colocar a sua inteligência e o seu espírito cheio de recursos ao serviço do seu trabalho, ao serviço dos outros. O Capricórnio recusa as ilusões; para ele ser concreto é, em primeiro lugar, ser lúcido; sabe colocar a reflexão ao serviço das suas ambições.

Todos estes signos desconhecem a revolta, ao contrário dos de Fogo, porque a fatalidade é aceite, incluída na Terra, podemos dizê-lo; daí a paciência, a filosofia, um certo bom senso e a força específica deste signo.

A força do Touro, signo Fixo, consiste sem dúvida no seu amor pela natureza e pela vida, no seu amor pelo trabalho, no seu amor pelo amor e na forma como ele disfruta as coisas. A força da Virgem, signo Mutável, reside na sua paciência, na sua adaptabilidade, na sua eficácia, na sua prudência. Com a Virgem, nada é deixado ao acaso. Encontra resposta para tudo, sempre e em toda a parte.

A força do Capricórnio, signo Cardeal, assenta na sua sabedoria, no seu desprendimento. Há sempre uma distância entre ele e aquilo que ele vive, entre ele e aquilo que deseja; daí a sua lucidez e também a sua frustração. Ama a força e rejeita-se a si mesmo quando frágil e vulnerável. E essa é também uma forma de auto-disciplina, que procura mesmo que para isso tenha de recorrer ao rigor e à inflexibilidade.

Os signos de Ar, por sua vez, também possuem traços comuns.

O que os liga, primeiro que tudo, é de ordem abstracta, mental, intelectual. O Ar participa de tudo o que é pensamento; reúne os signos mais inteligentes do Zodíaco, no sentido em que os seus nativos possuem em alto grau a arte de estabelecer relações entre conceitos. Dessa aptidão para compreender, para «ligar» as ideias entre si decorre a importância da comunicação com os outros e da relação afectiva.

Torna-se importante compreender esta ligação para detectar o elo estreito que une os Gémeos à Balança e ao Aquário.

O primeiro é um signo Mutável governado por Mercúrio. Possui sem dúvida, todas as características da inteligência: a maleabilidade e o sentido do jogo próprio dos Mutáveis, a rapidez e o oportunismo do mercuriano. Signo ambíguo e jovem, representa a primeira etapa na relação com o outro, a do irmão com a irmã (ou dos dois irmãos, segundo outras fontes mitológicas).

A Balança é um signo Cardeal governado por Vénus. Possui uma afectividade mais rica e ao mesmo tempo um rigor maior. É a passagem para o casal, para o casamento; ou, por outras palavras, implica uma noção de compromisso, de associação que não encontramos nos Gémeos. Contém a passagem à alteridade, isto é, à predominância do outro sobre si próprio. A inteligência transforma-se aqui, fundamentalmente, em compreensão, ao passo que nos Gémeos consiste, antes de tudo, num exercício mental.

O Aquário é um signo Fixo, governado por Urano. Representa a passagem ao Conhecimento, ao Saber. O Aquário põe a sua inteligência inventiva ao serviço da colectividade. Já não é a fraternidade dos Gémeos, a afectividade da Balança, mas universalidade. O Aquário enquanto signo Fixo, implica uma passagem à acção. Já não há sinais de jogo.

O Gémeos vive o instante presente. Não tem passado e recusa-se a projectar-se no futuro. O facto de viver o minuto que passa poupa-lhe a angústia que a sua condição «aérea» provoca. Os signos de Ar, com efeito, são, por definição e contrariamente aos signos de Terra, «desenraizados», seres sem ligações estáveis. Isso torna-se particularmente sensível no Gémeos, que é simultaneamente mercuriano e Mutável.

Na Balança há desejo de ligação, uma vez que o signo é fortemente colorido de afectividade, por um lado venusiano e sentimental ao mesmo tempo, com atracção pelo absoluto, e Cardeal por outro lado. Portanto, sofre mais do que qualquer outro com a sua inconstância e com a contradição que contém em si próprio, uma vez que se debate entre a necessidade de amar e a necessidade de agradar...

O Aquário, signo Fixo e uraniano, está voltado para o futuro, avançado em relação ao seu tempo. É o signo das grandes mudanças, das grandes transformações, da experiência. Daí a sua independência extrema e a quase impossibilidade que tem para se embrenhar numa aventura que não o transporte para o futuro.

Signos de comunicação, os três «aéreos» do Zodíaco não podem existir sem a presença dos outros. Os Gémeos são de contacto fácil; têm o dom da cumplicidade e da comunicação a curto prazo. Compreendem depressa. São intermediários hábeis. A Balança utiliza o seu encanto; tem o dom de seduzir e de fomentar relações. Mostra-se capaz de transmitir o que recebe ou de arredondar arestas. O Aquário organizará vastos empreendimentos que modificarão o universo dos outros. Interessar-se-á pelos *mass media*, pelas descobertas científicas, por tudo o que implique uma transformação do mundo.

E os signos de Água?

Por oposição aos signos de Fogo que representam o psiquismo activo e a fé «que faz mover montanhas», os signos da Água representam o psiquismo passivo, em especial o do inconsciente. Aqui tudo é emoção, sensação, percepção. Como uma chapa fotográfica sensível que é literalmente impressionada, os nativos dos signos de Água são semelhantes a esponjas que absorvem tudo. Se têm fé, esta assemelhar-se-á à do carvoeiro ou à do místico que vive a sua comunhão com Deus numa espécie de quietude, contrariamente ao místico do Fogo, mais fanático, um autêntico «soldado de Deus».

O primeiro signo de Água é o Caranguejo. Governado pela Lua, pertence à ordem dos Cardeais. Signo profundamente ligado à infância, sente mais dificuldade do que qualquer outro em passar para o mundo dos adultos e em se resolver a libertar-se dos laços maternais. O seu inconsciente está inteiramente ligado à primeira infância, talvez mesmo à vida intra-uterina. A saudade que sente dum passado que desapareceu para sempre é compensado por uma vida imaginativa intensa através da qual ele tenta encontrar sensações ou emoções longínquas ou construir um mundo que se assemelhe ao paraíso perdido.

Não é por acaso que a Lua domina este signo; ela representa simultaneamente a imagem da mãe, a imagem do sonho dos homens e a dos fantasmas da noite. É igualmente o imaginário e o regresso à infância que coexiste por exemplo no sono, o estado preferido do Caranguejo.

O segundo signo de Água é o Escorpião, governado por Plutão e que pertence à categoria dos signos Fixos. À água inocente da fonte do Caranguejo sucede a água estagnada dos pântanos, a água subterrânea e profunda dos poços. O Escorpião é rico em matéria de inconsciente. Vai buscar aí a sua energia e essa energia tem também uma face dupla; é o mundo turvo da sexualidade, com as suas tentações perversas, as suas pulsões, as suas angústias. Mas é também a inesgotável fonte de criação e de energia que se chama Líbido.

Quem o domina é Plutão. Plutão, deus dos Infernos, reina sobre a morte mas é também o guardião dos tesouros do mundo. Uma vez que reina no mundo dos mortos, tem também poder sobre a morte. Para os homens, este é o deus mais poderoso e aterrador. E no inconsciente do Escorpião, encontramos simultaneamente este fascínio e este medo frente ao desconhecido.

Também é frequente, como sucede aos seres que procuram viver ultrapassando-se a si próprios, o Escorpião ser assaltado por intuições fulgurantes. O Caranguejo escapa à regressão para a infância através dos voos imaginativos; o Escorpião escapa à tentação suicida ou destrutiva através da transcendência ou ultrapassando-se a si próprio; por vezes, através do sacrifício.

Os Peixes, por sua vez, governados por Neptuno e incluídos no reino dos Mutáveis, estão ligados ao inconsciente. Desta vez, já não se trata de fonte ou de rio, de pântano ou de poço, mas de oceanos e de mares. Nos Peixes, há um regresso à comunhão das origens, ao inconsciente arcaico, mergulha-se no irracional. Já não há morte, mas fusão no todo, tal como a estátua de sal se derrete no oceano tão caro aos budistas.

Os Peixes sentem mais do que pensam; são guiados pela intuição; ora é o mundo exterior que os atrai, ora mergulham no seu universo interior. Eis porque a sua relação com a realidade se revela tão difícil. Neptuno, que domina o signo, é o deus que reina sobre os oceanos. Não pode ser limitado nem totalmente compreendido; é quase impossível de definir; assume todas as formas, todas as aparências. Incarna o próprio mistério.

Se o inconsciente do Caranguejo tem origem na infância e o do Escorpião na sexualidade, o dos Peixes parece mergulhar na própria memória da humanidade, nesse inconsciente colectivo que deu origem aos mitos, às religiões, aos símbolos.

Depois desta viagem pelo país dos Elementos, o círculo fechou-se. Vimos que os grandes motores da actividade humana foram definidos. O Fogo deu-nos a chave do seu dinamismo e da sua vontade. A Terra forneceu-nos o segredo da sua incarnação, da sua realização. O Ar permitiu-nos definir a sua inteligência e o seu modo de comunicação. Finalmente, a Água, o seu universo físico sensível. Resta-nos agora, para que o equilíbrio desta estrutura se torne mais claro aos vossos olhos, ver como se conjugam entre si os quatro signos Cardeais, Fixos e Mutáveis.

Assim, os quatro signos Cardeais opõem-se dois a dois numa cruz definida pelo Carneiro e pela Balança — signo dos equinócios — e pelo Caranguejo e pelo Capricórnio — signos dos solstícios. É a paixão que os move aos quatro.

O Carneiro tem a paixão da acção e a espontaneidade da vontade. Incarna o impulso vital. A Balança, situada na sua frente, tem a paixão da justiça e a espontaneidade do sentimento. Incarna o Meio Justo. O Carneiro tem a paixão da memória e a espontaneidade da imaginação. Incarna a força da inércia. O Capricórnio tem a paixão da profundidade e a espontaneidade da reflexão. Incarna a resistência.

Os quatro signos Fixos opõem-se dois a dois numa cruz definida pelo eixo Touro-Escorpião, chamada «eixo genésico» ou sexual e pelo eixo Leão-Aquário. Os quatro são motivados pela acção.

O Touro tem por acção construir. É a mão do operário ou do artífice. Está ao serviço da vida (prazer). O Escorpião tem por acção destruir; para reconstruir doutra maneira. É a mão do carrasco ou do médico. Está ao serviço da morte (dor). O Leão tem por acção reinar. A sua mão é prolongada pelo ceptro; a sua força reside na autoridade e na decisão. O Aquário tem por acção governar, através duma via democrática. É a união das mãos. A sua força reside no saber e na responsabilidade.

Os quatro signos Mutáveis opõem-se dois a dois numa cruz definida pelo eixo Gémeos-Sagitário e o eixo Virgem-Peixes. Pertencem todos ao Jogo, estão incluídos numa relação com o mundo exterior.

O Gémeos estabelece a sua relação entre o que está longe e o que está próximo. Parte de lá para voltar aqui. É oportunista. O Sagitário estabelece a sua relação entre o que está próximo e o que está longe; parte daqui para ir para lá. É idealista. A Virgem estabelece a sua relação entre o próximo e o próximo. Fica aqui. É realista. O Peixes estabelece a sua relação no seio do longínquo. Fica lá. É irrealista.

Mas estes signos são «duplos» e jogam continuamente entre eles abstendo-se em favor do parceiro e apropriando-se das características do outro signo. Assim, o Gémeos pode tornar-se idealista, o Sagitário oportunista, a Virgem irrealista e o Peixes realista. Nada neles é fixo, uma vez que são «movimentos». Daí a sua complexidade e a quase impossibilidade de compreender a sua personalidade.

II

SIGNOS MASCULINOS E FEMININOS

O Zodíaco está dividido em seis signos masculinos e em seis signos femininos; todos os signos do Fogo e de Ar são masculinos; todos os signos de Terra e de Água são femininos. Assim, eles são masculinos de dois em dois a partir de Carneiro, primeiro signo masculino. E femininos de dois em dois a partir de Touro, primeiro signo feminino.

Podemos interrogar-nos acerca do facto do Fogo e do Ar serem masculinos e da Terra e da Água serem femininos. Partindo do princípio que existe realmente — as ardentes defensoras do M. L. F. ([1]) que me perdõem —, uma diferença de papéis entre o homem e a mulher.

O que representa o Fogo? O psiquismo activo, a necessidade de criar, de empreender, de correr riscos, mas também a falta de equilíbrio, o perigo de fracassar, a impulsividade, a violência. Que representa o Ar? A circulação das ideias, a passagem para a vida social, a vida intelectual, a comunicação. Mas também a cerebralidade e a abstracção puras, a instabilidade, a ideia a sobrepor-se à acção.

Da conjunção dos dois elementos, extraímos uma boa descrição do homem movido pela necessidade de inventar, pelo «projecto» permanente, pela preocupação de progresso e pela relação com a vida social. Ele é acção e raciocínio e não há dúvida que uma humanidade dominada pela mulher seria mais

---

([1]) Iniciais do movimento feminista francês: Mouvement de Libération de la Femme. (*N. do T.*)

31

estática, uma vez que ela é, por natureza, menos aventureira, menos «nómada».

Aliás, resta saber se as coisas teriam corrido pior se fossem elas a mandar e se os homens não apressaram demasiado o movimento...

A mulher é, portanto, a Terra e a Água. A Terra? A força obreira que mantém a estabilidade, a potência conservadora. Era a ela que, nos primeiros tempos, os homens adoravam sob o nome de Terra, deusa Mãe ou Grande Deusa, o símbolo da permanência da vida, da criação em si — e não o desejo de criação — a fertilidade, a morte e o renascimento, os mistérios da vida naquilo que ela tem de imutável. A mulher incarna, portanto, a permanência da vida e da morte, a temível potência da Mãe. Sem ela, sem a mediação terrestre, o homem, com todo o seu Fogo e com todo o seu Ar não é nada, nada pode realizar.

E a Água? A Água representa a força do inconsciente, o universo da emoção, da sensação, do sonho, da percepção do sentimento, do psiquismo passivo. É aí que vamos encontrar a fragilidade aparente da mulher, o que a faz parecer desorientada, sem defesa, frágil, influenciável... mas intuitiva, sonhadora, hábil, infantil e sedutora. É também graças a isso que ela consegue atrair o homem, forçando-o a reunir-se-lhe nas zonas secretas do seu próprio inconsciente, aprisionando-o nos seus ardis de sereia, revelando-lhe um universo subtil que não é o universo do pensamento, mas do «sentido» onde ele, por sua vez, vai buscar forças para criar. A Água é o universo fascinante da mulher que pode perder o homem ou regenerá-lo, ao passo que a Terra exige estabilidade e permanência.

Vemos pois, que a forma como se repartem os planetas, na altura do nascimento, pelos diferentes elementos permitirá determinar previamente a natureza do psiquismo de cada um.

No entanto, importa sublinhar também aqui que cada signo será masculino e feminino à sua maneira, com características particulares.

Assim o Carneiro, dominado por Marte, é um signo puramente masculino, o mais masculino de todos, talvez, e para ele o «culto do macho» não é uma expressão sem sentido. A sua virilidade conta de forma essencial, primordial. É «o guerreiro» do Zodíaco que incarna o risco e o combate inerente à sua Natureza de Fogo, por um lado, e marciana por outro.

Os Gémeos, porque são governados por Mercúrio e porque são «duplos» oferecem maior ambiguidade. Mercúrio é um deus masculino mas aéreo, e para ele a inteligência reveste-se de maior importância que a acção. Não é afectado pelas proezas guerreiras do Carneiro. O seu androginato permite-lhe também ser menos misógino que aquele.

O Leão, governado pelo Sol, também é um signo de Fogo puramente masculino. É o homem consciente da sua força, do seu poder, protector, belo, capaz de despertar a admiração feminina. Possui um narcisismo extremo. Preferirá, portanto, uma mulher de Água a uma de Terra, pois a força desta última pode tornar-se um factor de rivalidade.

A Balança é um signo masculino, apesar da sua designação feminina e esta ambiguidade justifica-se, pois de todos os signos masculinos este é, sem dúvida, o menos «viril». Vénus domina-o... o que explica toda a sua ambivalência...

Enquanto signo de Ar, não se sente, tal como os Gémeos, motivado pelo combate masculino. Este sedutor é, sem dúvida, quem melhor compreende as mulheres e também quem melhor as ama; também é o mais artista. na medida em que possui simultaneamente a inteligência dos signos de Ar e a sensibilidade venusiana. Tem os melhores trunfos na mão, uma vez que pode pôr o seu encanto ao serviço das suas ideias.

O Sagitário é um signo de Fogo governado por Júpiter. Voltamos a encontrar aqui o homem forte, o *Pater Familias,* sempre pronto a organizar a vida dos outros, que os protege mas não gosta de ser contestado, que assume as suas responsabilidades e, eventualmente, as do próximo.

O último signo masculino é o Aquário, governado por Urano e que pertence ao reino do Ar. Aqui deparamos com o mundo da ideia, da invenção, do «projecto» e do «progresso» caros ao homem. De certa maneira, podemos dizer que o nativo do Aquário é o homem da civilização. Mas situa-se na abstracção do Ar e precisa, mais do que qualquer outro, duma mulher de Terra para o ajudar a concretizar as suas ideias ou a sobreviver enquanto ele pensa...

Apercebemo-nos imediatamente que, de todos os signos masculinos, os mais «viris» são os signos de Fogo; a este convém uma companheira dos signos de Água que os admire, lhes peça ajuda e protecção e os conquiste.

Os homens dos signos de Ar dão mais relevo à inteligência; para eles, as melhores companheiras são as do signo de Terra; estas ensinam-lhes os meios de concretizar o que, sem o seu auxílio, permaneceria puramente abstracto.

Vejamos agora os signos femininos.

O Touro é sem dúvida um dos mais femininos do Zodíaco, uma vez que incarna simultaneamente o poder da Terra, a sua fecundidade e é governado por Vénus, planeta de encanto e de amor. A mulher Touro joga nos dois campos ao mesmo tempo...

O Caranguejo é um signo de Água governado pela Lua. Encontramos aqui a feminilidade extrema, quase a caricatura da mulher vista pelo homem: é a mulher-criança, encantadora e caprichosa, lunática e sonhadora, loucamente intuitiva e que «sente» as coisas. Ou então é a *Charlotte* de Werther, que distribui fatias de pão pela sua numerosa prole, maternal e dona de casa perfeita. Ou ainda a mulher misteriosa, a «mulher noctívaga», a mulher fatal e fascinante, um pouco estranha, vagamente bruxa, vagamente *medium*... e a mulher do Caranguejo pode incarnar tudo isto ao mesmo tempo, conforme o personagem que o seu companheiro despertar nela.

A Virgem é a mulher do dever por excelência; é Demeter, a deusa dos Cereais, que dá o pão e os frutos ao homem. É a mulher devotada, que consagra a sua vida ao serviço dos outros, dos filhos, do marido, dos pais, dos doentes... Pode-se contar sempre com ela porque tem a força da Terra mas Mercúrio traz uma certa ambiguidade ao signo e dá-lhe uma abertura maior para o mundo da inteligência.

O Escorpião é um signo de Água governado por Plutão. É um signo misterioso que pode representar o aspecto inquietante, fascinante e perturbador da mulher; porque Plutão, que domina o signo, é também o senhor dos infernos e da sexualidade, a mulher de Escorpião inspira muitas vezes ao homem que a ama um certo temor, mais do que a mulher de Caranguejo; é «fêmea» no sentido fortemente sexuado do termo. Mas ao mesmo tempo pode, tal como Eurídice, levar o homem a mergulhar no seu próprio inconsciente, a descobrir nele forças ocultas, a aprisionar a sua própria angústia.

A mulher Capricórnio. Conrad Moriquand dizia acerca dela: «É Vesta, a misteriosa, Vesta a subterrânea, cujo fogo sagrado só o Grande Sacerdote conhecia...; dificilmente se entrega, excepto a ela própria.» Possui toda a força da Terra, o seu equilíbrio, a sua lentidão, o seu poder profundo, a sua estabilidade, valores que Saturno, que domina o signo, reforça. Não é feminina na medida em que não procura seduzir; não há Água nesta Terra. Mas, graças à sua exigência saturniana, ela

34

pode «dar à luz» o homem, ampará-lo, ajudá-lo, trazê-lo pela mão. É, por excelência, a «mulher-apoio».

Finalmente os Peixes, último signo feminino de Água, governado por Neptuno, representa a mulher com acesso directo ao universo consciente e subsconsciente. Perfeitamente à vontade no seio do irracional, ela vive uma realidade que está para além do palpável para além do nosso universo concreto, estável, fechado. Caminha «sobre as águas» com a sua fé tranquila num além mais tangível que este mundo. É a *Lorelei*, que chama e fascina o homem porque pode revelar-lhe aquilo que nem o seu Fogo nem o seu Ar o farão descobrir.

Mas que se passa então quando uma mulher nasce sob um signo de Fogo ou de Ar e quando um homem nasce sob um signo de Água ou de Terra?

A mulher de Carneiro, por exemplo, será forçosamente «viril», «um valente soldadinho», corajosa e activa, apaixonada e conquistadora. Tomará os homens de assalto; lutará pela igualdade de direitos da mulher, sentindo-se, com toda a justiça, tão capaz como os homens. Mas as dificuldades surgirão com a vida sentimental; terá de fugir dos homens de Fogo se não quiser transformar o seu lar num campo de batalha; deve procurar homens femininos, e, mais exactamente, homens de Ar, que encontrarão nela uma companheira à altura.

A mulher de Gémeos conservará, durante toda a vida, um falso ar de adolescente andrógino. É viva, engraçada, espirituosa, mas os homens vêm-na mais como «camarada» do que como mulher. Gostarão de encontrar nela um cúmplice, mas não encontram mistério nas nativas deste signo.

A mulher de Leão será, sem dúvida, a companheira ideal do homem ambicioso: apoiá-lo-á com todas as suas forças. Em vez de feminilidade tem beleza e o homem sentirá sempre orgulho nela. Conquistadora e dona dum poderoso magnetismo, consegue atrair o sexo oposto. Mas a maior parte das vezes encontra homens femininos ou de Ar, como todas as mulheres dos signos masculinos. »

A mulher de Balança também joga nos dois campos: Vénus torna-a sensível, sentimental e sedutora, mas ela pertence a um signo masculino e, disfarçadamente, manejará o companheiro a seu bel-prazer. Se utilizar a sedução, alcançará tudo o que desejar... Inteligente, saberá mostrar-se compreensiva, afectuosa; se se interessar pelos outros, conseguirá dar muito.

A mulher de Sagitário é uma amazona, bastante reservada, «atraída pelo mundo e por todas as formas de aventuras» e, parafraseando Conrad Moriquand: «Obrigará um homem e um cavalo a saltar com a mesma desenvoltura!». No entanto, gostaria de encontrar quem a dominasse... mas atrai os escravos; ou os fracos que procura transformar e dos quais pretende fazer homens segundo os seus próprios critérios. A sua vida afectiva nunca será simples a partir do momento em que se deixar conduzir pelo sentimento...

A mulher de Aquário interessa-se por muitas coisas ao mesmo tempo e ama apaixonadamente a sua independência. Utiliza facilmente o paradoxo e a sua vida afectiva caracteriza-se quase sempre pela incoerência porque aquilo que ela mais ardentemente deseja é absolutamente incompatível: viver uma grande paixão e não abdicar da sua liberdade.

E os homens femininos?

O homem de Touro, enquanto signo de Terra, tem possibilidades de realização bastante grandes. Utilizará também a intuição. A sua sensibilidade permite-lhe muitas vezes desenvolver uma actividade artística. Está próxima da natureza e do seu ritmo. Gosta das mulheres.

O homem de Caranguejo, enquanto signo de Agua, não se sente à vontade nas situações. Permanece muito ligado à infância e só a custo cortará o cordão umbilical que o liga à mãe da qual continua a ser, de certa maneira, um prolongamento. Possui um carácter afectuoso, uma natureza poética, muito encanto, mas necessita duma companheira enérgica.

O homem de Virgem, signo de Terra, é realista e activo, egoista e devotado, um pouco «afectado». Gosta demasiado da sua segurança para se abalançar a grandes projectos; falta-lhe o sentido da aventura.

O homem de Escorpião, signo de Água, é um atormentado, as forças subterrâneas do seu inconsciente invadem-no com frequência. Sente que não pode escapar à sua feminilidade senão ultrapassando a sua natureza instintiva e a sua sexualidade; por vezes consegue-o através da filosofia ou da mística. Mas Plutão imprime-lhe uma notável energia e se conseguir reconciliar dentro de si a natureza feminina da Água e o poder de Plutão, realizará grandes feitos.

O homem de Capricórnio está menos à vontade neste signo que a mulher. Consegue escapar às suas frustrações pela ambição: ama o poder; ao exercê-lo, torna-se mais viril aos seus próprios olhos. A solidão, o trabalho, a reflexão permitem-lhe satisfazer as suas ambições.

O homem de Peixes é um «grande feminino», muitas vezes místico, fortemente atraído pela vida espiritual, simultaneamente sensual e desprendido. Mas, frequentemente, não passa dum fraco conduzido pelos seus sentimentos; falta-lhe uma estrutura sólida. As mulheres gostam dele porque sabe compreendê-las. Tem muitas vezes uma faceta «Dom Juan».

III

OS DOZE SIGNOS DO ZODÍACO

O CARNEIRO NO MASCULINO

Como reconhecê-lo?

O Carneiro anda rapidamente. Homem apressado por excelência, sobe as escadas a quatro e quatro e quando chega à porta de casa, já tirou o casaco... ou outras peças de roupa... Fala depressa, «às sacudidelas». Numa linguagem seca e precisa. O seu olhar impressiona. Directo, acutilante. Nunca desvia a vista quando se dirige a alguém e é impossível fugir ao seu domínio. Mas quando ri, enruga as pálpebras e os olhos brilham. Há algo de honesto naquele rosto extremamente móbil e expressivo. O sorriso é carnívoro.
Tem um corpo seco, nervoso, todo músculos, muitas vezes atlético. As mãos são grandes, nodosas. A tradição atribui-lhe cabelo ruivo ou então escuro e crespo, «frisado como o dum

carneiro». Quando caminha, abana frequentemente a cabeça. As rugas de expressão são fundas e apresenta um vinco vertical entre os olhos, enterrados nas órbitras. O nariz é grande, aquilino, o sobrolho carregado. O rosto de traços bem marcados ou «esculpido à navalha» exprime virilidade. A boca, quase sempre fina, denota firmeza. O Carneiro contrai muitas vezes os lábios quando faz um esforço de atenção. Brusco nos gestos e na maneira de falar, desajeitado nas carícias. Respira energia, força e vitalidade por todos os poros.

Como passa de saúde?

O homem de Carneiro possui um dinamismo notável. Ama o perigo e a velocidade, despreza a dor. O repouso esgota-o. Precisa de «queimar» constantemente as suas reservas. Vive num ritmo que pouca gente aguenta; esse é o seu problema. Efectivamente, não consegue levantar o pé do acelerador. Nem no sentido literal nem no sentido figurado. Está sujeito a esgotamentos súbitos que lhe afectam o moral e originam estados depressivos duma intensidade devastadora. Pode sucumbir a doenças fulgurantes. Gasta as suas baterias depressa demais. Ou então sofre um desastre de automóvel. Uma vez em situação de conflito, já que é impaciente demais para adoecer, resolverá o problema através dum acidente.

De todo o Zodíaco é o Carneiro o detentor dos recordes de fracturas, de desastres de automóvel, de queimaduras e de ferimentos diversos. A desgraça atinge-o com violência, à semelhança do seu temperamento excessivo. Aliás, colecciona cicatrizes desde a infância. Tem quase sempre uma na cara. Os narizes partidos nos nativos deste signo não têm conta. Quase sempre recebe pancadas na cabeça e é no rosto que apresenta marcas.

Entre os distúrbios de saúde susceptíveis de o afectar, citamos as dores de cabeça, as nevralgias faciais, as sinusites, as dores de dentes. É atreito a bruscos acessos de febres, a inflamações e a irritações. Mais emotivo do que parece, por vezes sofre de alergias: asma, psoríase.

O Carneiro deve arranjar tempo para carregar as suas baterias; evitar a vida nocturna, não beber dez chávenas de café por dia, diminuir o número de cigarros... ou de cachimbadas quotidianas; comer alimentos saudáveis em vez de abrir latas de conserva. Convém-lhe praticar um desporto: atletismo,

ténis, ciclismo... em vez de fazer corridas de automóvel ou, como Steve Mac Queen, de se embriagar de velocidade em cima duma moto. Em resumo, deve evitar viver depressa demais.
No plano alimentar, precisa de comer carne; mas sem excesso. E açúcar e fruta. Gosta de pimenta, de condimentos, mas não lhe convém abusar deles. Mais vale substituí-los pelo alho, pela cebola crua, pelo rábano, pelas azeitonas. Convêm-lhe os alimentos ricos em fósforo e em potássio, vitaminas fortes, couves, nozes, espinafres.
O remédio homeopático que ele deveria tomar durante toda a vida: *Kalium Phosphoricum.*

Como reage?

Psicologicamente, o Carneiro é um ser de vontade forte e corajoso. Nunca se confessa vencido; pode morrer pela causa em que acredita. A sua característica essencial é ser «primário», quer dizer, todas as suas reacções são imediatas e espontâneas. Nunca faz batota; a sua sinceridade torna-o vulnerável. Não admite que lhe mintam, que o explorem, que o traiam. E quando descobre que foi enganado, contra-ataca de modo, por vezes, fulgurante. A violência faz parte da sua natureza e, quando dominado pelo furor, por uma cólera cega, pode tornar-se perigoso.
Mas traz o coração nas mãos e arrisca tudo pelos amigos. É um aventureiro, no sentido mais nobre do termo. Empreende todas as tarefas com audácia. Como não se sente atraído pela reforma, gosta de correr riscos. Precisa de um objectivo e, de preferência dum objectivo nobre, de algo estimulante que não o faça corar. Tem gostos revolucionários. A acção política exerce atracção sobre ele... até ao dia em que descobre que à sua volta, nem todos fazem jogo limpo. Nessa altura desiste, pois não é cínico.
O seu machismo — ou culto da virilidade — por vezes prega-lhe partidas, leva-o a praticar actos heróicos ou sublimes que em nada contribuem para a sua felicidade.
Por vezes mostra-se genial, quando confia na sua ignorância. A sua inteligência é dominada por uma percepção muito rápida que o leva a adiantar-se em relação aos outros. Deve desconfiar do fanatismo, das simplificações apressadas que faz por comodidade, para não sentir dúvidas, coisa que não suporta. Recusa a hesitação e, no entanto, se recorresse a ela não seria

obrigado a rever as suas posições, o que lhe exige sacrifício: quando as circunstâncias o obrigam a isso, sofre terrivelmente.

Para que é dotado?

Convém-lhe a «carreira das armas». Tem o sentido da autoridade, da coragem, o gosto pelo heroísmo e ao mesmo tempo amor pelos homens que partilham com ele o perigo. Será um bom oficial... mas este guerreiro definha na caserna: não tem vocação para funcionário. Da mesma maneira, será detective ou polícia sob condição de não trabalhar sentado a uma secretária; dará um excelente advogado; sublinhará as tendências sádicas do signo nas profissões médicas ou para--médicas, a cirurgia, a arte dentária ou a veterinária — gosta muito de animais — e será até um médico de clínica geral devotado, pois não pretende enriquecer e não poupará nem esforços nem tempo.

Apaixonados pelo perigo e pelos grandes empreedimentos, certos Carneiros obtêm êxito como «cavalheiros de indústria», ponde de pé grandes negócios e fazendo-os prosperar, precisamente porque possuem o génio da decisão imediata. Nunca são movidos pela atracção do lucro mas fazem fortuna, talvez porque se comportam como estrategas num campo de batalha e porque só a vitória lhes interessa. Se vão à falência, recompõem-se logo e começam tudo de novo.

Este criador gosta de fazer brotar da terra o que não existe ainda. Este inovador não hesita diante de nenhum sacrifício. O fracasso ocorre por vezes porque ele desiste a meio caminho, preferindo «iniciar» as coisas a realizá-las, gostando mais dos princípios do que dos fins. Ou porque lhe falta a paciência.

Como ama?

Especialista do amor à primeira vista, apaixona-se imediatamente e não suporta que o obriguem a esperar. Faz imediatamente mil projectos aos quais associa a sua bem-amada do momento; é sincero. Mas a paixão assalta-o com tal violência, que depressa se transforma em cinzas rapidamente frias. Se o abandonam, cai num estado de irritação donde lhe é difícil sair... Até ao momento em que se apaixona de novo. Não receia casar jovem. Fá-lo várias vezes, se necessário. Mas gosta de crianças e estabelece com elas um contacto maravilhoso. Leva-as a acreditar, uma vez que é assim que ele vive, que a vida é apaixonante. Mostra-se tão entusiasta e generoso que a eleita do seu coração se sente amada. Presa naquele turbilhão em que é preciso viver a toda a velocidade, a princípio sente-se feliz. A seguir, se não goza de uma saúde de ferro, fica completamente exausta. Ele tem tendência para decidir pela mulher, para lhe impor as suas ideias, os seus gostos, os seus caprichos. E tudo isso com a maior boa fé, não lhe passando pela cabeça que o facto possa desagradar-lhe. Para o contrariar, é preciso muita subtileza e até manha. E como, no fundo, ele não passa dum ingénuo, nada mais fácil. Opor-se-lhe aos gritos e de forma violenta, é uma declaração de guerra; e nesse campo, ninguém consegue levar-lhe a melhor.

Sexualmente, este amante apaixonado tem problemas frequentes. Quase sempre se mostra demasiado apressado para o gosto da companhia. Sofre de uma certa tendência para tomar tudo de assalto e para se conduzir como um tanque de guerra. No entanto, nem todas as mulheres apreciam esse estilo, que, bem vistas as coisas, é eminentemente viril.

Se jogássemos ao retrato chinês — o que nos propomos fazer a respeito de cada signo — eis o que se poderia sugerir a respeito do Carneiro.

E se ele fosse...

Se fosse um animal: seria um galo ou um jaguar.

Se fosse uma árvore: talvez um cedro ou um larício.

Se fosse uma planta: uma ortiga. Uma flor: a cana da índia ou a reseda.

Se fosse um condimento: o alho, a mostarda, o basilisco.

Um metal: o ferro ou o aço.

Uma cor: vermelhão.

Uma pedra: o sílex... Pedra preciosa: o ametista ou o rubi.

Um perfume: a mirra.

E se fosse um instrumento de música: o trompete, sem dúvida.

Um objecto de colecção: armas de fogo.

*
* *

O CARNEIRO NO FEMININO

Como reconhecê-lo?

O rosto é, quase sempre, alongado, dum oval bastante nítido; as maçãs do rosto salientes e a testa alta, o queixo voluntarioso, mas pequeno, com algo que faz lembrar a cabeça duma ovelha. A distância entre o lábio superior e a base do nariz é quase sempre muito grande... A tradição considera essa particularidade um sinal de indulgência. O olhar é simultaneamente franco e meigo, mais meigo que o do homem do signo. A mulher de Carneiro não sabe ocultar os seus sentimentos.

Os dentes nem sempre se mostram bem alinhados... Por vezes tem um «canino agressivo» que lhe dá um encanto inesperado.

Ao contrário dos homens do signo, a mulher possui mãos compridas, fortes e belas, semelhantes às das virgens dos flamengos primitivos. A silhueta é agradável, as pernas compridas e musculadas, o todo desportivo. Costuma andar bastante direita, com a cabeça erguida para melhor fixar os seus interlocutores nos olhos.

Adoptou as calças com entusiasmo; ficam-lhe bem. E como muitas vezes tem pouco cabelo, optou por usá-lo cortado à rapaz, o que acentua o seu aspecto jovem. Maquilha-se pouco mas não detesta os enfeites bárbaros... que não se encontram à venda a cada esquina. Tem um ar saudável e seguro de si. Um sorriso irresistível. É, à sua maneira, uma sedutora.

Como passa de saúde?

Quase sempre bem; tem energia e resistência; não presta grande atenção a si própria; nem sequer a atenção indispensável, porque quando se sente cansada não reduz a actividade. Se. ao acordar, está exausta, devia considerar isso um motivo de alarme... Se fizer uma vida saudável, ao ar livre, se praticar qualquer desporto e dormir o suficiente, não há nada a temer.

O perigo, para ela, reside nos grandes choques afectivos que lhe alteram o metabolismo e podem perturbar todo o seu equilíbrio fisiológico. As paixões infelizes atingem-na mais profundamente do que os vírus ou os micróbios.

Quando aceita mal a sua feminilidade — devido a complexos motivos psicanalíticos, por exemplo — pode acontecer--lhe somatizar (manifestar o seu conflito ao nível do corpo) através duma doença nos seios ou nos órgãos femininos.

Por vezes, perde brutalmente as forças. Sofre daquilo a que outrora se chamava doenças de languidez. E que talvez não se possam considerar simples depressões nervosas.

Os conselhos dados aos homens do signo são também válidos para ela: deve aprender a conhecer os seus limites e se não se sentir bem, consultar imediatamente um médico em vez de encarar a indisposição com desprezo e impaciência. Aconselhamo-la a esforçar-se por não se deixar dominar pelos seus sentimentos e a não esquecer as palavras de Freud: «A paixão é uma psicose socialmente aceitável»...

Como reage?

A mulher Carneiro comporta-se, na vida, com aprumo e rigor. É capaz de dar muito, de se sacrificar pelos que ama. Por orgulho e também porque gosta de gestos nobres recusará muitas vezes a vingança e chegará a ajudar os seus inimigos para lhes provar que é melhor do que eles. É essa a sua forma de heroicidade. Mas não só. Ocupa-se frequentemente de obras de caridade. E como essas novidades se espalham depressa, acaba por, também nesse campo, fazer mais do que lhe permitem as suas forças. Mas não consegue recusar nada a ninguém...

É uma mãe admirável, mas que nem sempre conseguirá deixar de preferir um ou outro dos filhos. Sentir-se-á sempre culpada por isso e esforçar-se-á por não cometer injustiças. Na vida é um «bom soldadinho». As pessoas estimam-na: ela obriga-as a respeitá-la.

Para que é dotada?

Inclui-se, sem dúvida alguma, no número daquelas mulheres que não sentem aversão pelas profissões masculinas e que as exercem tão bem ou melhor do que os homens. As ocupações de tipo altruista seduzem-na porque correspondem à sua enorme necessidade de entrega aos outros — é uma maneira de se fazer amar. Poderá ser médica, dentista; por vezes, até, enveredar pela cirurgia. Obtém grandes êxitos com as crianças que não resistem ao seu encanto.

Também é frequente a mulher Carneiro dedicar-se às leis. A ideia de defender «um pobre criminoso irresponsável» e de comover o coração de pedra dos juízes representa para ela uma poderosa tentação. Mas não receia as profissões desportivas e perigosas. A aviação dos tempos heróicos incluiu algumas representantes do signo, que partilharam a sua glória com mulheres Sagitário. Durante a guerra, conduzia ambulâncias.

Milita com êxito em organizações sindicais ou nos movimentos feministas. Tem coragem para dar e vender e defender sempre as causas mais desesperadas. Como gosta de contactos humanos e é muito activa, vêmo-la frequentemente nas relações públicas, no jornalismo, etc. A mulher de Carneiro tem, evidentemente, tudo a ganhar se consagrar grande parte das suas forças a uma carreira ou a uma vida profissional interessante, uma vez desocupada, não resiste ao prazer de multiplicar as conquistas ou sucumbe à garridice mais inglória, sem usufruir um prazer real. Tratar da «casa» não consegue preenchê-la, a maior parte das vezes; não pertence ao tipo da mulher doméstica...

Como ama?

É uma apaixonada, tal como o homem do signo. Mas os seus sentimentos caracterizam-se por uma maior duração e profundidade. Quando se dedica totalmente a um homem, acaba por viver, por esperar, respirar e olhar através dele. E essa paixão consome-a inteiramente.

Mas antes de encontrar esse «Grande Amor», experimenta o poder dos seus encantos. Enquanto jovem, é uma sedutora que brinca com o fogo. No entanto, tem tendência a possuir menos amantes do que aqueles que lhe atribuem pois a sua sede de absoluto é profunda demais para se contentar com namoricos durante muito tempo. Contenta-se em inflamar alguns corações pelo simples prazer de fazer uma conquista e de provar a si própria que ninguém consegue resistir-lhe. Para ela, a vitória resume-se a isso.

Certas mulheres de Carneiro, muito «livres», decidem repentinamente fugir à sua escravatura afectiva; nessa altura, encentam uma vida semelhante à dos homens. Se for preciso, irão «engatar» nas noites em que não suportarem a solidão. Vamos encontrá-las entre as mulheres que desempenham profissões masculinas, que têm cargos masculinos e não são consideradas por aquelas com quem se cruzam no trabalho ou noutra situação qualquer como mulheres a sério. Outras, pelas mesmas razões, escolherão a homossexualidade.

Mas a nativa de Carneiro que vive sozinha e parece ter renunciado ao amor, esconde uma ferida incurável pois a sua existência só através dele adquire sentido.

Quadro 1   CARNEIRO

Como é evidente, nem todos os Carneiros são iguais. O factor *ascendente* acrescenta pormenores essenciais.

Reporte-se ao quadro que se segue; saberá imediatamente qual é o seu signo ascendente.

SE NASCEU ENTRE 20 e 31 de MARÇO:

Portugal	Brasil	Ascendente
6 h 26 m e 7 h 40 m	5 h 50 m e 8 h 2 m	Carneiro
7 h 40 m e 9 h 9 m	8 h 2 m e 10 h 18 m	Touro
9 h 9 m e 11 h 4 m	10 h 18 m e 12 h 32 m	Gémeos
11 h 4 m e 13 h 25 m	12 h 32 m e 14 h 33 m	Caranguejo
13 h 25 m e 15 h 55 m	14 h 33 m e 16 h 17 m	Leão
15 h 55 m e 18 h 24 m	16 h 17 m e 17 h 48 m	Virgem
18 h 24 m e 20 h 53 m	17 h 48 m e 19 h 20 m	Balança
20 h 53 m e 23 h 23 m	19 h 20 m e 21 h 7 m	Escorpião
23 h 23 m e 1 h 48 m	21 h 7 m e 23 h 4 m	Sagitário
1 h 48 m e 4 h 44 m	23 h 4 m e 1 h 23 m	Capricórnio
4 h 44 m e 5 h 10 m	1 h 23 m e 3 h 39 m	Aquário
5 h 10 m e 6 h 26 m	3 h 39 m e 5 h 50 m	Peixes

SE NASCEU ENTRE 1 e 10 de ABRIL:

Nascimento entre Portugal	Nascimento entre Brasil	Ascendente
5 h 3 m e 6 h 57 m	5 h 6 m e 7 h 18 m	Carneiro
6 h 57 m e 8 h 26 m	7 h 18 m e 9 h 34 m	Touro
8 h 26 m e 10 h 21 m	9 h 34 m e 11 h 48 m	Gémeos
10 h 21 m e 12 h 42 m	11 h 48 m e 13 h 49 m	Caranguejo
12 h 42 m e 15 h 13 m	13 h 49 m e 15 h 33 m	Leão
15 h 13 m e 17 h 41 m	15 h 33 m e 17 h 4 m	Virgem
17 h 41 m e 20 h 10 m	17 h 4 m e 18 h 36 m	Balança
20 h 10 m e 22 h 41 m	18 h 36 m e 20 h 23 m	Escorpião
22 h 41 m e 1 h 5 m	20 h 23 m e 22 h 21 m	Sagitário
1 h 5 m e 3 h 1 m	22 h 21 m e 0 h 39 m	Capricórnio
3 h 1 m e 4 h 27 m	0 h 39 m e 2 h 55 m	Aquário
4 h 27 m e 5 h 3 m	2 h 55 m e 5 h 6 m	Peixes

SE NASCEU ENTRE 10 e 20 de ABRIL:

Nascimento entre Portugal	Nascimento entre Brasil	Ascendente
5 h 6 m e 6 h 19 m	4 h 29 m e 6 h 40 m	Carneiro
6 h 19 m e 7 h 48 m	6 h 40 m e 8 h 56 m	Touro
7 h 48 m e 9 h 43 m	8 h 56 m e 11 h 10 m	Gémeos
9 h 43 m e 12 h 4 m	11 h 10 m e 13 h 11 m	Caranguejo
12 h 4 m e 14 h 35 m	13 h 11 m e 14 h 55 m	Leão
14 h 35 m e 17 h 4 m	14 h 55 m e 16 h 27 m	Virgem
17 h 4 m e 19 h 32 m	16 h 27 m e 17 h 58 m	Balança
19 h 32 m e 22 h 3 m	17 h 58 m e 19 h 45 m	Escorpião
22 h 3 m e 0 h 27 m	19 h 45 m e 21 h 43 m	Sagitário
0 h 27 m e 2 h 23 m	21 h 43 m e 0 h 1 m	Capricórnio
2 h 23 m e 3 h 49 m	0 h 1 m e 2 h 17 m	Aquário
3 h 49 m e 5 h 6 m	2 h 17 m e 4 h 29 m	Peixes

So você é:

CARNEIRO *ascendente* CARNEIRO (Marte-Marte) Fogo-Fogo:

Estamos em presença duma espécie de «Carneiro ao quadrado» no qual todas as tendências próprias do signo (cf. cap. III) se encontram acentuadas. Não é fácil viver esta «compressão» do signo, que se torna demasiado explosivo. O «duplo Carneiro» encontra um «exutório» no signo que se lhe opõe, a Balança; nessa altura, tornar-se-á mais sedutor, menos brusco, mas não ultrapassará facilmente o seu egocentrismo. Age e reage com tamanha rapidez que não tem tempo de atender às circunstâncias ou aos sentimentos dos outros. É a impulsividade em pessoa. Grande afirmação de si próprio. No entanto, quando menos se espera, será assaltado por uma hesitação, por uma dúvida... e devemos ver aí a irrupção da sua «consciência Balança» que lhe cria problemas e o impede de correr determinados riscos. Atracção pela Balança.

CARNEIRO *ascendente* TOURO (Marte-Vénus) Fogo-Tterra:

O Carneiro avança, faz descobertas, começa as coisas e é o Touro que, revezando-o, traz um elemento de paciência, de espírito de continuação, leva a bom termo aquilo que o Carneiro se limitou a começar. O Touro pode acentuar o egoismo do Carneiro porque é sensual, realista, agarrado aos bens deste mundo e pouco atraído pelo sacrifício, mas permite-lhe também organizar-se melhor, tirar um partido mais concreto das suas ideias por vezes geniais, em todo o caso profundamente inovadoras. Amor profundo pela vida, vontade de realização e de eficácia, capacidade de trabalho vertiginosa; a resistência e o vigor do Touro aliam-se à fogosidade do Carneiro. Personalidade que leva tempo a afirmar-se. Problemas ligados ao pai (doente, ausente, arruinado...). Atracção pelo Escorpião.

CARNEIRO *ascendente* GÉMEOS (Marte-Mercúrio) Fogo-Ar:

O Gémeos «cerebraliza» o Carneiro, acentua o seu gosto pelo contacto, pela comunicabilidade, mas «acelera» o signo e agrava os riscos de instabilidade, de dispersão, de jogo. Incapacidade para voltar atrás. O Carneiro segue sempre em frente, o Gémeos vive o instante que passa: este fogo-fátuo não cria raízes. Conserva a juventude durante muito tempo; gosta de rir e de se divertir. Os que conhecem bem Jean-Paul Belmondo sabem que assim é! Gosta de «engrolar» os outros, mas sem maldade.

Ama a velocidade, a mudança, as ideias, a aventura. Cumplicidade entre Marte e Mercúrio, os dois senhores do signo que lhe conferem o dom da palavra, a ironia, o nervosismo. Nunca estão quietos. Atracção pelo Sagitário.

CARNEIRO *ascendente* CARANGUEJO (Marte-Lua) Fogo-Água:

A maturidade demora a chegar; quer tudo e naquele preciso momento; atracção pelo risco e necessidade dum refúgio, simultaneamente; dificuldades em se separar do meio familiar; espírito com uma mistura de conservador e de revolucionário. Fracassos, fruto do temperamento inconstante e êxitos, fruto da imaginação. Deve tentar tudo para realizar os seus sonhos. Ama os filhos e a família; grande capacidade de ternura; conserva durante muito tempo um lado infantil. Gosta das mulheres maternais. Sensível e susceptível. Poderosos conflitos interiores, mas não confessa facilmente as suas angústias. Frescura de espírito, espontaneidade, natureza romanesca que frequentemente sofre desilusões. O êxito pode transformar tudo. É a ele que vai buscar a sua força. Ambição secreta que subentende a acção. Atracção pelo Capricórnio.

CARNEIRO *ascendente* LEÃO (Marte-Sol) Fogo-Fogo:

Impulsividade, coragem, bravura; impõe-se pelo seu brilho; grande magnetismo e ascendente sobre os outros. Gosto — quase provocante — pelo gesto elegante e pelo acto gratuito. Muito afectivo; pode ser «levado» pelo sentimento... (o seu calcanhar de Aquiles). Muito orgulho e necessidade de ter uma excelente opinião de si próprio. Por vezes místico. Espírito de «cruzado». Nada consegue desencorajá-lo e o seu optimismo mantém-se sempre inalterável. Gosta de luta mas tem pouca paciência. Aponta para objectivos demasiado altos e julga-se demasiado invulnerável. Esta mistura, essencialmente viril, proporciona uma vida difícil à mulher: precisa de exercer autoridade na sua vida profissional. Faz grandes viagens. Atracção pelo Aquário.

CARNEIRO *ascendente* VIRGEM (Marte-Mercúrio) Fogo-Terra:

Difícil e contraditório. Esta posição que coloca o Sol na VIII Casa, acentua as tendências para a angústia, os conflitos interiores. Vida assinalada por lutos ou pela presença da morte. Contradição entre o desejo de aventuras e a necessidade de segurança. Acentua o nervosismo, a cerebralidade, a curiosidade de espírito. Pode ter êxito se consagrar parte da sua vida a juntar dinheiro, — talvez receba heranças que lhe permitam «lançar-se» imediatamente. A audácia e o sentido prático podem, nessa altura, abrir-lhe as portas da fortuna. Com a idade, as tendências opostas podem harmonizar-se; a ordem da Virgem virá acalmar a fogosidade do Carneiro, ajudá-lo-á a calcular os riscos. Vários ofícios ou vida profissional assinalada por mudanças, por grande diversidade. Atracção pelos Peixes.

CARNEIRO *ascendente* BALANÇA (Marte-Vénus) Fogo-Ar:

Estrutura de oposição pois está totalmente centrado na afectividade; reivindica a felicidade para si, mas é capaz de sacrifício absoluto pelo outro. Muitas vezes encontra-se dividido entre um impulso cego e o medo da opinião dos outros. Arrisca-se a viver apenas para o próximo. E, sobretudo, como é evidente, a fazê-lo através do ser não apenas amado, mas adorado. Se está feliz, dá muito a toda a gente, conquista todos os corações; consegue fascinar um cego surdo e mudo: tem uma necessidade absoluta de agradar e de ser amado. Em caso de drama sentimental, corre o risco de sucumbir completamente, de sofrer uma depressão, de ficar doente, de se entregar ao alcoolismo, ou de consagrar todas as suas forças à caridade activa. Não há ninguém mais romântico ou apaixonado. Atracção por outro Carneiro.

CARNEIRO *ascendente* ESCORPIÃO (Marte-Plutão) Fogo-Água:

Notável poder de acção, extrema combatividade; força de oposição. Talvez o carácter não seja cómodo, mas a personalidade «existe». Tudo depende da maneira como a agressividade é utilizada: Canalizada para uma actividade altruista, a medicina por exemplo, tudo irá bem. Se «não possui a coragem da sua audácia», pode adoecer ou voltar contra si próprio as suas tendências destrutivas. Decisões bruscas. Atitude «áspera», gestos «secos», fala rude. Muitas vezes, dá a impressão de estar de mau humor. Desajeitado quando pretende agradar. Muito apaixonado sob aquela carapaça de dureza... Atracção pelo Touro.

CARNEIRO *ascendente* SAGITÁRIO (Marte-Júpiter) Fogo-Fogo:

Dois temperamentos próximos que reforçam a intuição, a impulsividade, o carácter independente e dominador, generoso e optimista. Confiante em excesso. Fácil de enganar pois não desconfia da existência de duplicidade nos outros. Tem necessidade de acreditar na utilidade da sua acção para a levar a bom termo; precisa de ter fé nos outros e na vida. Sofre muito com as decepções e com as traições mas basta um gesto generoso para o reconciliar com a humanidade. Muito Zorro e muito Mosqueteiro. Tem um lado «escuteiro» que irrita os mais lúcidos. Dá muitos conselhos, mas moverá céus e terra para ajudar o próximo. Notável espírito de decisão. Jogador. Pode realizar actos heróicos ou espectaculares. Cavalheiresco e amante da glória, desconhece no entanto a vaidade. A vida afectiva desempenha um papel importante. Muitos amores. Atracção pelos Gémeos.

CARNEIRO *ascendente* CAPRICÓRNIO (Marte-Saturno) Fogo-Terra:

Contradição entre uma natureza jovem, impulsiva, corajosa e uma natureza «velha», prudente, diplomata. Age espontaneamente, depois arrepende-se. Avança por saltos. Mais reflectido, mais calculista que os outros, mais ambicioso e perseverante. Se a sorte o ajudar, alcança triunfos extraordinários no caminho que escolheu, leve ele à acção política, aos negócios, à renúncia do eremita ou à abnegação do sábio. Nem sempre se mostra flexível ou conciliador; trata-se de dois signos «morais» e amante do absoluto, muito arreigados aos princípios... quanto mais não seja aos deles. As pessoas conhecem-nos mal, geralmente. Importância do clima familiar. Atracção pelo Caranguejo.

CARNEIRO *ascendente* AQUÁRIO (Marte-Urano) Fogo-Ar:

Revoltado ou associal, capaz de se irritar por uma ninharia; defende as suas ideias com paixão. Muito independente e inventivo, inovador; não perde tempo com subterfúgios ou mundanidades. Sentido da amizade e espírito de equipa. Não admite compromissos nem injustiças. Forte espírito de contradição; caprichoso no amor e na vida. Não suporta uma ordem nem um constrangimento. Diz o que pensa, com franqueza e brusquidão. Não consegue viver nem expandir-se senão «à margem». Por vezes possui génio ou uma notável capacidade de invenção, talvez graças à sua impermeabilidade às ideias recebidas... Pode ganhar dinheiro sem se esforçar por isso e partilha-o com os amigos. Muita liberdade... Contactos fáceis. Atracção pelo Leão.

CARNEIRO *ascendente* PEIXES (Marte-Neptuno) Fogo-Água:

Tendência para a utopia ou natureza mística; desejo de «uma coisa diferente» que não é deste mundo. Mais emotivo e sensível do que parece. Muito encanto, humor, graça; terno e malicioso; uma alma caridosa e condoída. É capaz, em qualquer circunstância de uma palavra de conforto, de dar de comer a quem tem fome ou de emprestar dinheiro. Ligeiramente louco e muito bondoso. Com pouco realismo e bom senso mas, em troca, a sorte e a intuição não lhe faltam. Sabe fazer-se amar. Ganha dinheiro facilmente e gasta-o da mesma maneira. Gosta da vida e dos prazeres, mas consegue privar-se deles sem qualquer esforço. Alcança o que deseja sem quase se dar por isso. Prestável, com acessos de preguiça. Gosta do jogo, das viagens, das fugas, dos livros. Empreendedor em imaginação... por vezes «a sério». Atracção pela Virgem.

O TOURO NO MASCULINO

Como reconhecê-lo?

O Touro é geralmente pequeno e entroncado. Com a idade, adquire um estômago ligeiramente saliente. É um «esférico»: cara arredondada, nariz curto, boca carnuda, lábios cheios e gulosos; olhos aveludados com longas pestanas, bem abertos. No entanto, apesar desta aparência pesada, deste elo com a terra, o andar é leve e gracioso... O seu lado de deus Pan, sem dúvida. Muitas vezes, na testa larga, apresenta duas bossas altas. Os pés e as mãos são pequenos, também eles carnudos. O aspecto rechonchudo não desaparece com a idade. O pescoço é largo... pescoço de touro que, na opinião de alguns, denuncia o grande apaixonado, as costas maciças, os ombros robustos. A força concentra-se na parte superior do corpo.

O Touro passa frequentemente a língua pelos lábios, o que o faz assemelhar-se a um gato guloso. Tem necessidade de tocar, de apalpar; é um sensual e um táctil. É fácil imaginar este «provador» a brincar aos cavaleiros do Tastevin e a discorrer sobre os méritos de determinada colheita. Nessas alturas mostra-se dono dum vocabulário duma riqueza surpreendente.

A sua voz é musical, colorida, cheia de cambiantes. Não é por acaso que este signo fornece mais cantores que todos os outros.
Por vezes, encontramos nele um toque de vulgaridade...

Como passa de saúde?

O Touro é robusto. Possui grande capacidade de trabalho, mas progride com lentidão, come com lentidão, move-se com lentidão. Sabe economizar as suas forças, organizar a distribuição da sua energia. Se conseguir doseá-la pode ir longe. No entanto, a sua propensão para os excessos e o seu fraco pela boa comida favorecem os enfartamentos e uma certa tendência para engordar mais preocupante ainda porque não gosta de desporto e prefere a pesca à linha do que a corrida a pé. Sofre muitas vezes de perturbações circulatórias: o acne e a pletora ameaçam-no na idade madura.

A garganta é o seu ponto fraco. Na infância, terá muitas anginas. Os ouvidos e o nariz também são frágeis e com o tempo pode vir a sofrer de surdez.

Por vezes, um sangue «demasiado rico» fá-lo correr riscos de furúnculos e antrazes inerentes a essa tendência. A úlcera varicosa assim como as hemorróidas também são de temer. Mas no conjunto, o Touro é sólido e se não sofrer de hipertensão será um velho bastante rijo. O seu amor pela vida e o seu interesse por uma sexualidade sem complexos ajudam-no, sem dúvida alguma, a não ter que reformar-se. Esta criatura pacífica deve obedecer aos ritmos da natureza, levantar-se e deitar-se com o sol, viver no campo ou, pelo menos, deslocar-se lá frequentemente para carregar as baterias. A contemplação do verde dos campos retempera-o melhor do que muitos remédios.

Tem todo o interesse em sacudir a preguiça e em fazer um pouco mais de exercício: se odeia a ginástica, poderá ao menos esforçar-se por andar um pouco todos os dias e sobretudo, desconfiar da sua gulodice e abandonar o hábito de petiscar quando não tem mais nada que fazer. O que o salva, aliás, é que come com muita lentidão... mastigando demoradamente, o que prolonga o prazer e não sobrecarrega o estômago.

No plano alimentar, deve evitar os pratos com molhos, os doces e todo o género de comidas demasiado rico ou em grandes quantidades. Os ovos, os lacticínios, os queijos convêm ao Touro, assim como as saladas e os legumes verdes, de que geralmente gosta. Pode comer de tudo, se o fizer com conta e medida.

O seu medicamento homeopático: *Natrum Sulfuricum.*

Como reage?

O nativo de Touro ama a vida e aprecia-a gozando-a plenamente. Com um profundo sentido da beleza e gosto pelo prazer, extrai das coisas simples alegrias profundas. A contemplação duma flor ou duma mulher bonita, um instante feliz, uma bela música, é o suficiente para que ele se sinta possuído duma profunda gratidão para com o criador... ou para com o seu progenitor... Gosta de viver e não perde tempo com eventuais angústias metafísicas.

Infeliz de quem lhe fizer mal, de quem o privou do que lhe pertence, de quem prejudicou pessoas da sua família: o seu rancor não morre. Pode, eventualmente, perdoar, mas nunca esquecer.

O seu maior defeito é o instinto de posse, o ciúme. O sentimento de proprietário que o caracteriza manifesta-se sempre num plano ou noutro: a «sua» mulher, a «sua» casa, o «seu» dinheiro ou o «seu» invento. Sente-se plenamente feliz ao pisar o bocado de terra que lhe pertence a tratar das suas rosas ou a ver crescer os seus filhos.

A beleza emociona-o. Tem gosto, ama os objectos, as coisas rústicas, os materiais nobres e naturais mas sabe contentar-se com o essencial, dispensar o supérfluo...

Não se emociona facilmente; de natureza bastante secreta não obstante uma aparência calorosa, não dá confiança às pessoas que conhece mal, espera que estas lhe apresentem provas. Nunca toma uma decisão sem pesar os prós e os contras. A partir do momento em que faz uma escolha nada o pode fazer mudar de opinião. A teimosia, a obstinação, constituem simultaneamente a sua força e a sua fraqueza. Falta-lhe mobilidade, assimila lentamente. No entanto, a sua cabeça trabalha bem e faz sínteses sólidas. Nunca está nas nuvens, mas faz muitas vezes referência ao concreto, ao físico, ao biológico, como fonte de autoridade incontestável. Tem bom senso, avança com prudência, vendo sempre onde põe os pés. O dinheiro desempenha um papel importante na vida dele, ou porque enriquece facilmente ou porque sente o peso da «necessidade» durante toda a vida e não consegue libertar--se do seu desejo de segurança.

Para que é dotado?

Para os negócios, muitas vezes. Tem qualidades de organização, sentido prático, realismo e não se deixa comover facilmente pelos problemas dos outros. Defende os seus interesses e, por vezes, é acusado de falta de generosidade. Talvez o processo não seja muito correcto, mas há que saber provocar o seu desejo de dar e nunca lhe forçar a mão.
Pode ser gerente de propriedades, empreiteiro, construtor. Deve trabalhar em algo de concreto e desconfiar de especulações. Este financeiro tem êxito na bolsa ou arranja sempre os capitais de que necessita quando pretende criar o seu próprio negócio.
Possui grande destreza manual, mas deve deixar os acabamentos para os outros. É por isso que tem tanto jeito para a carpintaria e para tudo o que não seja trabalho minucioso. Interessar-se-á pela arquitectura e pelo urbanismo. O seu contacto com a terra permite-lhe obter êxito na agronomia, na agricultura, na horticultura, na pesquisa de adubos, etc.
Enquanto signo venusiano, conseguirá exprimir-se bem num certo número de actividades artísticas. Já citámos o canto, mas podemos acrescentar-llhe a dança, a escultura, a pintura, de preferência artes que conservem uma dimensão concreta, uma relação com a matéria.
Quando os valores intelectuais se sobrepõem aos outros, poderá dedicar-se à matemática, à geometria, à biologia; as suas raízes assentam na vida.
Citando Conrad Moriquand: «Quando encontrar o seu ponto de apoio, conseguirá levantar o mundo». Os exemplos na história abundam, de Marx a Freud...

Como ama?

O Touro, que ama a vida, ama também o amor. Este sensual despreza os «sabotadores» que não se esforçam para oferecer à mulher todo o prazer que ela espera. Toca-lhe como se se tratasse dum violoncelo. Com fervor, com eficácia... com gratidão. O amor ocupa um grande lugar na sua vida.

Enquanto jovem, dispersa-se um pouco, com uma avidez e uma curiosidade insaciáveis. E, finalmente, uma dia decide construir, fundar um lar. E nesse capítulo não brinca. A mulher e os filhos são sagrados aos seus olhos. Faz a sua escolha com extremo cuidado; e, também aqui, sem pressas inúteis. Pesa as vantagens e os inconvenientes e depois toma a sua decisão. Se encontra obstáculos derruba-os.

Esforça-se realmente por merecer a felicidade que alcançou e considera que deve ser recompensado. Ultrapassará o seu egoísmo, trabalhará com coragem, procurará proporcionar à mulher uma vida o mais agradável possível. Em troca pedir--lhe-á que se lhe entregue, que lhe seja fiel. Se esta tiver um «passado», não deverá evocá-lo na frente dele... embora afirme não se importar com isso.

Exigirá que ela se ocupe dos filhos, que os alimente bem, e que tenha em consideração os seus gostos. Uma vez sabido isto, não é difícil viver com ele; é um conviva eloquente, animado tagarela nos seus momentos de euforia... sobretudo quando está à mesa em alegre companhia e há vinho a jorros. Mas, nos momentos de mau humor é difícil distraí-lo; mais vale esperar... e, para ganhar tempo, dar o primeiro passo quando ele começar a descontrair-se...

E para continuar o nosso retrato chinês:

E se fosse...

Se fosse um animal, propunhamos um boi, um urso, um sapo.

Uma planta: uma couve, um redodendro.

Uma flor: sem dúvida uma rosa ou uma peónia.

Uma árvore de fruto: uma macieira.

Uma cor: o rosa indiano ou o verde folha.

Um metal: o cobre. E uma pedra preciosa: a esmeralda.

Um perfume: almíscar ou tuberosa.

Um sabor: gordo e açucarado.

Um instrumento de música: a trompa, o fagote, talvez o popular acordeão.

Objectos de colecção: cobres... ou máscaras, ferramentas.

*

* *

O TOURO NO FEMININO

Como reconhecê-la?

A mulher de Touro é geralmente bela, extremamente feminina, ou seja, «fêmea» no sentido carnal. Tem, por vezes, uma faceta Juno, é bem nutrida, com formas avantajadas, e uma pele de pêssego ou de pétala de rosa. Entre a *Vénus* de Milo e Rubens... Quando os ditames da moda se alteram, ela transforma-se com eles, porque acima de tudo o que lhe interessa é ser amada. Faz dieta e trata da linha, maquilha os olhos, em geral muito bonitos e grandes; pinta os lábios, vermelhos e carnudos. Mas qualquer que seja a forma como se veste, porá sempre em evidência a sua gloriosa feminilidade, usando e abusando, por vezes, de perfumes, de jóias e de peles.

Alta ou baixa, morena ou loira, «cheia» ou esbelta, faz tudo para agradar. Servir-se-á dos olhos, da voz velada de entoações quentes, utilizará todo um arsenal erótico em que está mais bem apetrechada que as outras. É preciso ser-se de pedra... ou muito medroso, para lhe resistir.

Como passa de saúde?

Tal como o homem do signo, possui uma constituição sólida e um temperamento robusto. No entanto, o número exagerado de dietas que segue — de forma quase sempre anárquica — pode avariar a máquina. Tanto mais que está sujeita a sofrer perturbações endócrinas; muitas vezes tem perturbações da tiróide que podem alterar-lhe o humor. Sobretudo na juventude, poderá conhecer deficiências ginecológicas de toda a espécie. Aliás, é frequente que esta sensual sofra de frigidez ou tenha um despertar sexual tardio. Muitas coisas, neste campo, dependerão dos seus primeiros parceiros.

Quanto ao resto, tem os mesmos pontos fracos do homem do signo: doenças de garganta, sinusite, perturbações circulatórias, predisposição para a celulite e para o empastelamento dos tecidos. Os quistos mamários ou ovários ou os fibromas surgem muitas vezes depois dos quarenta anos. No entanto, uma vigilância regular deve permitir-lhe ultrapassar a menopausa sem grandes problemas...

Se tem tendência para engordar, deve seguir um regime racional, sob controlo médico, mas não demasiado severo pois ela não aguenta as privações durante muito tempo. Deve praticar um desporto ou dedicar-se à dança, o que satisfaz simultaneamente a sua necessidade de movimento e os seus gostos estéticos. Duas horas de exercício na barra por semana garantir-lhe-ão uma silhueta de sílfide.

Além disto, o que é válido para o homem do signo é-o também para ela. Aconselhamo-la a beber, depois das refeições, uma tisana, de preferência de verbena ou de tília, ou então infusões perfumadas com flor de laranjeira. Fora de moda... mas eficaz.

Os Touros dormem bem, em geral, e esse constitui um precioso meio de recuperação de que não devem privar-se seja sob que pretexto for.

Como reage?

A mulher de Touro possui as mesmas virtudes sólidas que o homem do signo: simplicidade, uma maneira de ser directa e infantil, é risonha e alegre. Parece menos desconfiada que o Touro «macho» e também menos secreta.

A sua personalidade varia muito sensivelmente consoante o meio em que evolui. Permanece ligada às tradições que conheceu na juventude; se nasceu camponesa, conservará sempre um apego ao campo e um instinto seguro das coisas da terra. Se nasceu no luxo, só a custo conseguirá privar-se dele. E, se sofreu revezes de fortuna, manifestará tendências para a dissipação e procurará um protector rico que lhe resolva os problemas. Sobretudo se não dispõe de aptidões intelectuais que lhe permitam fazer outra coisa. Opta por estas soluções fáceis sem grandes sentimentos de culpa considerando que se deve servir daquilo que o bom Deus lhe deu: a beleza do Diabo, se assim me posso exprimir, e o dom de atrair os homens... Se nasceu numa família que lhe inculcou o sentido do trabalho e das responsabilidades, não tardará a constituir família ou dedica-se a uma profissão.

A mulher de Touro, apesar da sua alegria, tem um carácter difícil, por vezes vingativo e rancoroso, com amuos prolongados de que não consegue libertar-se mesmo quando o deseja... É susceptível e persuade-se facilmente que «lhe cortam na casaca» quando não está presente. Suporta mal as críticas e tem falta de sentido de humor. Por vezes, explode em cóleras veementes no decurso das quais diz frases de que se arrepende: a seguir, daria tudo para as engolir, mas pensa sempre que o que está dito ou feito é irreparável.

A abundância dá-lhe segurança. Gosta de ter os armários cheios e o guarda-vestidos bem fornecido ou, simplesmente, uma confortável conta no banco. Mas confia mais nas jóias do que nos títulos... nas terras do que no ouro.

Gosta de receber e fá-lo com uma gentileza infinita. Prepara excelentes refeições que se eternizam. Tem o sentido dos rituais.

Para que é dotada?

Encontramos na mulher Touro os mesmos dons que no homem mas o temperamento artístico é mais acentuado nela. Canta como um rouxinol, dança muito bem, possui grandes dotes para a música e é uma decoradora nata. A sua beleza leva-a a ser solicitada pelos fotógrafos e cineastas. Vender a beleza não lhe causa problemas e faz carreira facilmente nestas profissões, esforçando-se por ganhar muito depressa a maior quantidade de dinheiro possível para poder investi-lo ou montar um negócio com um salão de cabeleireiro, uma loja de modas, de produtos de beleza... de que saberá ocupar-se na perfeição.

O seu sentido prático e a sua aparência permitir-lhe-ão obter êxito também na hotelaria, e em todas as profissões que exijam simultaneamente a cabeça bem assente nos ombros e um contacto fácil com uma clientela.

No trabalho, é uma auxiliar preciosa: infatigável, consciensiosa, com gosto pela obra bem acabada, discreta, capaz de assumir grandes responsabilidades. Basta que lhe dêem tempo para se «integrar». Nas pequenas empresas familiares, costuma ocupar-se da caixa, receber os clientes. Nessa altura dirigem-lhe galanteios; e ela esquece o cansaço...

Como ama?

Já vimos, através das personagens retratadas, que a mulher Touro tanto pode incarnar «serva cheia de amor», a prostituta ou a *call-girl* que põe dinheiro de lado para fundar em seguida um lar respeitável; a companheira sólida, incansável e dedicada; a intelectual, a artista, a arquitecta ou a florista... Mas todas estas mulheres têm em comum um ponto fraco: não podem passar sem homens. Com efeito, se não conseguem ler no olhar deles o desejo ou a paixão, sentir-se-ão mutiladas para sempre. Mais tarde, com a idade, tornar-se-ão matronas pacíficas, que gostam de recordar com uma gargalhada sensual, os esplendores passados e as paixões que provocaram, no tempo em que eram bonitas...

Se gostam de alguém, mostram-se ciumentas, possessivas e toleram mal as «facadas» no matrimónio que perdoam mais facilmente a si próprias... Não encaram com bons olhos o divórcio, uma vez que estão muito agarradas àquilo que construiram, à sua casa e aos seus hábitos e pensam sinceramente que «isso não convém às crianças». De resto, são excelentes educadoras, com princípios sólidos, que não recuam diante do castigo, atentas e sempre presentes. Se o casamento não «resulta», farão tudo para que os filhos se ressintam disso o menos possível.

Quadro 2   TOURO

É evidente que nem todos os Touros são iguais. O factor ascendente traz correcções essenciais. Reporte-se ao quadro que se segue: saberá imediatamente qual é o seu signo ascendente.

SE NASCEU ENTRE 21 e 30 de ABRIL:

Nascimento entre		Ascendente
Portugal	Brasil	
4 h 25 m e 5 h 39 m	3 h 48 m e 5 h 59 m	Carneiro
5 h 39 m e 7 h 7 m	5 h 59 m e 8 h 15 m	Touro
7 h 7 m e 9 h 2 m	8 h 15 m e 10 h 30 m	Gémeos
9 h 2 m e 11 h 24 m	10 h 30 m e 12 h 30 m	Caranguejo
11 h 24 m e 13 h 54 m	12 h 30 m e 14 h 14 m	Leão
13 h 54 m e 15 h 23 m	14 h 14 m e 15 h 46 m	Virgem
15 h 23 m e 18 h 51 m	15 h 46 m e 17 h 17 m	Balança
18 h 51 m e 21 h 22 m	17 h 17 m e 19 h 4 m	Escorpião
21 h 22 m e 23 h 42 m	19 h 4 m e 21 h 2 m	Sagitário
23 h 42 m e 1 h 42 m	21 h 2 m e 23 h 16 m	Capricórnio
1 h 42 m e 3 h 8 m	23 h 16 m e 1 h 36 m	Aquário
3 h 8 m e 4 h 25 m	1 h 36 m e 3 h 48 m	Peixes

SE NASCEU ENTRE 1 e 10 de MAIO:

Nascimento entre Portugal	Nascimento entre Brasil	Ascendente
3 h 45 m e 4 h 59 m	3 h 9 m e 5 h 20 m	Carneiro
4 h 59 m e 6 h 27 m	5 h 20 m e 7 h 36 m	Touro
6 h 27 m e 8 h 22 m	7 h 36 m e 9 h 51 m	Gémeos
8 h 22 m e 10 h 44 m	9 h 51 m e 11 h 51 m	Caranguejo
10 h 44 m e 13 h 14 m	11 h 51 m e 13 h 35 m	Leão
13 h 14 m e 15 h 43 m	13 h 35 m e 15 h 7 m	Virgem
15 h 43 m e 18 h 11 m	15 h 7 m e 16 h 39 m	Balança
18 h 11 m e 20 h 42 m	16 h 39 m e 18 h 25 m	Escorpião
20 h 42 m e 23 h 2 m	18 h 25 m e 20 h 23 m	Sagitário
23 h 2 m e 1 h 2 m	20 h 23 m e 22 h 37 m	Capricórnio
1 h 2 m e 2 h 28 m	22 h 37 m e 0 h 57 m	Aquário
2 h 28 m e 3 h 45 m	0 h 57 m e 3 h 9 m	Peixes

SE NASCEU ENTRE 10 e 20 de MAIO:

Nascimento entre Portugal	Nascimento entre Brasil	Ascendente
3 h 8 m e 4 h 22 m	2 h 31 m e 4 h 43 m	Carneiro
4 h 22 m e 5 h 50 m	4 h 43 m e 6 h 58 m	Touro
5 h 50 m e 7 h 45 m	6 h 58 m e 9 h 13 m	Gémeos
7 h 45 m e 10 h 8 m	9 h 13 m e 11 h 13 m	Caranguejo
10 h 8 m e 12 h 37 m	11 h 13 m e 12 h 57 m	Leão
12 h 37 m e 15 h 6 m	12 h 57 m e 15 h 29 m	Virgem
15 h 6 m e 17 h 34 m	15 h 29 m e 16 h 1 m	Balança
17 h 34 m e 20 h 5 m	16 h 1 m e 17 h 47 m	Escorpião
20 h 5 m e 22 h 26 m	17 h 47 m e 19 h 45 m	Sagitário
22 h 26 m e 1 h 25 m	19 h 45 m e 22 h 00 m	Capricórnio
1 h 25 m e 1 h 51 m	22 h 00 m e 0 h 19 m	Aquário
1 h 51 m e 3 h 8 m	0 h 19 m e 2 h 31 m	Peixes

TOURO *ascendente* **CARNEIRO** (Vénus-Marte) Terra-Fogo:

Mais profundamente realizador que o nativo da combinação inversa (cf. Carneiro-Touro). Paciente e com capacidade de discernimento, mas brusco nas atitudes; sabe o que quer com obstinação; forte afirmação de si próprio ao serviço duma perseverança notável. Bom e generoso mas envolto por uma carapaça de rudeza. Assume corajosamente as suas opiniões; uma certa agressividade de fachada. No fundo, só se preocupa com o objectivo a atingir. O destino fornece-lhe os meios para isso. Atracção pela Balança.

TUORO *ascendente* **TOURO** (Vénus-Vénus) Terra-Terra:

Um mundo de obstinação, de tenacidade; os dois pés enraizados. Um grande peso. Ligação profunda à terra, à natureza; assimilação lenta; muitas dificuldades para tomar decisões, mas uma vez feita a escolha não voltará atrás, mesmo que se tenha enganado e esteja consciente disso. Uma memória de elefante e um rancor à medida dessa memória. Apegado à matéria, ao dinheiro; um universo totalmente concreto. Muito sensual e fruidor da vida. É de desejar a presença de planetas nos signos do Ar para aliviar um pouco esta estrutura. Atracção pelo Escorpião.

TOURO *ascendente* **GÉMEOS** (Vénus-Mercúrio) Terra-Ar:

O Touro é responsável aqui por uma certa estabilidade e por uma abertura para o real ao passo que os Gémeos tornam aéreo este terreno por vezes demasiado materialista. O conjunto dá, por vezes, origem a artistas que «sabem vender-se» e se mostram oportunistas. Humor e encanto. Lê muito e não se cansa de falar dos assuntos que conhece. Gosta de explicar, de proceder a demonstrações. Aprecia os pequenos trabalhos manuais, é habilidoso. Bom companheiro, mas no amor mostra-se bastante leviano, por gosto de agradar e para se divertir. Em geral, melhora com a idade. Experimenta dificuldades em «se encontrar». Perturbações respiratórias. Atracção pelo Sagitário.

TOURO *ascendente* **CARANGUEJO** (Vénus-Lua) Terra-Água:

Muito amável e muito amado. Faz tudo pelos amigos. Ligado à casa, ao lar, à família; não gosta de sair. O seu sonho, se vive na cidade: ter uma casa de campo, adquirir terras e bens para os filhos. Sentido da herança. Gostos simples; sensual e guloso, natureza conservadora. Êxito frequente, devido simultaneamente ao talento, à sorte e à arte de fazer amigos. A imaginação não lhe falta, mas não se deve deixar conduzir por ela. Se acabar o que começou, pode vencer na vida. Atracção pelo Capricórnio.

TOURO *ascendente* LEÃO (Vénus-Sol) Terra-Fogo:

Esta combinação dá origem a naturezas artísticas, a grandes estetas. Max-Pol Fouchet e René Huygue, ambos autores de obras sobre arte, são Touros, com ascendente Leão. Amam a beleza, não suportam a mediocridade nem a fealdade. Agarrados às suas comodidades, com grande apego aos filhos. Geralmente egoistas e vaidosos, pouco inclinados à auto-crítica; apreciam os cumprimentos e são, por vezes, vítimas dos lisonjeadores. Esta combinação que coloca o Sol no meio do Céu é muito propícia ao êxito social e assinala que o responsável por ela é o próprio sujeito. Conquistas sentimentais fáceis. Atracção pelo Aquário.

TOURO *ascendente* VIRGEM (Vénus-Mercúrio) Terra-Terra:

Êxito material seguro; juntará dinheiro pacientemente e saberá fazê--lo dar frutos. Possui sentido prático, um espírito lógico e racional; sabe contar, defender-se e, se for preciso, atacar; mais vale não o ter como inimigo, porque ele nunca mais «larga» quem o prejudicou. Inteligente e positivo, dá excelentes conselhos de ordem concreta. Necessita, quando começa alguma tarefa, de a ver acabada; nada o irrita mais do que trabalhar «para o boneco». Embora sedentário e ligado à sua casa, pode ser obrigado a viajar muito. Por vezes, passa toda a vida no estrangeiro. Por vezes também, a sua existência é marcada por um pai ausente ou «errante». Atracção pelos Peixes.

TOURO *ascendente* BALANÇA (Vénus-Vénus) Terra-Ar:

É difícil possuir maior encanto e sedução. Mireille Darc é um exemplo vivo do que acabamos de afirmar. Graça e simultaneamente uma necessidade profunda de ser amado; esconde o seu romantismo sob um aspecto saudável. Muito dotado para toda a espécie de actividade. Muito sensual... Contradições interiores, angústias secretas. No fundo, desejaria ser diferente, apesar dos sucessos-fáceis — que obtém junto do sexo oposto; tem necessidade de dinheiro para se sentir seguro. Natureza musical, amante do canto e da dança; quando não vive para a arte, vive para o amor. A maior parte das vezes é dotado de graça e beleza. Fidelidades sucessivas mas totais. Atracção pelo Carneiro.

TOURO *ascendente* ESCORPIÃO (Vénus-Plutão) Terra-Água:

Natureza apaixonada, cheia de contradições, quase inteiramente influenciada por um instinto que se esforçará por dominar durante quase toda a sua vida. Interesse por tudo o que se relaciona com a sexualidade e com a morte, com o prazer e a dor. Amor à vida, mas as alegrias são quase sempre ensombradas pela angústia ou pela consciência do seu fim próximo. Carácter difícil, obstinado, tirânico e egoista. Com acesso de mau humor, de irritação. Rancoroso... mesmo muito rancoroso.

Uma fabulosa capacidade de trabalho. Gosto pelos extremos. Espírito pouco inclinado a concessões. Um Touro-Escorpião célebre: Sigmund Freud. Atracção por outro Touro.

TOURO *ascendente* SAGITÁRIO (Vénus-Júpiter) Terra-Fogo:

Natureza apaixonada pela vida, sensual mas sem vício; moral essencialmente centrada na saúde, na normalidade. Capaz de generosidade e de idealismo. Gosto pelo trabalho e pelos grandes projectos; empresta facilmente e empresta-se a si próprio mais facilmente ainda; ama o amor com simplicidade; dispersa-se até ao casamento; no dia em que se compromete, tenta sinceramente respeitar o contrato; fará o impossível para proporcionar conforto e uma vida boa e feliz à família. Atracção pelos Gémeos.

TOURO *ascendente* CAPRICÓRNIO (Vénus-Saturno) Terra-Terra:

Ser essencialmente «terrestre». O sentido das coisas materiais; paciência; julga ter a eternidade à frente dele. De certa maneira, tem-na... pois esta estrutura promete uma bela longevidade e dá origem a velhos saudáveis. Grande capacidade de trabalho, mas na condição de dispor de tempo para se organizar, de não ser obrigado a apressar-se. Entesoura e acumula os bens. Importância da vida afectiva; não se compromete levianamente, mas é estável e fiel. Muito amigo dos filhos, deseja fazê-los gozar os frutos do seu trabalho. Gosta de paródias, embora não o confesse; aprecia as coisas boas e os objectos bonitos, valorizados pelo tempo. Muito simples e natural. Um lado «rústico». Atracção pelo Caranguejo.

TOURO *ascendente* **AQUÁRIO** (Vénus-Urano) **Terra-Ar:**

Tem, frequentemente, gosto pela arte ou pela ciência (sentido da pesquisa e da criação). Natureza cheia de contradições, com dificuldades em conciliar a sua necessidade de segurança com a sua ânsia de liberdade. Pode acumular as experiências. Grande influência da família. Uma ajuda material no início pode ajudá-lo a escolher um caminho «Aquário». Com as suas surpresas e os seus riscos. O lado caprichoso acentuar-se-á nas circunstâncias difíceis. Simultaneamente ligado à sua «casa» e ansioso por viajar, apreciador da vida doméstica e com o gosto da aventura. Carácter bastante difícil, com humor irregular, amuos. Torna-se burguês depois duma vida de dissipação. Atracção pelo Leão.

TOURO *ascendente* **PEIXES** (Vénus-Neptuno) **Terra-Água:**

Beleza. Olhos luminosos. Muita intuição, sensibilidade, a arte de criar «climas». Dotado para estudos de que não gosta, porque assimila lentamente e quase sem dar por isso. Contactos fáceis e numerosos. Os irmãos e as irmãs, as brincadeiras da infância, têm grande importância para ele. Gentileza e arte de viver; amante da natureza e dos prazeres, mas sem materialismo excessivo; desejo de compreender ou de se fazer amar. Devotado mas ao mesmo tempo hábil em tirar partido da boa vontade dos outros ou em os obrigar a fazer as tarefas... que o aborrecem. Por vezes preguiçoso apesar duma das suas características ser a ambição. Muitas coisas, aqui, dependem das circunstâncias. Atracção pela Virgem.

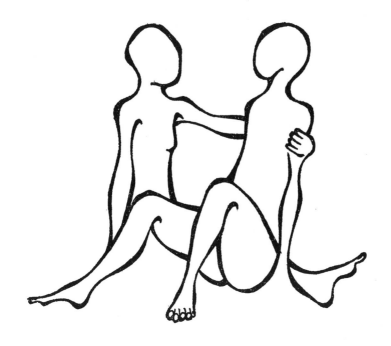

OS GÉMEOS NO MASCULINO

Como reconhecê-lo?

O Gémeos é magro, esbelto, flexível... Um longilíneo de silhueta dançante e andar ligeiro. Fala com as mãos, agita os pés quando está sentado. Não consegue manter-se quieto. O seu período escolar é envenenado pela longa imobilidade a que se vê obrigado e que lhe dá vontade de explodir. Tem, como Mercúrio, que o domina, asas nos calcanhares.

O rosto é «triangular comprido». Lembra um pouco o focinho da raposa; maçãs do rosto altas, faces longas e cavadas, testa alta e inclinada, nariz pequeno, por vezes ligeiramente pontiagudo. O queixo é fino e representa o vértice do triângulo. Tudo se move naquele rosto: sobretudo os olhos; nada escapa a este observador que quer ver tudo, consegue mexer o nariz, as orelhas... isso faz parte dos seus talentos de sociedade, tal como os dons de prestidigitador que frequentemente possui. Com efeito, é extremamente habilidoso e ninguém o irrita mais do que as pessoas desastradas que martelam os dedos ao pregar um prego. A destreza, para ele, faz parte da inteligência e da lógica; e nesse domínio, é um mestre consagrado.

Por vezes, tem um ar manhoso, um sorriso fixo nos lábios, como se estivesse a troçar do seu interlocutor. Atrevido, nada o tenta mais do que provocar os outros, irritá-los, só para fazê-los reagir, chorando ou irritando-se tanto lhe faz.

É astucioso, arreliador e conserva durante muito tempo um rosto e um corpo de adolescente. Aos sessenta anos parece ter quarenta e o seu encanto permanece intacto.

Como passa de saúde?

É um nervoso com uma resistência caprichosa. Pode fazer esforços extraordinários, mostrar-se duma paciência notável... e depois, repentinamente, «estoira», e é obrigado a dormir, custe o que custar, para recuperar as forças. Neste domínio, como em tantos outros, é imprevisível. Pode resistir até de madrugada, por poucos companheiros que restem, tal como sentir, em pleno dia, a necessidade de dormir duas horas ou apetecer-lhe «deitar-se com as galinhas» porque se sente estafado, porque trabalhou muito ou porque não fez literalmente nada. Com a idade, aprende a disciplinar-se e a controlar a sua resistência nervosa e por isso, passa melhor de saúde.

Tem, primordialmente, necessidade de respirar. Precisa de ar. E, no entanto, costuma fumar como uma chaminé. Na juventude, deverá vigiar especialmente as vias respiratórias. Estará igualmente sujeito a sofrer de reumatismo nos membros superiores, ombros e pulsos, sobretudo.

Mas, a despeito duma vida mais ou menos desorganizada, de uma alimentação mais ou menos fantasista e com excessos súbitos, executa malabarismos com as suas próprias forças e dispõe duma capacidade de recuperação bastante rápida.

Muito caprichoso no domínio da sexualidade, não se deve esperar dele um comportamento estável. Será a «loucura» durante uma semana... depois a calma total durante um mês...

Se ele pudesse seguir um conselho ou escutar uma opinião, dir-lhe-íamos que fumasse menos, que levasse uma vida mais regular, que praticasse mais desporto, a fim de canalizar a sua necessidade de movimento, que se dedicasse especialmente a exercícios físicos que lhe permitissem explorar a sua rapidez e a sua destreza: o ping-pong, o ténis, a esgrima, o voleibol, o esqui aquático e o *surf*... Tem também tendência para beber demais.

Deve comer limões, laranjas e bagas vermelhas, sobretudo groselhas, cujo gosto acidulado aprecia e mirtilos ou airelas, excelentes para os olhos. Aconselhamos-lhe também os cereais e, na infância, flocos de aveia.

O seu remédio homeopático: *Kalium Muriaticum,* sobretudo quando sofre de perturbações respiratórias e de tosse persistente.

Como reage?

Para compreender o Gémeos, signo muito complexo, é preciso atender à sua natureza mercuriana, aérea e dupla... O jogo preside aos seus actos e reacções. Não encara as coisas pelo seu lado trágico e adapta-se com à-vontade a todas as circunstâncias, sem deixar que ninguém lhe prenda os movimentos. Desembaraça-se sem remorsos daqueles que têm o mau gosto de o aborrecer ou de lhe dificultar a vida. Se necessário recorre à má fé.

Não receia usar dum certo oportunismo; defende habilmente os seus interesses e se lhe chamam a atenção para o seu egoismo, escapa-se com uma pirueta. A sua força consiste em desconcertar as pessoas. Vive essencialmente o instante que passa e muda de verdade de acordo com o tempo ou com o humor. Não poupa os outros, considerando que eles devem saber defender-se que, no fim de contas, «não há que ter pena dos fracos». Os Gémeos sabem ferir com desenvoltura, embora a seguir se mostrem ternos e aduladores, conseguindo sempre que lhes perdoem. Por vezes, o tom peremptório que adoptam ou a segurança, o topete, que manifestam, irrita. Mas são capazes também de, alguns instantes mais tarde, admitir os seus erros com bom humor; basta que se sintam a perder terreno...

Consideram-nos instáveis e superficiais. Talvez esse seja precisamente um meio cómodo de desencorajar os importunos e sobretudo, de se defender, dizendo a primeira frase que lhes vem à cabeça. Mas inclinam-se sempre diante duma inteligência superior à deles. A sua instabilidade não passa, talvez. de fantasia, duma recusa profunda do condicionamento ambiente, de ser mais um membro do rebanho. Escapam-se como podem...

O perigo reside na dificuldade de viver vendo-se a si próprio «à distância» e em não conseguir deixar de pensar de acordo com a imagem que os outros têm dele...
Malabaristas que caminham sobre um arame, sentem um prazer perverso em pôr em perigo aquilo que lhes dá segurança. Detestam o «conforto intelectual», como diria Jean-Paul Sartre, um dos seus representantes célebres.

Para que é dotado?

Os Gémeos sentem sempre necessidade de possuir duas actividades, uma das quais os descansa da outra, ou lhes traz o novo estímulo de que necessitam. A menos que possam exercer uma profissão muito «móvel»: uma das razões pelas quais muitos optam pelo comércio, pelo jornalismo, etc. Como não conseguem concentrar-se durante muito tempo, preferem tarefas curtas. Kissinger, diplomata itinerante, encontrou um meio perfeito para explorar as qualidades do seu signo, os Gémeos.

Inteligentes, com facilidade de expressão, manobrando facilmente o paradoxo, estes mercurianos têm êxito nas profissões em que é preciso utilizar a caneta ou a verve, como escritores ou políticos, muitas vezes também como professores. De resto, deixarão uma excelente recordação nos alunos... pelo menos nos mais inteligentes. Poderiam exercer uma influência perniciosa nos outros, se esses jovens espíritos levassem o cinismo dos Gémeos a sério e tomassem as suas brincadeiras à letra (*cf.* J.-P. Sartre ou Céline).

O Gémeos é um ser dotado para a escrita, para o desenho, para a música. E trabalhará incansavelmente, embora faça crer aos outros que não passa dum *diletante!*

Acrescentamos que há que distinguir dois tipos de Gémeos: Castor e Pollux (quando a lua, Neptuno ou Saturno dominam, temos o tipo Castor; Pollux surge com Urano, Marte ou Júpiter). O primeiro é mais artista mas experimenta dificuldades em se adaptar à realidade; o segundo é mais matreiro, oportunista e desembaraçado.

Como ama?

Faz a sua corte «sem guitarras nem flores» (C. Moriquand), com desenvoltura, graça, encanto e despreocupação.

«Queres?», «Não queres?», «Tanto melhor». Ou «Tanto pior para ti»... Tão simples como isto. O essencial é fugir da paixão. No entanto, esta «borboleta» sabe que precisa de poisar um dia numa flor robusta que lhe proporcionará o «contacto com o solo». Como não possui raízes, encontrá-lo-á numa mulher mais estável do que ele, numa «terrestre» de quem esperará todos os tipos de ajuda.

Evidentemente que falará muito das suas infidelidades, passadas, presentes e futuras. Mas diz mais do que faz e basta-lhe muitas vezes imaginar as suas conquistas ou lembrar-se delas... pois no fundo este cerebral não é governado pela sua sexualidade e controla-a na perfeição.

No entanto, por detrás deste cinismo aparente, esconde-se uma autêntica ternura — sobretudo nos Gémeos Castor. E nesse ponto não finge. Deixa-se levar pelo seu humor se ninguém o aborrece com perguntas do tipo «Amas-me?» que o irritam.

Não é ciumento nem possessivo e considera monstruoso querer guardar uma mulher só para ele. Levá-la-á até, de forma bastante perversa, a arranjar outros amantes; mas na condição de lhe contar tudo a seguir, para que ele tenha sempre a certeza de ser «o melhor»! Mente com à-vontade ou exprime verdades brutais. E o que é verdade num dia, torna-se mentira no dia seguinte. De resto, nega as suas afirmações anteriores: «Eu? Nunca disse semelhante coisa!...»

E se fosse?

Se fosse um animal, propunhamos o macaco ou a fuínha.
Uma árvore: a bétula.
Uma planta: o zimbro.
E se fosse uma flor: o lírio-do-vale, a gipsófila.
Um condimento: o anis.
Um metal: o mercúrio.
Uma cor: cores misturadas, com reflexos; mosaicos, escocês.
Uma pedra: o berilo ou a sardónica.
Um perfume: o limão verde ou o lilás.
Um sabor: acidulado.
E se fosse um instrumento de música, escolheríamos o oboé.
Como objecto de colecção: jogos, todos os jogos, ou quebra-cabeças chineses.

*

* *

OS GÉMEOS NO FEMININO

Como reconhecê-la?

Tal como o homem do signo, ela conserva durante muito tempo um ar de juventude, uma silhueta esbelta e uma cintura de vespa. De traços finos, bonita muitas vezes, também com um rosto triangular e um olhar vivo, não possui, no entanto, verdadeira feminilidade e os homens não a consideram «sexy». Procuram a sua companhia porque ela é decorativa, porque tem vivacidade e graça, embora apreciem menos esses predicados quando são vítimas deles! Com efeito, ela não consegue impedir-se de ser agressiva, atacando mesmo quando ninguém a criticou ou arrasando com um piada (não foi capaz de resistir) o pateta que lhe faz a corte...

Existe, sem dúvida, menos diferença entre os homens e as mulheres deste signo que entre todos os outros, na medida em que ambos têm um aspecto de adolescente andrógino. A rapariga Gémeos demonstra uma certa brusquidão, tem a resposta pronta, é seca, por vezes com um ar arrapazado que ela acentua usando *blue-jeans* e os cabelos curtos, ao passo que o rapaz usa os dele compridos e prefere as túnicas indianas.

Como passa de saúde?

Tudo depende do seu sistema nervoso. E do seu equilíbrio psicológico. Quando não tem demasiados problemas, afectivos ou doutro género, sente-se bem, corre dum lado para o outro — para não dizer agita-se —, é volúvel e risonha. Quando «as coisas não correm bem», sofre várias perturbações, que vão desde as dores de cabeça a dores indefinidas, dos distúrbios ginecológicos à tosse persistente; doenças de todo o género. Trata-se sobretudo dum alibi, de justificar duma maneira ou doutra a insatisfação, a angústia, a agressividade, o nervosismo... tudo aquilo que criticam nela.

Tal como o homem do signo, deve vigiar as vias respiratórias superiores, mas o seu ponto fraco reside, fundamentalmente, no sistema nervoso central.

Logicamente, deveria evitar tudo o que provoca desequilíbrios: as noites em claro, o álcool, o tabaco, uma vida trepidante em demasia que ela aprecia e não pode levar impunemente. Tem necessidade de respirar e é da cidade — e dos seus divertimentos — que ela gosta. Deverá, portanto, coagir-se a «abrandar o ritmo» de tempos a tempos, a descansar durante alguns dias. Com uma condição: a de não correr o risco de se aborrecer ou de não ficar sozinha durante muito tempo. Caso contrário, o seu fundo «melancólico» virá à superfície e a cura será pior do que a doença.

Existem nos Gémeos tendências maníaco-depressivas inegáveis (passam por fases cíclicas de exaltação e de depressão). Um círculo de amigos saudável, equilibrado, uma higiene de vida bastante rigorosa são, pois, muito importante. O relaxamento pode ajudá-la a melhorar.

Como reage?

Imaginativa, caprichosa, com bruscas alterações de humor, tem dificuldades de contacto mesmo quando procura comunicar. Evidencia demasiado o seu desprezo e faz juízos apressados... No entanto — é nisso que ela se mostra encantadora — deixa transparecer o aspecto ingénuo e infantil da sua natureza, a sua preocupação de adolescente em busca duma identidade, pois quando brinca ou faz troça dos outros, não tem consciência de que pode estar a magoá-los. «Ninguém os obriga a levar-me a sério!»... Procura obscuramente algo de inacabado na sua pessoa, algo impossível de atingir de fora, talvez também um abandono a que não consegue entregar-se.

As nativas dos Gémeos gostariam de ser imorais, mas são simplesmente amorais... e mesmo assim, não tanto como desejariam. Têm a honestidade de admitir que quando o céu lhes cai em cima da cabeça, foram elas a provocar a tempestade.

Só respeitam aqueles que lhes opõem uma forte autoridade ou uma atitude fleumática. Sentem-se seguras quando alguém se recusa a entrar no seu jogo. O carrocel onde giram, nessa altura, pára...

Para que é dotada?

Encontramos mulheres Gémeas nas profissões que citámos a propósito dos homens do signo: elas conseguem «meter o nariz em tudo», arranjar contactos, bater às portas — sobretudo quando os seus interesses não estão directamente em jogo. Sabem fazer inquéritos, são boas jornalistas, adidas de imprensa, *script-girls*. Interessam-se pelo espectáculo — e são excelentes actrizes —, redigem com facilidade, serão boas intérpretes ou tradutoras. Adaptam-se a todas as profissões, em suma. Poderão também sair-se bem como empregadas de restaurante, uma vez que são despachadas e têm uma memória excelente, e como mulheres de negócios, capazes de lutar em pé de igualdade com os homens mais competentes; darão óptimas professoras ou locutoras cheias de à-vontade. A mulher «Pollux» alcançará mais êxitos na vida do que a mulher «Castor», mais dependente e menos audaciosa. A segunda é bastante tímida, apesar das aparências, e isso torna-a por vezes um pouco desajeitada.

As mulheres dos Gémeos, em todo o caso, deveriam sempre esforçar-se por trabalhar... pois a sua vida sentimental não lhes oferecerá grande estabilidade!

Como ama?

No fundo, gostaria de ter uma vida afectiva semelhante às outras, na condição de não se aborrecer com o companheiro escolhido. Mas o seu carácter difícil e vingativo pode levá-la a romper uma relação por simples teimosia, sem realmente desejar que a interpretem à letra. Se o outro está cansado de aturar esse tipo de comportamento, poderá ser tentado a anunciar-lhe um belo dia: «Ficamos amigos... mas vou deixar-te!» Ela tem uma tendência exagerada para acreditar que pode sempre «remediar as coisas» com uma palavra amável ou um sorriso meigo.

Não possui o sentido da fidelidade e permite ao outro todas as surtidas a que ela própria não resiste, sob condição de não ser traída sentimentalmente. Esta ambiguidade torna por vezes as coisas bastante complicadas...

Quando adquirir uma certa maturidade, deve fazer um «casamento amigável» com um homem a quem estime. Nessa altura revelar-se-á uma conselheira insubstituível, inteligente, lúcida, intuitiva... mas não convém despertá-la muitas vezes para «as coisas do sexo», nem exigir-lhe grandes manifestações de afeição. Ela ama à sua maneira, com encanto e brusquidão. «O que é importante não precisa de ser dito».

Aceita facilmente o divórcio, adaptando-se tão bem ao celibato como a um novo companheiro e acha que os filhos percebem tudo, desde que os factos lhes sejam explicados com naturalidade. Educa-os bem, respeitando a sua personalidade e não usando com eles dum instinto de protecção exagerado.

Quadro 3   GÉMEOS

É evidente que nem todos os Gémeos são iguais. O factor *ascendente* fornece correcções essenciais. Reporte-se ao quadro que se segue: saberá imediatamente qual o seu signo ascendente.

SE NASCEU ENTRE 21 e 31 de MAIO:

Nascimento entre		Ascendente
Portugal	Brasil	
1 h 8 m e 2 h 25 m	1 h 48 m e 4 h 00 m	Carneiro
2 h 25 m e 3 h 39 m	4 h 00 m e 6 h 15 m	Touro
3 h 39 m e 5 h 8 m	6 h 15 m e 8 h 30 m	Gémeos
5 h 8 m e 7 h 2 m	8 h 30 m e 10 h 31 m	Caranguejo
7 h 2 m e 9 h 24 m	10 h 31 m e 12 h 14 m	Leão
9 h 24 m e 11 h 54 m	12 h 14 m e 13 h 46 m	Virgem
11 h 54 m e 14 h 23 m	13 h 46 m e 15 h 18 m	Balança
14 h 23 m e 16 h 52 m	15 h 18 m e 17 h 4 m	Escorpião
16 h 52 m e 19 h 22 m	17 h 4 m e 19 h 2 m	Sagitário
19 h 22 m e 21 h 43 m	19 h 2 m e 21 h 17 m	Capricórnio
21 h 43 m e 23 h 38 m	21 h 17 m e 23 h 32 m	Aquário
23 h 38 m e 1 h 8 m	23 h 32 m e 1 h 48 m	Peixes

SE NASCEU ENTRE 1 e 10 de JUNHO

	Nascimento entre		Ascendente
Portugal		Brasil	
0 h 26 m e 1 h 43 m		1 h 7 m e 3 h 19 m	Carneiro
1 h 43 m e 2 h 57 m		3 h 19 m e 5 h 34 m	Touro
2 h 57 m e 4 h 26 m		5 h 34 m e 7 h 49 m	Gémeos
4 h 26 m e 6 h 20 m		7 h 49 m e 9 h 50 m	Caranguejo
6 h 20 m e 8 h 42 m		9 h 50 m e 11 h 33 m	Leão
8 h 42 m e 11 h 13 m		11 h 33 m e 12 h 5 m	Virgem
11 h 13 m e 13 h 41 m		12 h 5 m e 14 h 37 m	Balança
13 h 41 m e 16 h 10 m		14 h 37 m e 16 h 24 m	Escorpião
16 h 10 m e 18 h 40 m		16 h 24 m e 18 h 21 m	Sagitário
18 h 40 m e 21 h 1 m		18 h 21 m e 20 h 36 m	Capricórnio
21 h 1 m e 22 h 56 m		20 h 36 m e 22 h 51 m	Aquário
22 h 56 m e 00 h 26 m		22 h 51 m e 1 h 7 m	Peixes

SE NASCEU ENTRE 11 e 21 de JUNHO

	Nascimento entre		Ascendente
Portugal		Brasil	
23 h 42 m e 1 h 2 m		0 h 25 m e 2 h 37 m	Carneiro
1 h 2 m e 2 h 16 m		2 h 37 m e 4 h 53 m	Touro
2 h 16 m e 3 h 45 m		4 h 53 m e 7 h 7 m	Gémeos
3 h 45 m e 5 h 39 m		7 h 7 m e 9 h 8 m	Caranguejo
5 h 39 m e 8 h 11 m		9 h 8 m e 10 h 52 m	Leão
8 h 11 m e 10 h 32 m		10 h 52 m e 12 h 23 m	Virgem
10 h 32 m e 13 h 00 m		12 h 23 m e 13 h 55 m	Balança
13 h 00 m e 15 h 29 m		13 h 55 m e 15 h 42 m	Escorpião
15 h 29 m e 17 h 59 m		15 h 42 m e 17 h 39 m	Sagitário
17 h 59 m e 20 h 20 m		17 h 39 m e 19 h 54 m	Capricornio
20 h 20 m e 22 h 16 m		19 h 54 m e 22 h 10 m	Aquário
22 h 16 m e 23 h 41 m		22 h 10 m e 00 h 25 m	Peixes

GÉMEOS *ascendente* CARNEIRO (Mecúrio-Marte) Ar-Fogo:

(Cf. Carneiro-Gémeos). Importância das relações com os outros, da juventude e das suas brincadeiras, facilidade de contacto. Inteligência brilhante que vencerá todas as dificuldades escolares. Grande curiosidade de espírito. Um lado de «faz tudo». Interessa-se por demasiadas coisas para que a escolha seja fácil. Muito vivo, impetuoso, por vezes brusco; rudeza que tempera com o riso... um pouco apressado nos seus juízos. Uma faceta vingativa e conflituosa mas só para defender as suas ideias. Convicções fortes... no momento. Sincero e paradoxal. O culto dos «companheiros». Paixões breves. Atracção pela Balança.

GÉMEOS *ascendente* TOURO (Mercúrio-Vénus) Ar-Terra:

(Cf. Touro-Gémeos). Põe a habilidade verbal e a inteligência ao serviço do êxito material. Muito oportunista; o sentido da especulação: para o jogo e para o dinheiro. Instável, alternando com período de estabilidade. Hábil, alegre, companheiro agradável no dia a dia; maleável e «de convivência fácil». Tanto pode interessar-se pela investigação científica como pela investigação no campo da arte; numerosas experiências na vida profissional. Gosto pela mudança e pela novidade, com aspectos conservadores. Atracção pelo Escorpião.

GÉMEOS *ascendente* GÉMEOS (Mercúrio-Mercúrio) Ar-Ar:

Muito instável, inconstante. Arlequim ou Sganarela; continuamente em movimento. Assimila e compreende depressa; livra-se imediatamente das recordações; vive o instante que passa. Muitas ideias com poucas bases; dons mal explorados porque quer deitar a mão a tudo. Vida cheia de interrogações. Difícil de conhecer: sente um prazer malévolo em desconcertar. Muda de opinião como quem muda de camisa. Leva tudo a brincar, até os amores; detesta as pessoas que se tomam a sério ou que o incomodam; muito egoísta. Necessidade permanente dum público; gosta de comunicar. Inteligente mas superficial; dificuldades em realizar concretamente sem a presença no tema dum planeta estabilizante, tal como Saturno. Muito gastador. Atracção pelo Sagitário.

GÉMEOS *ascendente* CARANGUEJO (Mercúrio-Lua) Ar-Água:

Imaginação e possibilidades criadoras, mas falta de segurança; tem muitas vezes condições negativas a princípio ou problemas familiares que lhe dificultam o iniciar de tarefas. Falta de sentido prático e de maturidade. Dificuldades para «sair da infância». Não sabe a que se agarrar. Muitos dotes e sensibilidade, mas permanece hesitante e disperso se não tem ajuda exterior ou não lhe é imposta uma disciplina. Gosta das coisas bonitas, do luxo. Sofrerá se levar uma vida medíocre. Atracção pelo Capricórnio.

GÉMEOS *ascendente* LEÃO (Mercúrio-Sol) Ar-Fogo:

Talvez (com a combinação inversa) o mais dotado do Zodíaco. Dificuldades de escolha. Interessa-se por tudo, obtém êxito em tudo; esse é muitas vezes o seu drama. Não consegue alcançar o sucesso senão quando se fixar e consagrar toda a sua energia a uma arte ou a uma profissão definida. Muito encanto e muitos amigos; possui um magnetismo pessoal poderoso: conquistas numerosas. A despeito das aparecências e duma certa generosidade, sabe defender os seus interesses materiais. Dotado para o teatro, para a pintura, para a literatura. Cóleras bruscas e violentas. Momentos de depressão porque não sabe dosear as suas forças. Impaciência e, muitas vezes, intolerância. Atracção pelo Aquário.

GÉMEOS *ascendente* VIRGEM (Mercúrio-Mercúrio) Ar-Terra:

Importância de Mercúrio nesta combinação; daí a inteligência, a rapidez de assimilação e a habilidade. Sabe tirar partido dos seus dotes. Jeito para a literatura e para o ensino: necessidade de retransmitir os conhecimentos adquiridos. O jornalismo. Necessidade de movimento, de mudança. Ganha dinheiro facilmente, mas gasta-o a divertir-se com os amigos. O êxito surge cedo na sua vida sobretudo se escolheu uma carreira intelectual. (Encontramos a ilustração desta estrutura em Françoise Sagan). Atracção pelos Peixes.

GÉMEOS *ascendente* BALANÇA (Mercúrio-Vénus) Ar-Ar:

Dons artísticos, ainda. Muita sedução, ligeireza, graça, inteligência. Preocupa-se com a opinião, com a sensibilidade dos outros ;agirá com menos egoísmo que o Gémeos puro. Muitas vezes é dotado para a fotografia, para a dança, para tudo o que diz respeito ao cinema. Uma parte da sua carreira ou da sua vida pode decorrer no estrangeiro. Importância dos países longínquos. Casamento precoce ou decidido bruscamente. Romanesco e romântico. Mas o conjunto não é muito constante. Encontra os apoios necessários para alcançar o êxito. Consegue muito com o seu encanto... Atracção pelo Carneiro.

GÉMEOS *ascendente* ESCORPIÃO (Mercúrio-Plutão) Ar-Água:

O Escorpião dá aqui à inteligência dos Gémeos uma outra dimensão, muito mais profundidade e alcance; força incisiva e sentido crítico extremo; vê tudo, nada lhe escapa. Sem indulgência; mata o outro para o obrigar a reconsiderar; não suporta os imbecis nem os medrosos. Pode exercer um fascínio perigoso, pois só o Gémeos sabe em que medida está a ser sincero; o seu amor pelo paradoxo leva-o por vezes muito longe... até onde não é possível segui-lo. Brinca com a morte (brilhante ilustração na pessoa de J. P. Sartre). Atracção pelo Touro.

GÉMEOS *ascendente* SAGITÁRIO (Mercúrio-Júpiter) Ar-Fogo:

Dois signos brincalhões que pregam partidas um ao outro para se impedir de levar as coisas a sério, para não se enternecerem, para dominar em uma emotividade real. Idealista cínico ou cínico idealista. Várias personagens numa só... que se perde nela. Ora é encantador, ora se mostra exasperante. Alterna a imobilidade com a agitação. Aspecto linfático nervoso. Amor pelos contrastes. Contradiz-se facilmente: diverte-se a dizer o que lhe vem à cabeça, para provocar as reacções dos outros. Ninguém consegue impor-se-lhe, realmente. Não comete as infâmias de que se gaba. Exacto e meticuloso, mais jogador que ambicioso. Atracção por outro Gémeos.

GÉMEOS *ascendente* CAPRICÓRNIO (Mercúrio-Saturno) Ar-Terra:

A tenacidade e a perseverança, a ambição ajudam-no a passar para a realidade, a explorar os seus dons. Com muito senso prático e realismo, sem ilusões. Lucidez notável que deixa pouco lugar para a ternura. Conflito profundo entre a adolescência inacabada dos Gémeos e a velhice do Capricórnio. Trabalha muito sem que se dê por isso. Tem horror ao desleixo, ao trabalho mal feito, a pessoas desastradas. Gosta das coisas exactas. Na juventude, poderá sofrer de afecções nas vias respiratórias ou de reumatismo. A saúde consolida-se com a idade. Interessa-se muito pelas ciências, pela medicina. Qualidades de diplomacia. Mais paciente que os outros Gémeos (uma ilustração flagrante: Charles Aznavour). Atracção pelo Caranguejo.

GÉMEOS *ascendente* AQUÁRIO (Mercúrio-Urano) Ar-Ar:

Dois signos de inteligência, de comunicação fácil. Temos aqui uma espécie de mercuriano «ao quadrado». Tudo se passa a um nível cerebral; a ideia prima sobre as realizações, os projectos sobre as construções. Mil projectos por dia dos quais muitos são bons, mas tão «avançados» que ninguém pode aceitá-los. Espírito independente, juvenil, sempre em movimento. Nunca deixa arrefecer o «motor». Daí os esgotamentos nervosos. Necessidade de ter amigos. Tem génio mas arrisca-se a não fazer nada se não encontrar no seu caminho um bom «terrestre». Mais romanesco do que se pensa. Importância dos amores, da vida afectiva, que lhe servirá de contraponto e de sustentáculo nos momentos difíceis ou quando a vida lhe traz decepções. Obterá êxito se se empenhar nisso com afinco e se arranjar os apoios indispensáveis. E é possível que os consiga, pois ele desperta as simpatias. Atracção pelo Leão.

GÉMEOS *ascendente* PEIXES (Mercúrio-Neptuno) Ar-Água:

Reconciliação difícil destes dois signos que se entendem como o cão e o gato e não podem nem compreender-se nem aceitar-se. Dois signos duplos, também, para aumentar a confusão, a instabilidade, a despreocupação e as contradiçeõs. Foge das responsabilidades, dos problemas: prefere deixá-los para os outros. Egoismo monolítico, com acessos de dedicação. Muita intuição que o ajuda a tirar partido duma sorte nem sempre merecida, mas real. As pessoas estão enganadas acerca dele quando o julgam mal... e também se iludem quando lhe atribuem elevados sentimentos altruistas. Generosidade superficial; ela consistirá sobretudo num meio para garantir a paz e uma relação confortável com os outros. Qualidades e preguiça. Importância da influência familiar, paternal. Deve aprender a não se contentar com as aparências. Atracção pela Virgem.

O CARANGUEJO NO MASCULINO

Como reconhecê-lo?

Há que distinguir dois tipos de Caranguejo: o «lunar redondo» com rosto de criança, o nariz pequeno — por vezes arrebitado —, grandes olhos ingénuos muito abertos, como os da criança que parece sempre maravilhada com tudo o que vê. Uma boca não muito grande mas gulosa. Faz beicinho.

O corpo não tem formas definidas, os músculos são pouco firmes e a tez pálida, muitas vezes. O estômago, cedo se torna proeminente e as ancas são largas, o busto longo e as pernas curtas. Um ar de imaturidade.

O «lunar longo» é Pierrot, o Cavaleiro da triste figura, Dom Quixote em contraste com o seu irmão atarracado, Sancho Pança. É o poeta nostálgico, que podemos reconhecer pelos olhos meios fechados, pelo nariz comprido, pelos lábios finos, pelo rosto emaciado. Mas os olhos, também eles espantados e sonhadores, vêem para lá das formas reais, descobrem inimigos onde apenas existem moinhos de vento. Este Caranguejo é alto, comprido e magro... mas também pouco musculado. Cocteau ilustra bem este tipo de «poeta inquieto» e Francis Blanche corresponde ao tipo redondo e jovial... mas adivinhamos, sob a máscara do palhaço, o gosto pelo sonho, a poesia e a fragilidade...

Como passa de saúde?

A principal doença do Caranguejo: a sua hipocondria. Com efeito, receia sempre estar doente e inventa males cujos sintomas acaba por experimentar. Receia a morte e o sofrimento, compraz-se na descrição das suas maleitas, consulta três médicos ao mesmo tempo, telefonando-lhes continuamente para lhes expor os seus motivos de alarme. Quando sofre — por exemplo, do estômago —, dá profundos suspiros e exige dos que o rodeiam cuidados atentos que finge recusar. Muito emotivo e impressionável, com demasiada imaginação, julga-se às portas da morte ou atingido por uma doença incurável.

Quando não se sente bem, instala-se num estado regressivo: isso pode traduzir-se por uma tendência para dormir demais, para beber demais (para mamar o biberão), para comprar bolos ou esvaziar o frigorífico durante a noite. Ou para praticar, com requintes de génio, a arte da chantagem.

Por oposição ao Caranguejo que dorme demais, existe o seu irmão noctívago que arranja sempre um pretexto para adiar a hora de ir para a cama. Encontramos aí, sem dúvida alguma, a um nível inconsciente, o seu antigo medo da morte.

O ponto fraco do Caranguejo é o estômago. Come demais e demasiado depressa coisas que não lhe convêm. Pode também sofrer de aerofagia, de doenças alérgicas (urticária, psoríase). Por vezes, tem perturbações digestivas de origem nervosa ou provocadas por parasitas. Apesar de tudo, possui uma resistência maior do que pretende fazer crer...

Deve seguir uma vida muito higiénica, não dormir pouco nem em exagero, evitar os excessos, quaisquer que eles sejam — nomeadamente no campo sexual —, limitar o seu consumo de álcool, não beber bebidas gasosas que aumentam a sua «bolsa de ar» estomacal. O seu regime alimentar desempenha um papel determinante no seu equilíbrio psicológico. Gosta de lacticínios e pode consumi-los, mas sem abusos. Os legumes frescos e a fruta, as amêndoas e avelãs, o peixe e os crustáceos convêm-lhe mas não a carne ou molhos em excesso. Gosta de açúcar, mas tende a consumi-lo em excesso, tal como pão... quando tem todo o interesse em renunciar aos hidrocarbonos.

A hora da refeição deve ser um momento de descontracção. Nada mais prejudicial para ele que almoços engolidos a toda a pressa e num clima de tensão... a úlcera espreita-o...

Os desportos náuticos estão indicados para ele: natação, vela, esqui aquático, remo, pesca submarina, etc. A água é o seu elemento o das «origens» e ele sente-se bem em contacto com ela. O seu remédio homeopático: *Calcarea Fuorica*.

Como reage?

O Caranguejo é uma criatura encantadora, cheia de poesia e delicadeza, sensível e sonhador. Sabe contar histórias como ninguém e tem a imaginação mais fecunda de todo o Zodíaco. Mas o seu dom mais precioso não será o dom da intimidade? Junto dele está-se à vontade, há um clima de confiança; as pessoas abandonam-se. Talvez porque ele possui a naturalidade e a espontaneidade da infância. E também aquela frescura de alma que o coloca ao abrigo de qualquer forma de envelhecimento.

As suas reacções são eminentemente subjectivas; tem dificuldade — ele que vive permanentemente na «coincidência» — em ver as coisas «à distância», em as perspectivar. Sente em profundidade aquilo que vive e isso impede-o muitas vezes de se libertar da sua afectividade.

Permanece durante muito tempo «um bebé grande» em busca de mãe. O conforto, uma vida calma e protegida que encoraja o lado passivo da sua natureza, afiguram-se-lhe indispensáveis.

Tem uma excelente memória... o que não o impede de andar na lua. Activo, despreocupado, trabalha mais do que parece, mas nunca tem um ar apressado. *Diletante*, com habilidade para tudo, brilhante, curioso, com uma inteligência multifacetada, interessa-se por mil coisas e aprofunda-as pouco... mas «sente-se».

Para que é dotado?

Tudo o que se liga com a imagem, com a imaginação e com o imaginário atrai o Caranguejo. Eis porque ele é dotado para a fotografia, para o cinema, para a poesia e para a literatura romanesca, para a pintura (de preferência ingénua ou surrealista)

Tem também um contacto excelente com a multidão, com a mulher e a criança. Pode, portanto, ser bem sucedido numa profissão «pública» ligada a uma clientela ou se se ocupar de problemas sociais, de medicina infantil, de pediatria, de obstetrícia. Ou então da moda, da decoração. O sentido do conforto e da vida doméstica que possui faz dele um excelente instalador. Tem o instinto do objecto decorativo e prático e sabe tão bem comprá-lo como vendê-lo!

Um perigo na sua vida profissional: a miragem. Uma tendência para tomar os seus desejos como realidades. Se mentir aos outros, mente em primeiro lugar a si próprio. Tudo está sempre prestes a realizar-se, faz projectos mirabolantes, a fortuna sorri-lhe já... e começa logo a gastar o dinheiro que ainda não tem e que não terá nunca. Nessa altura, para pagar o que deve, joga ou lança-se em novos e grandiosos projectos que não podem, bem entendido, deixar de resultar! E o ciclo infernal leva-o muito longe. Até ao banco de jardim do vagabundo, por vezes. A menos que a sorte lhe sorria... e, não podemos negá-lo, isso por vezes sucede na vida dos nativos de Caranguejo.

Como ama?

Quando a fixação à mãe é demasiado forte, o Caranguejo pode não conseguir libertar-se dela e tornar-se homossexual. Mas, a maior parte das vezes, a sua sensualidade leva-o a procurar mulher, seja esta à imagem da sua própria mãe ou não. Se não alcança a maturidade quando é pai, procurará «raparigas» para as quais, na idade madura, constituirá uma imagem paternal... fortemente incestuosa. Elas ligar-se-ão, de resto, a este amante experimentado e infatigável.

Acusam-no muitas vezes de preferir a quantidade à qualidade mas há que alegar em sua defesa que ele agrada muito às mulheres e as compreende melhor do que qualquer outro, uma vez que ele próprio é feminino fisicamente. Adivinha a mulher, compreende os seus desejos, arrasta-a para um universo fantástico e maravilhoso.

Acusam-no também de ser susceptível, de fazer cenas extravagantes, de se entregar a chantagens afectivas insuportáveis, de se comprazer em relações infantis e em brincar ao carrasco e à vítima.

Ao lado do Caranguejo infiel e inquieto, existe um outro sempre desejoso de casar com uma mulher gentil que seja a mãe dos seus filhos, aceite as suas pequenas manias e o deixe fazer tudo o que ele quiser. Mostrar-se-á maravilhosamente «maternal» com os filhos, saberá brincar com eles e compreendê-los. Para ele, uma mulher, uma casa, cabeças loiras, um cachimbo e pantufas representam a equação ideal. Sonhará com viagens, sem abandonar o cais... ao passo que o outro Caranguejo nunca permanece muito tempo no mesmo lugar e sonha com um porto de abrigo onde mulheres ternas e apaixonadas esperam o seu regresso...

E se fosse?

Se fosse um animal: pensaríamos num gato, talvez num marsuíno... ou numa rã.

Se fosse uma árvore: um salgueiro... chorão de preferência ou prateado.

Uma planta: uma alface ou um rabanete.

Uma flor: a dormideira, flor do sono e do sonho.

Um condimento: o pepino.

Um metal: a prata.

Uma pedra: a pérola.

A água de flor de laranjeira, leve e agradável, servir-lhe-á de perfume.

A sua cor: o branco azulado, o cinzento pérola.

E se fosse um instrumento de música: o cravo parece-nos ideal.

Um objecto de colecção: fotografias, postais antigos ou disfarces.

*
* *

O CARANGUEJO NO FEMININO

Como reconhecê-la?

Na mulher do signo, os dois tipos morfológicos (redondo e longilíneo) estão mais misturados que no homem. Um ar de doçura, traços que permanecem infantis durante muito tempo, «olhos de gazela»... sempre um pouco assustados ou olhos enormes que lhe comem a cara toda, mais airosa e encantadora que bonita. Tem, sobretudo, muito encanto, uma linda pele leitosa e rosada, um sorriso alegre mesmo numa idade avançada, um ar sonhador e um pouco frágil que desperta nos outros instintos de protecção. Aliás, ela mostra-se mais frágil do que é realmente... pois isso convém-lhe à sua passividade natural.

Encontramos dois tipos de mulher Caranguejo: uma mais pequena, muito «mulher-criança», com uma silhueta de cobra e um ar de menina que não desaparece; a outra, mais «flamejante», bem nutrida, com seios e ancas fortes, do tipo «ama de leite».

Como passa de saúde?

Assinalamos uma sensibilidade muito particular às fases da lua que modificam o seu humor e o seu comportamento, e também o seu sono, provocando por vezes crises do sonambulismo, acessos de irritabilidade, e também características de medium. As mulheres Caranguejo deviam atribuir importância ao aspecto premonitório de certos sonhos.

Encontramos nela uma tendência acentuada para «ficar doente» quando tem problemas ou angústias. As «somatizações» processar-se-ão a diversos níveis: digestivos, essencialmente, respiratórios, mas talvez mais acentuadamente ainda alérgicos, através das crises de asma ou de surtos de urticária, por exemplo. Deve vigiar os seios que podem ser atacados de mastite, quistos, abcessos, etc. Na adolescência, tem muitas vezes problemas endócrinos e tendência para engordar. As nativas do Caranguejo sofrem frequentemente de inchaço nas pernas e de tendência para reter a água nos tecidos.

Por vezes «dói-lhes tudo», sentem fadigas súbitas, contracções musculares que constituem a tradução física das suas «contracções psíquicas».

Damos-lhe os mesmos conselhos que ao homem do signo, no que diz respeito à higiene alimentar quotidiana. Mas elas terão toda a vantagem em consultar um psicólogo se as perturbações persistem ou se estas constituem para elas uma causa de angústia.

Muitas vezes encontram o equilíbrio na maternidade; como adoram crianças — sobretudo quando são muito pequenas — afirmam com frequência aos quinze anos que terão uma dúzia de filhos... a fadiga depois do segundo ou do terceiro fá-las-á mudar de opinião...

O sistema nervoso é frágil, a natureza emotiva. A sua saúde depende da felicidade e da segurança que disfrutar.

Choram com facilidade, detestam a velhice — a dos outros e a delas mais ainda. Deverão aprender a aceitá-la... a passagem à condição de avó ajudam-nas muitas vezes.

Como reage?

A mulher de Caranguejo sonha muito e por vezes experimenta dificuldades em separar a realidade dos seus fantasmas. Em criança, adora mascarar-se e fingir que é outra pessoa. Se mente, é mais por necessidade de alterar a verdade, de a embelezar do que para tirar da mentira algum proveito ou vantagem pessoal. Ou então porque isso lhe dá uma imagem mais pitoresca ou romântica de si própria. Como tem boa memória, consegue-o facilmente. Mas não gosta de se esforçar e a preguiça prega-lhe partidas. Esta linfática é atreita a surtos bruscos de actividade: no entanto, delega facilmente os seus poderes e «passa a pasta» sem remorsos. A vontade fraca é compensada por uma forte tenacidade. A maternidade pode transformá-la num ser completamente diferente da adolescente dotada, sonhadora, inteligente e imaginativa que foi. Torna-se nessa altura mais responsável, mais segura de si, com bruscos acessos de autoridade e maior força de carácter, mas menos fantasia. Torna-se «reboludinha», não se interessa senão pela sua progenitura, abandona os sonhos.

Quando se sente angustiada gasta dinheiro, compra três vestidos no mesmo dia... mesmo se com isso vai desequilibrar o orçamento.

A fixação na infância é muito forte nela; esta pode referir-se tanto ao pai como à mãe. Por vezes, está solteira aos quarenta anos, porque nunca se decidiu a abandonar os pais; quando estes desaparecem, adoece, pois não suporta nem a morte deles nem a sua solidão.

Para que é dotada?

Encontramo-la em todas as profissões «maternais»: puericultora, psicóloga de crianças, encarregada de jardins infantis, reeducadora, enfermeira, etc. Consegue, por vezes, resultados miraculosos graças ao seu contacto fácil com os jovens.

Tal como o homem do signo, pode também triunfar nas profissões relacionadas com o quadro em que a vida se processa com a casa, a decoração, o mobiliário, etc. É admirável a descobrir o cenário que agrada e convém àqueles que a encarregam de decorar o seu lar.

Dotada de imaginação e sentido poético, escreve lindos contos para crianças, romances frescos e cheios de sensibilidade; tem o sentido da cor, mais ainda que o das formas; o desenho e a pintura atraem-na. Faz boas fotografias e excelentes retratos. Muitas vezes, é uma actriz apreciada pelo seu talento, tal como Leslie Caron ou Nathalie Wood...

De uma maneira geral, precisa de se sentir enquadrada, de uma disciplina de trabalho imposto do exterior. Nessa altura, submete-se a ela de boa vontade.

Como ama?

Se a fixação ao pai foi forte, quer ele tenha sido idealizado ou se encontrasse ausente, a rapariga Caranguejo procurará durante toda a vida aquela imagem a que não quer renunciar. Encontrará então — uma vez que o acaso não existe — homens maduros aos quais pedirá protecção e ternura. Mas se a relação é demasiado nevrótica, doentia, a nativa do Caranguejo permanecerá insatisfeita, instalar-se-á numa «estado de criança», pernicioso na medida em que deixará de progredir... O papel de mulher-criança exige muita astúcia...

É preciso fazer um esforço para ter sempre o ar de quem não sabe fazer nada, de quem nunca consegue desenvencilhar-se sozinha!

A mulher Caranguejo equilibrada procurará casar-se e ter filhos. Se um dia for obrigada a escolher entre a sua carreira e a sua «vida de mulher» sacrificará a primeira.

Na juventude, sonha com o Príncipe encantado. Com a idade, renuncia aos seus sonhos e consagra-se inteiramente aos filhos, por vezes em detrimento do marido que, por causa disso, sente ciúmes. Nem o homem nem a mulher do signo devem viver em casa dos pais ou dos sogros: o elo de dependência nunca mais será quebrado e o casamento ressentir-se-á muito com isso.

A mulher do Caranguejo deve desconfiar das suas tendências masoquistas, da sua natureza que a leva a alimentar ilusões — e a expõe, evidentemente, a decepções repetidas —, dos seus juízos ingénuos e subjectivos, da sua passividade — que lhe faz permitir que o outro decida o seu destino e as suas escolhas.

Quadro 4   CARANGUEJO

É evidente que nem todos os Caranguejos são iguais. O factor *ascendente* acrescenta-lhe correcções essenciais.
Reporte-se ao quadro que se segue; saberá imediatamente qual é o seu ascendente.

SE NASCEU ENTRE 21 e 30 de JUNHO

Nascimento entre		Ascendente
Portugal	Brasil	
0 h 24 m e 1 h 38 m	23 h 44 m e 2 h 00 m	Carneiro
1 h 38 m e 3 h 7 m	2 h 00 m e 4 h 16 m	Touro
3 h 7 m e 5 h 2 m	4 h 16 m e 6 h 30 m	Gémeos
5 h 2 m e 7 h 23 m	6 h 30 m e 8 h 31 m	Caranguejo
7 h 23 m e 9 h 54 m	8 h 31 m e 10 h 15 m	Leão
9 h 54 m e 12 h 12 m	10 h 15 m e 11 h 46 m	Virgem
12 h 12 m e 14 h 51 m	11 h 46 m e 13 h 18 m	Balança
14 h 51 m e 17 h 21 m	13 h 18 m e 15 h 5 m	Escorpião
17 h 21 m e 19 h 42 m	15 h 5 m e 17 h 2 m	Sagitário
19 h 42 m e 22 h 38 m	17 h 2 m e 19 h 17 m	Capricórnio
22 h 38 m e 23 h 3 m	19 h 17 m e 21 h 33 m	Aquário
23 h 3 m e 00 h 24 m	21 h 33 m e 23 h 44 m	Peixes

SE NASCEU ENTRE 1 e 10 de JULHO:

Nascimento entre		Ascendente
Portugal	Brasil	
23 h 41 m e 00 h 59 m	23 h 4 m e 1 h 20 m	Carneiro
00 h 59 m e 2 h 28 m	1 h 20 m e 3 h 36 m	Touro
2 h 28 m e 4 h 23 m	3 h 36 m e 5 h 50 m	Gémeos
4 h 23 m e 6 h 44 m	5 h 50 m e 7 h 51 m	Caranguejo
6 h 44 m e 9 h 15 m	7 h 51 m e 9 h 35 m	Leão
9 h 15 m e 11 h 43 m	9 h 35 m e 11 h 6 m	Virgem
11 h 43 m e 14 h 12 m	11 h 6 m e 12 h 38 m	Balança
14 h 12 m e 16 h 43 m	12 h 38 m e 14 h 25 m	Escorpião
16 h 43 m e 19 h 3 m	14 h 25 m e 16 h 25 m	Sagitário
19 h 3 m e 20 h 59 m	16 h 25 m e 18 h 37 m	Capricórnio
20 h 59 m e 22 h 25 m	18 h 37 m e 20 h 53 m	Aquário
22 h 25 m e 23 h 41 m	20 h 53 m e 23 h 4 m	Peixes

SE NASCEU ENTRE 11 e 21 de JULHO:

Nascimento entre		Ascendente
Portugal	Brasil	
22 h 59 m e 00 h 17 m	22 h 24 m e 00 h 39 m	Carneiro
00 h 17 m e 1 h 46 m	00 h 39 m e 2 h 55 m	Touro
1 h 46 m e 3 h 41 m	2 h 55 m e 5 h 9 m	Gémeos
3 h 41 m e 6 h 2 m	5 h 9 m e 7 h 10 m	Caranguejo
6 h 2 m e 8 h 33 m	7 h 10 m e 8 h 54 m	Leão
8 h 33 m e 11 h 2 m	8 h 54 m e 10 h 26 m	Virgem
11 h 2 m e 13 h 30 m	10 h 26 m e 11 h 57 m	Balança
13 h 30 m e 16 h 1 m	11 h 57 m e 13 h 44 m	Escorpião
16 h 1 m e 18 h 21 m	13 h 44 m e 15 h 42 m	Sagitário
18 h 21 m e 20 h 17 m	15 h 42 m e 17 h 56 m	Capricórnio
20 h 17 m e 21 h 43 m	17 h 56 m e 20 h 2 m	Aquário
21 h 43 m e 22 h 59 m	20 h 2 m e 22 h 24 m	Peixes

CARANGUEJO *ascendente* CARNEIRO (Lua-Marte) Água-Fogo:

(Cf. Carneiro-Caranguejo). Maior influência ainda da vida familiar e dos pais que na estrutura inversa. Contradição formal entre a tentação de se refugiar no colo materno e a necessidade de aventuras. Expõe-se a ataques porque se mostra brusco e provocador... e não os suporta. Pode também revelar-se ambicioso e triunfar depois dum princípio difícil. Por vezes, toma conta da empresa familiar e desenvolve-a mas arrisca-se a conflitos com o pai enquanto for este a mandar. A mulher ajudará o marido o mais que puder, construindo tudo em volta do seu lar. Na infância, tendência frequente para a anorexia (recusa de alimentos, provocada por uma mãe ansiosa ou super-protectora). Atracção pela Balança.

CARANGUEJO *ascendente* TOURO (Lua-Vénus) Água-Terra:

(Cf. Touro-Caranguejo). Bastante próximo da combinação inversa; muita gentileza. Carácter fácil, boa vontade na vida quotidiana; por vezes distraído, mas consegue que lhe perdõem tudo; grande memória afectiva; não suporta que façam mal àqueles a quem ama. Artista ou apreciador de coisas bonitas; aprecia a literatura romanesca. Sentimental, apaixonado, sensual. Deve desconfiar das relações carrasco-vítima. Destino assinalado por golpes de teatro. O acaso desempenha um papel importante mas reconstrói com facilidade um «ninho» confortável e fofo. Muitas vezes a sorte bafeja-os, sobretudo às mulheres. Os homens arriscam-se mais, no amor, a fazer o papel de vítimas, a cair nas mãos de criaturas pouco escrupulosas que os atraem fisicamente. Atracção pelo Escorpião.

CARANGUEJO *ascendente* GÉMEOS (Lua-Mercúrio) Água-Ar:

(Cf. Gémeos-Caranguejo). Dois signos de imaginação e de criatividade fecundas. Juventude de carácter. Dificuldade em tornar-se adulto e em assumir responsabilidades. Autêntico «saco roto»: o dinheiro foge-lhe por entre os dedos. Um lado caprichoso e mimado, com um certo encanto; sabe enternecer os que o rodeiam... e atrair a sorte, parecendo sempre que não consegue desenvencilhar-se sozinho. Suscita as protecções. Casa com um ser mais maduro que desempenhará um papel paternal. Por vezes, tendências homossexuais, tal como na estrutura inversa. Êxito devido à sorte e ao talento... mais do que ao trabalho. Atracção pelo Sagitário.

CARANGUEJO *ascendente* **CARANGUEJO** (Lua-Lua) Água-Água:

Encanto poderoso, gentileza; muitas vezes uma faceta *clown*; põe os outros à vontade; adora contar histórias e fá-lo na perfeição, mostrando-se muito imaginativo. O dom de se maravilhar, mesmo na velhice. Descontraído e preguiçoso. Espera que tudo lhe apareça feito. Intuição; frequentemente possui qualidades de médium. Gosta do conforto, do luxo; detesta os esforços. Procurará as soluções mais fáceis até ao dia em que, tendo encontrado o seu caminho, acorda e põe mãos à obra. Casa-se tarde... graças à dificuldade em cortar os elos familiares. Apegado às tradições, aos ritos, às cerimónias. Gosta dos disfarces e de tudo o que alimente o seu devaneio. Adora crianças. Quando estas surgem na sua existência, tudo pode modificar-se; para melhor. Atracção pelo Capricórnio.

CARANGUEJO *ascendente* **LEÃO** (Lua-Sol) Água-Fogo:

A imaginação alimenta a ambição; daí o perigo de passar o tempo a acreditar num futuro próximo maravilhoso e utópico... sempre adiado. Por vezes, tendência para a mitomania. Muito idealista e amigo de ajudar os outros; mete-se na pele de um personagem cheio de prestígio onde se sente muito pouco à vontade; pretende ser admirável; uma faceta exibicionista; necessidade de honrarias. Uma vida secreta. Um sonho da infância que pretende desesperadamente alcançar. A mãe é, por vezes, a responsável disso. Se o pai falhou, o filho, por identificação, falhará também um dia, mesmo se alcançar o êxito material. Busca de seres fortes que lhe criticarão o seu infantilismo mas não se resolve a abandoná-lo. Aliás, está muito ligado à mulher e aos filhos. Tem sonhos generosos. Atracção pelo Aquário.

CARANGUEJO *ascendente* **VIRGEM** (Lua-Mercúrio) Água-Terra:

Muito dedicado aos amigos. Necessidade de se justificar através duma actividade altruísta. A Virgem traz à imaginação do Caranguejo maior senso prático, um certo realismo. Deverá lutar durante muito tempo contra uma timidez paralisante e inibições que lhe prejudicarão, sobretudo, a vida sentimental. Risco de se fechar em si próprio, de limitar o seu horizonte, apesar de possuir, no fundo, uma natureza artística. Dotado para trabalhos minuciosos e de precisão, para a fotografia, para o desenho, para o *design*. As mulheres arriscam-se a ficar solteiras, com medo das desilusões. Atracção pelos Peixes.

CARANGUEJO *ascendente* BALANÇA (Lua-Vénus) Água-Ar:

Muito artístico, aspirando à harmonia, à felicidade e desejando-a para todos. Natureza sentimental e romanesca, mas sujeita a sofrer decepções, como todos os sonhadores. Desejo de triunfar. Consegue-o graças simultaneamente ao seu encanto e a um talento real, no dia em que se sentir amparado. Não consegue nada se não se sentir amado. Obtém êxito em profissões artísticas e nas relações públicas. Melhor posição para as mulheres do que para os homens, demasiado hesitantes e influenciáveis ou muito dependentes dos que o rodeiam. Atracção pelo Carneiro.

CARANGUEJO *ascendente* ESCORPIÃO (Lua-Plutão) Água-Água:

Sensível e intuitivo em extremo, quase médium. Sonhos premonitórios e pressentimentos estranhos mas muita ansiedade; vulnerável à depressão quando a realidade lhe escapa. Aqui tudo é emoção, sensação, mistério e segredo. Um encanto envolvente, poderoso. Gosto pelas viagens, pelas evasões... quaisquer que elas sejam. A sorte pode intervir e apoiar um instinto muito seguro. Deve ter em conta as suas simpatias espontâneas. Na infância, acontecimentos bruscos ou pais separados. Muitas vezes herda a angústia materna. Atracção pelo Touro.

CARANGUEJO *ascendente* SAGITÁRIO (Lua-Júpiter) Água-Fogo:

Acontecimentos dolorosos na infância ou lutos; mas em vez de o tornar azedo, as provações reforçam o seu desejo de compreender, de proteger, de afastar dos outros os sofrimentos que não o pouparam a ele. Um lado «missionário» e escuteiro, com momentos de melancolia, sombras que estragam uma profunda alegria de viver. Um carácter gentil, afectuoso, simpático e que sabe fazer-se amar. Os Caranguejos-Sagitário que têm filhos são «pais de ouro», simultaneamente afectuosos, ternos e bons educadores. Interesse muito vivo pela infância e pelos seus problemas. As heranças podem vir melhorar uma situação que, durante muito tempo, não se pode considerar brilhante. Mas a sorte existe sob diversas formas, nem sempre materiais. Atracção pelos Gémeos.

CARANGUEJO *ascendente* CAPRICÓRNIO (Lua-Saturno) Água-Terra:

Estrutura de oposição; natureza cheia de contradições oscilando, nomeadamente na mulher, entre um personagem que exige a presença na sua vida dum ser responsável e que, no quotidiano toma muitas vezes a iniciativa e dá provas de autoridade. Tendência para trabalhar demasiado, ao mesmo tempo que se lamenta do facto, para culpabilizar os que o rodeiam. Simultaneamente generoso e avarento, gastando muito em coisas inúteis ou com a casa e os filhos, mas sofrendo bruscos acessos de medo que lhe falte o dinheiro e obrigando toda a gente a apertar o cinto. Ao mesmo tempo terno e poético, acessível e frio, autónomo e lúcido. Reacções difíceis de prever. Muitas vezes, acontecimentos bruscos na infância ou uma falta de afeição, que marcaram profundamente esta natureza frustrada. Por vezes, reage através duma faceta regressiva que o faz mergulhar no sono, na preguiça ou na gulodice. Bons contactos na vida social. Atracção por outro Caranguejo.

CARANGUEJO *ascendente* AQUÁRIO (Lua-Urano) Água-Ar:

Ideias, capacidade inventiva, amizades calorosas. Gostaria de ser independente e frequentemente mostra-se caprichoso. Não suporta constrangimentos e precisa de ser enquadrado. Nestas condições de controlo e disciplina pode explorar o seu génio inventivo. Muitas vezes interessa-se pelas ciências (medicina ou investigação médica). É de desejar a presença dum Marte forte no tema pessoa, em Leão, em Capricórnio ou em Carneiro, por exemplo, para tornar a vontade mais firme. Deve consolidar-se com a idade mas experimenta dificuldades para sair da infância: permanece durante muito tempo crédulo e ingénuo. Grande importância das influências — dos amores, sobretudo — que marcarem a sua vida. O casamento pode constituir um poderoso estimulante. Atracção pelo Leão.

CARANGUEJO *ascendente* PEIXES (Lua-Neptuno) Água-Água:

Amável e sensível; hipersensível até, com uma susceptibilidade e aspectos terrivelmente infantis. Romanesco em extremo. Um autêntico pinga-amor; sempre pronto a sonhar, a idealizar o ser por quem está apaixonado. Tudo se passa a um nível psíquico e imaginativo; muitas vezes, tem uma vontade fraca. Planetas em Leão ou em Carneiro são indispensáveis para evitar o «afogamento» em todos estes signos de Água. Muitas vezes, uma faceta médium ou vidente. O universo das mulheres atrai-o porque se sente à vontade nele; agrada-lhe mas elas receiam desposá-lo com toda a razão, apesar da sua gentileza. A mulher é misteriosa. Vive «noutro mundo». Atracção pela Virgem.

O LEÃO NO MASCULINO

Como reconhecê-lo?

Reconhecemo-lo pelo seu «estilo». Tem sempre um ar aristocrático, tem classe. O seu andar é leve, felino; dá passos largos, apoiando a ponta do pé no chão. Caminha muito direito, pondo toda a sua altura em evidência e com a cabeça ligeiramente lançada para trás. Quando se senta numa poltrona, parece que se instalou num trono real, tal é o seu à-vontade; uma espécie de descontracção estudada que põe em evidência a confiança que tem em si próprio.

Muitas vezes, pode-se distinguir pela magnífica cabeleira... uma autêntica «juba» dourada.

Há que diferenciar dois tipos de Leão: o primeiro é o filho de Apolo: a sua beleza obedece aos mais rígidos cânones gregos: nariz direito, testa ligeiramente inclinada para trás, olhos em amêndoa, traços regulares; o corpo harmonioso, desenvolvido, ancas finas e coxas bem musculadas. O segundo é o filho de Hércules: o corpo mais entroncado, menos esbelto, com uma caixa toráxica larga com uma reentrância por baixo das costelas... como nos gatos magros ou nos leões esfomeados... O nariz é mais achatado, fazendo lembrar ainda o focinho do animal--símbolo, com narinas muito acentuadas. O rosto é mais quadrado ou triangular curto, os maxilares mais salientes, os pés e as mãos fortes. O primeiro evoca a beleza e a harmonia, o segundo, a força.

O olhar varia com o grau de miopia que possui... doença frequente no Leão. Um pormenor: o queixo é quase sempre «fendido» por um sulco vertical ou horizontal.

Como passa de saúde?

Aparentemente, sem problemas nenhuns. Tem, no entanto, pontos fracos. Além da vista frágil, deve vigiar o coração. Este «bilioso», tão seguro de si, é mais ansioso do que quer admitir, sobretudo se lhe cabem grandes responsabilidades. Arrisca-se, nessa altura a deixar-se devorar a pouco e pouco pelas preocupações. Então surge o enfarte, aquilo a que outrora se chamava a «congestão de luz». O Leão é, em seguida, ameaçado na sua resistência por um sono que se deteriora com os anos e que constitui um bem precioso para este homem que se esforça demais.

As costas são uma zona frágil: deslocamentos de discos, problemas nas vértebras que provocam vertigens e mal-estar.

Este moiro de trabalho possui, no entanto, uma resistência notável e esgota os colaboradores com as suas exigências. Tem de aprender a não se sobrecarregar: quando sentir o «plexus solar a dar um nó», deve parar.

As suas fraquezas no plano psíquico são originadas pelo seu narcisismo extremo (lembrem-se do deus Narciso seduzido pela própria imagem, cujo reflexo descobriu na água; tenta beijá-la... e afoga-se). É também uma forma de megalomania. Gaba-se e julga-se capaz das mais prodigiosas façanhas. E quando é mitómano, inventa-as...

Deve «tirar o pé do acelerador» de tempos a tempos, conceder a si próprio um momento de descanso durante o qual, eventualmente, pode mudar de actividade. O essencial consiste em distrair-se e em repousar o sistema neuro-vegetativo, tão sensível como a ignição dum automóvel. O Hata-Yoga está-lhe recomendado, ou o Tai-Chi, na medida em que estas técnicas são excelentes para o sistema nervoso e para a recuperação da energia.

No plano alimentar, deve procurar tudo o que estimula a circulação, evitar os excessos de carne e de álcool ou tudo o que pode fazer subir a tensão arterial. Os pratos bem aromatizados estimular-lhe-ão o apetite e isso é necessário... pois, por vezes, ele encontra-se tão «carregado de energia» que não consegue engolir nada. Deverá beber sumos de fruta fresca, laranja sobretudo; ou comer frutos secos que contenham açúcar natural, alimento energético de que ele necessita. O açafrão e o louro convêm-lhe, tal como o alho, excelente hipotensor. Deverá também comer azeitonas, cenouras, mirtilos — bons para os olhos —, tomates, baterraba e trigo germinado ou cereais.
O seu remédio homeopático: *Magnesia Phosphorica*.

Como reage?

«Eu cá penso...» Esta é uma forma habitual de o Leão começar as suas frases, sublinhadas em seguida por numerosos «Compreendes?» interrogativos e insistentes. Narcisista por um lado, desejo de ser compreendido e de comunicar por outro. Mas sempre a partir duma posição em que o Leão é dominante. Olha de cima para baixo, sem sequer se aperceber disso. Chamam-lhe «orgulhoso» mas aceitam naturalmente esta superioridade que ele exibe com inocência.

Entre os grandes defeitos do Leão, citamos ainda o temperamento colérico que por vezes o faz explodir em fúrias cegas, devastadoras, com grandes gestos que varrem tudo à sua volta. As de Alexandre Dumas, «Leão duplo», tornaram-se célebres... Citamos ainda o orgulho e aquela segurança inocente que quase chega a ser ingénua e só se torna insuportável quando se transforma em despotismo.

A outra face da medalha mostra-nos-á um Leão completamente diferente: capaz de grandes sentimentos, duma nobreza extrema, despido de qualquer mesquinhez, ardente e generoso, com um profundo sentido da justiça e um idealismo vigoroso e magnânimo. Uma inteligência clara, flexível, brilhante, permite-lhe aprofundar imediatamente os problemas. Possui um notável sentido de síntese e um vivo apetite de criação. Podemos aludir ainda à coragem, à autoridade, a uma preocupação inegável com a honra e a reputação. O magnetismo natural que possui dá-lhe um grande ascendente sobre todos quantos com ele privam.

Para que é dotado?

Em primeiro lugar, para o êxito. Eis por que ele suporta tão mal a mediocridade. É o homem dos grandes empreendimentos, dos vastos projectos. O lado napoleónico ou mussolínico do personagem. Precisa de ver as coisas em ponto grande com uma confiança tranquila no seu génio e de ter a certeza que os obstáculos não conseguem fazê-lo parar. Pobre dele se falha! Nessa altura, corre o risco de explodir, de ficar reduzido a zero, pois a dúvida não cabe no seu sistema defensivo.

Dito isto, a partir do momento em que os seus projectos têm envergadura e ele se sente capaz de os levar a bom termo, pode alcançar os mais belos triunfos. Homem de espectáculo, sente-se à vontade num palco ou numa tribuna. É um actor hábil (muitas vezes do tipo exagerado) mas o que lhe interessa é pôr em cena, dirigir uma companhia, montar ele próprio o espectáculo. Se possui ambições políticas, procurará imediatamente chegar a deputado, a secretário de Estado ou ascender a um cargo superior a estes, ainda.

A um nível mais modesto, pode explorar o talento dos outros ou viver à custa da beleza, desde a edição de arte à galeria de pintura, passando pela venda de objectos preciosos, pela criação de modelos originais, o comércio de luxo, a publicidade, as profissões em que se pode «manipular» um público anónimo.

Os negócios, a banca, constituem sectores de actividade em que o Leão se sente à vontade.

Deve desconfiar dos seus gostos caros e do seu amor pelo luxo, das suas aspirações ao mecenato... condições ideais para juntar uma grande fortuna... ou arruinar-se. Nem todos os Leões se chamam Lourenço, o Magnífico! [1]

Como ama?

«Leão soberbo e generoso», que gosta de proteger a mulher amada. Por ela, é capaz de mover montanhas. Em troca, exige-lhe uma admiração inalterável... e que faça as coisas de forma a que os outros homens o invejem por levar pelo braço uma companheira tão bela e elegante. Em resumo, exige

---

[1] Alusão a Lourenço de Médicis, célebre figura de mecenas da República de Florença, durante o Renascimento. (*N. da T.*)

que a mulher seja mais um elemento do seu prestígio. Em caso nenhum, ela se pode arriscar a competir, um dia, com ele: a companheira ideal tem que ajudá-lo a triunfar ou realiza através dele, e só dele, as suas ambições pessoais!

Muito apaixonado, atribui importância a uma certa qualidade erótica e estética da relação sexual, entrega-se generosamente e, de certa forma, considera que executa uma boa acção quando se digna conceder os seus favores à dama que elegeu. Digamos antes que ele se empresta com gentileza a uma verdadeira atenção ao ser com o qual estabelece relações amorosas «Brilha» como o Sol, o senhor do seu signo e se, por vezes, queima, fica sinceramente penalizado com isso pois detesta fazer sofrer os outros. Não existe nele nenhum sadismo consciente. Mas não é aconselhável desiludi-lo.

Está demasiado centrado na sua própria pessoa, demasiado preocupado consigo mesmo para conseguir amar de forma absoluta, mas proporcionará uma vida agradável à mulher que escolher, se esta for a mãe dos seus filhos e lhe garantir uma relação afectiva suficientemente rica... A sua fidelidade é problemática.

E se fosse?

E se fosse um animal: um leão, evidentemente, um puma, um jaguar... ou um pavão.
Uma árvore: o catalpa.
Uma flor: o girassol ou o heliotropio.
Uma fruto: o melão, a laranja, a romã.
Um condimento. o açafrão, o alecrim, o louro.
Uma pedra: o topázio ou o diamante.
Um metal: um único, o oiro.
Uma cor: dourado, alaranjado.
Um perfume: chipre, âmbar, incenso.
Um sabor: balsâmico.
Um instrumento de música: o violoncelo ou os címbalos.
Um ou vários objectos de colecção: espelhos, medalhas, moedas antigas, leões de todas as formas e de todos os materiais.

* *

O LEÃO NO FEMININO

Como reconhecê-la?

Pela sua beleza. Tal como o homem do signo, o seu porte altivo, a sua figura, a sua majestade e o seu andar de gazela atraem os olhares, tal como, e sobretudo, a sua cabeleira incendiária... a da actriz Maureen O'Hara.

Encontramos aqui os dois tipos de Leão: a apolínea de traços regulares, beleza clássica, pernas altas e magnetismo irresistível. A hercúlea, mais baixa e musculada, muito desportiva, tão desenvolta como a sua irmã, mas mais «física» do que esta. O rosto inscreve-se muitas vezes num triângulo curto (a cabeça da gata), os olhos são verdes ou dourados muito afastados um do outro, a parte onde começa o nariz bastante achatada e larga (Jacky Kennedy). Os dentes muito brancos, o sorriso radioso. Todos os Leões e Leoas se mostram conquistadores.

A mulher de Leão tem o ventre chato e a curva dos rins acentuada, uma ossatura muito fina, poucos pêlos no corpo. Por vezes, as sardas vêm aumentar mais ainda o seu inegável encanto, a menos que uma carnação acobreada ou uma pele de pêssego maduro não constituam mais um trunfo da sua panóplia de sedutora.

Como passa de saúde?

Vitalidade, resistência, reforçadas por uma coragem autêntica; ela parece mais forte ainda que o «macho», mais resistente... talvez à semelhança do que sucede no reino animal, em que a leoa passa por ser mais enérgica do que o seu senhor e dono. Ela reage melhor que ele à adversidade, sem dúvida porque está menos obcecada pela necessidade do triunfo.

Também deve ter cuidado com os olhos... e se a sua vaidade a impede de usar óculos, pode recorrer às lentes de contacto.

A circulação sanguínea constitui um dos seus pontos fracos, assim como as perturbações cardíacas mais funcionais que orgânicas. Por outras palavras, a «máquina», é boa mas de vez em quando pode desafinar. Por isso a Leoa poderá sofrer de palpitações cardíacas angustiantes mas pouco perigosas. Encontramos por vezes no Leão doenças na espinal medula que podem afectar os dois sexos.

Aconselhá-la a fazer uma vida saudável nada teria de original. Ela deve aprender a conhecer os limites da sua resistência. Caso contrário, sofrerá de estranhas doenças, difíceis de diagnosticar, uma mistura de fadiga, de vertigens, de hipo ou hipertensão, de anemia. E enquanto Leão, suporta muito mal a doença ou até a inactividade.

Para se sentir melhor, terá que consultar de tempos a tempos um médico para verificar o seu estado geral de saúde, e fazer um ou outro electrocardiograma: deve respeitar o seu sono e em vez de soporíferos, preferir calmantes ligeiros ou recorrer à acunpuctura. As tisanas de flor de laranjeira ou de tília são aconselháveis. As ervas medicinais podem melhorá-lo e conseguirá, graças ao hamamélis, evitar perturbações circulatórias.

As Leoas gostam de comidas requintadas, com boa apresentação, mas comem pouco e raramente têm problemas de linha. De resto, preocupam-se demasiado com a sua aparência para se permitirem o menor descuido, o mais ligeiro atentado à sua beleza.

O seu maior problema — que também encontramos no Leão — é resignarem-se à velhice. Revoltam-se inutilmente contra essa maldição. Isso pode levá-las a querer viver depressa demais e a encontrar a morte em vez da decrepitude; ou a manterem-se jovens o mais tempo possível, por todos os meios ao seu alcance.

Como reage?

A mulher do Leão é brilhante, apaixonada, artista até à ponta dos cabelos ou extremamente idealista. Arde, indigna-se, entusiasma-se, defende os seus amigos e as suas ideias, por vezes com agressividade, «com as garras todas de fora», por mais benévolas que sejam as críticas àqueles a quem ama. Ninguém poderá negar a sua coragem nem as proezas de que é capaz quando o destino a obriga a isso ou quando é movida pela ambição.

Leal, recta, orgulhosa, pode-se contar com ela. Não possui a faceta «boa esposa» que tanto homens criticam no sexo considerado fraco. Aborda facilmente os «assuntos complicados» e o seu pensamento não tem nada de frágil.

Em contrapartida, por vezes torna-se irritante a sua necessidade de se rodear de admiradores incondicionais. Tem tendência para brincar com o seu poder e com a eficácia do seu magnetismo.

Por vezes existe também nela uma certa faceta teatral, um ênfase irritante ou até uma forma de mitomania na qual desempenha sempre o papel de heroína. Também revela falta de paciência e encoleriza-se com facilidade. Tal como os nativos do signo, recusa a mediocridade. Sozinha ou através do homem, tentará tudo com uma coragem eficaz para melhorar a sua condição e «fazer alguma coisa na vida».

Para que é dotada?

Para as mesmas profissões, mais ou menos, que o homem. Até para a política, em que cria uma reputação de pessoa íntegra e leal; a sua ingenuidade protege-a. Como nunca atribui aos outros sentimentos que ela própria é incapaz de experimentar, pode ser surpreendida pela malevolência, pelo ciúme ou inveja que provoca.

Está à vontade em todas as actividades artísticas, do ensino da criatividade à criatividade propriamente dita. Tanto conseguirá pintar como escrever, tocar um instrumento ou dançar, realizar filmes ou esculpir. Mas o pensamento científico não lhe é estranho e por vezes triunfa nas profissões de investigação, na medicina ou na psicologia, por exemplo. Agrada-lhe exercer uma forma de poder qualquer, as responsabilidades e, acima de tudo, a acção. A mulher do Leão gosta de aprender: inteligente, dotada de memória, curiosa de tudo e amante da perfeição, saberá fazer-se respeitar em toda a parte.

Conserva durante muito tempo uma faceta de eterna estudante e poderá acumular diplomas antes de encontrar o seu caminho. Pois nisso consiste precisamente um dos problemas cruciais do Leão: perante um excesso de dons, por vezes torna-se difícil escolher. Uma vez «mobilizados» para uma direcção precisa, nada conseguirá deter os nativos deste signo. Precisam de ser encorajados, cumprimentados, lisonjeados...

A Leoa aceita os desafios do destino logo que adquire suficiente confiança em si própria.

Como ama?

Se tiver a sorte de encontrar, enquanto jovem, um homem digno da sua admiração e dedicação extremas, que saiba retribuir o seu amor, tornar-se-á uma óptima esposa admirável, uma mãe perfeitamente capaz de educar os filhos cujos dotes, inteligência e afectividade, saberá despertar. Pede muito, mas entrega-se totalmente.

Se não for bafejada pelo destino e sofrer decepções desde muito nova, poderá voltar-se para os amores sádicos, desempenhando o papel de homem mostrando-se protectora e generosa mas salvaguardando a sua independência à qual se agarra cada vez mais.

Por vezes, adapta-se a um marido que não lhe convém, procurando na vida profissional as satisfações que ele não lhe dá.

Acontece-lhe por vezes desempenhar com êxito o papel de musa, inspirando um poeta ou um artista, protegendo o isolamento do sábio e mostrando-se inconsolável depois da morte deste. Servirá sempre a carreira do homem amado esperando que ele a inclua no sucesso pelo qual também é responsável.

Quando vive demasiado centrada em si própria, temos a «coleccionadora» que devora amantes a quem explora mais ou menos para alimentar a sua própria glória. Por vezes, quando atravessa graves crises de consciência, proferirá discursos inflamados, com alusões frequentes a Deus e à religião, e nos anais anuncia que vai entrar para um convento. Isso faz parte do seu teatro...

Quadro 5   LEÃO

É evidente que nem todos os Leões são iguais. O factor *ascendente* fornece uma correcção essencial.

Reporte-se ao quadro que se segue; saberá imediatamente qual é o seu ascendente.

SE NASCEU ENTRE 21 e 31 de JULHO:

Nascimento entre		Ascendente
Portugal	Brasil	
22 h 23 m e 23 h 34 m	21 h 44 m e 23 h 55 m	Carneiro
23 h 34 m e 1 h 7 m	23 h 55 m e 2 h 15 m	Touro
1 h 7 m e 3 h 2 m	2 h 15 m e 4 h 30 m	Gémeos
3 h 2 m e 5 h 23 m	4 h 30 m e 6 h 30 m	Caranguejo
5 h 23 m e 7 h 54 m	6 h 30 m e 8 h 14 m	Leão
7 h 54 m e 9 h 23 m	8 h 14 m e 9 h 46 m	Viargem
9 h 23 m e 12 h 51 m	9 h 46 m e 11 h 17 m	Balança
12 h 51 m e 15 h 22 m	11 h 17 m e 13 h 4 m	Escorpião
15 h 22 m e 17 h 42 m	13 h 4 m e 15 h 2 m	Sagitário
17 h 42 m e 19 h 38 m	15 h 2 m e 17 h 17 m	Capricórnio
19 h 38 m e 21 h 4 m	17 h 17 m e 19 h 32 m	Aquário
21 h 4 m e 22 h 23 m	19 h 32 m e 21 h 44 m	Peixes

SE NASCEU ENTRE 1 e 10 de AGOSTO:

Nascimento entre   Ascendente

Portugal	Brasil	Ascendente
21 h 20 m e 22 h 54 m	21 h 7 m e 23 h 18 m	Carneiro
22 h 54 m e 00 h 26 m	23 h 18 m e 1 h 38 m	Touro
00 h 26 m e 2 h 21 m	1 h 38 m e 3 h 53 m	Gémeos
2 h 21 m e 4 h 43 m	3 h 53 m e 5 h 53 m	Caranguejo
4 h 43 m e 7 h 13 m	5 h 53 m e 7 h 37 m	Leão
7 h 13 m e 9 h 42 m	7 h 37 m e 9 h 9 m	Virgem
9 h 42 m e 12 h 10 m	9 h 9 m e 10 h 41 m	Balança
12 h 10 m e 14 h 41 m	10 h 41 m e 12 h 27 m	Escorpião
14 h 41 m e 17 h 1 m	12 h 27 m e 14 h 25 m	Sagitário
17 h 1 m e 18 h 57 m	14 h 25 m e 16 h 40 m	Capricórnio
18 h 57 m e 20 h 23 m	16 h 40 m e 18 h 55 m	Aquário
20 h 23 m e 21 h 20 m	18 h 55 m e 21 h 7 m	Peixes

SE NASCEU ENTRE 11 e 21 de AGOSTO:

Portugal	Brasil	Ascendente
20 h 58 m e 22 h 12 m	20 h 22 m e 22 h 34 m	Carneiro
22 h 12 m e 23 h 40 m	22 h 34 m e 00 h 53 m	Touro
23 h 40 m e 1 h 39 m	00 h 53 m e 3 h 8 m	Gémeos
1 h 39 m e 4 h 1 m	3 h 8 m e 5 h 8 m	Caranguejo
4 h 1 m e 6 h 31 m	5 h 8 m e 6 h 52 m	Leão
6 h 31 m e 9 h 00 m	6 h 52 m e 8 h 24 m	Virgem
9 h 00 m e 11 h 28 m	8 h 24 m e 9 h 56 m	Balança
11 h 28 m e 13 h 59 m	9 h 56 m e 11 h 42 m	Escorpião
13 h 59 m e 16 h 20 m	11 h 42 m e 13 h 40 m	Sagitário
16 h 20 m e 18 h 15 m	13 h 40 m e 15 h 55 m	Capricórnio
18 h 15 m e 19 h 41 m	15 h 55 m e 18 h 00 m	Aquário
19 h 41 m e 20 h 58 m	18 h 00 m e 20 h 22 m	Peixes

LEÃO *ascendente* CARNEIRO (Sol-Marte) Fogo-Fogo:

(Cf. Carneiro-Leão). Natureza apaixonada e com uma criatividade rica. Vontade. Coragem. Ambição. Papel essencial do amor. Importância dos filhos ou da obra. A fé e o amor que move montanhas. Estrutura muito viril mais fácil de ser vivida por um homem; a mulher arrisca-se a ser demasiado conquistadora, narcísica. Belas hipóteses de êxito no plano profissional e material, na condição de se mostrar paciente. Atracção pela Balança.

LEÃO *ascendente* TOURO (Sol-Vénus) Fogo-Terra:

(Cf. Touro-Leão). Grande necessidade de acção. Autoridade e tenacidade; quer servir a colectividade, sem esquecer os seus interesses ou a sua glória. Amores apaixonados ou tumultuosos. Influência muito forte do país natal, da infância, dos pais e, sobretudo, da imagem paternal. A princípio, a família pode ajudá-lo materialmente ou através do nome... Natureza artística e «conhecedora», amante da beleza. Destino com altos e baixos. Atracção pelos Escorpiões.

LEÃO *ascendente* GÉMEOS (Sol-Mercúrio) Fogo-Ar:

(Cf. Gémeos-Leão). Contactos fáceis com o mundo exterior, um certo ascendente sobre os outros, por causa da inteligência, do tacto e do fascínio pessoal. Frequentemente, grande influência dos irmãos e irmãs. Possibilidade de estudos brilhantes. Muito gastador, mesmo se o meio familiar é modesto. Amor pela arte; tem todos os dons e a escolha revela-se difícil; a sorte pode orientar o destino e garantir a sucesso. Tendência para o devaneio e para a indisciplina; por vezes, marginalidade ou dispersão. Atracção pelo Sagitário.

LEÃO *ascendente* CARANGUEJO (Sol-Lua) Fogo-Água:

(Cf. Caranguejo-Leão). Vontade mais ardente, maior confiança em si próprio do que na estrutura inversa. Mais combatividade, também. Ricas possibilidades criadoras, sensibilidade e imaginação, explorador numa vida profissional caracterizada pela acção. Necessidade de lutas por ideias nobres. Papel essencial do dinheiro; uso generoso da fortuna adquirida. Pode tornar-se «cavalheiro de indústria», homem de negócios, empreendedor e dinâmico. Casamento tardio, que só surge depois de numerosas aventuras. Sentido da família e profundo apego à mãe e à infância. Atracção pelo Capricórnio.

LEÃO *ascendente* LEÃO (Sol-Sol) Fogo-Fogo:

Natureza muito afirmativa grande segurança em si mesmo e à vontade. Narcisista; pode mostrar-se loucamente generoso, mas por gostar de fazer gestos bonitos, simplesmente; dificilmente evita um certo teatralismo. Muito autoritário, com cóleras violentas e explosivos logo esquecidas... por todos menos por aquele que lhe sofreu as consequências... Sentido da acção e das responsabilidades. Sabe agir, decidir, cortar a direito. As nativas assustam os homens; são elas que conquistam. Querem alguém que as admire, ou que elas possam levar a ocupar os primeiros lugares. Ou um artista que tornarão famoso. Ou um fraco, que esmagarão completamente. Atracção pelo Aquário.

LEÃO *ascendente* VIRGEM (Sol-Mercúrio) Fogo-Terra:

Muito orgulhoso, gosta do trabalho bem feito e despreza os incapazes. A Virgem dá ao Leão realismo e senso prático. Riscos cuidadosamente calculados e controlados. Eloquência e capacidade de persuasão; uma autoridade cheia de diplomacia. Ocupa-se de boa vontade dos negócios dos outros e presta grandes seviços. No entanto, a Virgem arrisca-se a travar a eclosão duma personalidade que quer desenvolver-se e afirmar-se custe o que custar. Gosto do segredo e do poder exercido nos bastidores. Por vezes, duas actividades, uma das quais constitui a fachada da outra. Ou duas uniões. Atracção pelos Peixes.

LEÃO *ascendente* BALANÇA (Sol-Vénus) Fogo-Ar:

Profundo sentido da estética; muito gosto; atracção pelas profissões artísticas ou relacionadas com a beleza. À vontade na vida, capacidade para fazer amigos, para criar relações. Magnetismo, sedução. Suscita numerosas paixões, conhecerá muitas relações amorosas. Deve evitar um casamento precoce ou decidido bruscamente. Mudanças frequentes na vida profissional. Dotes para a arte, para a dança, para o teatro, para o cinema e para as relações públicas. Atracção pelo Carneiro.

LEÃO *ascendente* ESCORPIÃO (Sol-Plutão) Fogo-Água:

Energia física e ascendente sobre os outros. Determinação e autoridade incontestada. Presença forte e magnetismo. Por vezes dons de curandeiro ou de radiestesista. Natureza secreta, cuja força subterrânea inquieta e fascina. Interessa-se pelas ideias, pela filosofia... sob condição de poder traduzir tudo em acções. Uma faceta «samurai». Esforça-se por controlar o seu poder para o tornar mais eficaz ou temível. Não detesta que tenham medo dele. Carreira excepcional ou nevrose devido ao fracasso. Não admite senão triunfos fora do comum e não suporta a mediocridade. Atracção pelo Touro (Napoleão...).

LEÃO *ascendente* SAGITÁRIO (Sol-Júpiter) Fogo-Fogo:

Se encontrar uma causa digna do seu ideal, é capaz de se superar a si próprio, de fazer tudo para alcançar o êxito. Gosto das acções espectaculares, das honrarias, muito protector... um pouco condescendente. Amor pelas viagens e destino marcado pelo estrangeiro. Sentido dos negócios; crê no seu êxito, sabe convencer os outros, fazer partilhar os seus entusiasmos. Por vezes, natureza mística ou espírito religioso. Dominado pela noção de «busca». Atracção pelos Gémeos.

LEÃO *ascendente* CAPRICÓRNIO (Sol-Saturno) Fogo-Terra:

Muita ambição. Tendência para viver à custa das recordações dum passado prestigioso, se sofreu revezes da sorte. No aspecto financeiro, altos e baixos, êxitos e derrotas. O Capricórnio acalma o Leão e dá-lhe coragem nos momentos difíceis. Necessidade profunda de se fazer aceitar, amar e reconhecer. Bastante diplomata e conhecedor da arte de agradar; dotado para as relações públicas; capaz de se dar e de fazer muito pelos outros, de assumir pesadas responsabilidades. Destino muitas vezes assinalado por um acontecimento trágico na infância, por vezes a morte do pai. Tendência para a culpabilidade e para a expiação. Atracção pelo Caranguejo.

LEÃO *ascendente* AQUÁRIO (Sol-Urano) Fogo-Ar:

Conflito profundo entre uma natureza narcísica e egocêntrica e uma natureza preocupada com o bem comum. Sentido da amizade mas incapaz de perdoar uma humilhação. Simultaneamente «feudal» e revolucionário. Tendência para a excentricidade; «não fazer como toda a gente»; espírito de contradição e de provocação. Só pode amar um ser dotado de prestígio ou que conheceu a glória. Nas nativas (sempre tagarelas), apego ao pai que se traduz pelo desejo de casar com um homem que se pareça com ele. Atracção por outro Leão.

LEÃO *ascendente* PEIXES (Sol-Neptuno) Fogo-Água:

Natureza desconcertante, apaixonada, idealista, devotada e com tendência para as utopias. Intuição fortíssima. Equilíbrio atingido graças a uma caminho altruísta. Forte tentação mística. Vida assinalada pelas viagens, por «missões» no estrangeiro onde o sujeito será posto à prova. Concebe o amor como uma devoção total ao outro, mas ao mesmo tempo existe nele uma forte reivindicação egoista. Por vezes, inspirações grandiosas e geniais. Atracção pela Virgem.

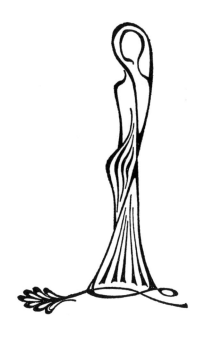

A VIRGEM NO MASCULINO

Como reconhecê-lo?

Também aqui, há dois tipos opostos. O «Virgem ajuizado» ou «clássico» tem uma particularidade... o não ter nada de particularmente notável; os seus traços são regulares, finos, sem nada que choque ou atraia os olhares. É difícil descrevê-lo. Dizemos: «É bastante bonito» ou «Tem feições regulares». A testa é bastante alta, mas não tanto que a possamos considerar um sinal distintivo; o nariz nem pequeno nem grande, direito; os olhos móveis, vivos, observadores... e talvez seja essa a sua característica mais acentuada. A boca é fina, com lábios bem desenhados mas contraídos. A voz, não muito forte.

Da silhueta, só podemos dizer o seguinte: estes mercurianos são geralmente esbeltos e deslocam-se rapidamente, com ligeireza; o corpo é harmonioso mas os ombros não são largos e o conjunto não tem nada de atlético. A estatura não ultrapassa a média.

O outro tipo, o «Virgem louco», seria dominado não já por Mecúrio, mas por Vulcano (planeta hipotético, transplutoniano). Este, ao contrário do outro, é fácil de caricaturar: assemelha-se a Polichinelo. As pessoas, muitas vezes, utilizam a palavra «carantonha» para designar o seu rosto. Os olhos nunca estão quietos e são brincalhões e trocistas... o nariz longo, com a forma duma banana grande em relação ao rosto. O seu lado Cirano. A boca é expressiva, móvel, por vezes torcida num rictus. O corpo não tem beleza alguma; com a idade engorda ou fica deformado; a barriga cresce-lhe. Sucede até haver algo de disforme ou de grotesco na sua aparência e, tal como Vulcano, que domina o signo, pode ser afectado de coxalgia, na sequência de uma doença ou dum acidente.

Como passa de saúde?

Os Virgens preocupam-se geralmente com a sua saúde, mostram-se até um pouco maníacos e obcecados no que se refere à alimentação, com receio de micróbios ou de contágios. São simultaneamente frágeis e resistentes. Ou, mais explicitamente, caracterizam-se por se cansarem facilmente, por sofrerem depressões, doenças e dores de vária ordem que afectam a zona abdominal e os intestinos... mas recuperam muito depressa. Estão muitas vezes indispostos mas raramente caem de cama, limitando-se a queixar-se ou a contar os seus males... quando pertencem ao tipo tagarela expansivo.

A maior parte das vezes, são vítimas, ao nível físico, dos conflitos e angústias que os afectam. Sofrem por exemplo, de contracções musculares, fruto do seu nervosismo. O estômago contrai-se, sentem «um nó na garganta» que os impede de engolir o que quer que seja. Ou então apanham uma indigestão... com uma folha de salada.

Mas existe também um Virgem bem disposto que faz as honras à sua cozinheira e possui uma cave requintada, que aprecia os bons restaurantes e o conforto, goza de boa saúde e sabe defender-se do mundo exterior... graças a um sólido egoismo.

É um doente fácil de tratar porque segue escrupulosamente os tratamentos que lhe prescrevem. O seu armário de remédios é um modelo do género? Pode utilizar a homeopatia, pois convém-lhe evitar os medicamentos «de choque» e não se recusa a tomar as doses prescritas nas horas e dias fixos.

Também obedece facilmente a regimes... com uma tentência para experimentá-los a todos e com uma frequência exagerada. Apaixonado pela dietética, abastece-se nas lojas que fornecem produtos naturais e macrobióticos. Passa fome sem esforço, por higiene física e mental.

O perigo reside na preocupação que o assalta logo que sente o mais ligeiro mal-estar. Devia estar proibido de ler livros de medicina!

Para viver melhor pode fazer curas de uvas... precisamente durante a estação que o viu nascer. E comer cereais, trigo germinado, aipo, maçãs, saladas cozidas. Mas não deve abusar dos alimentos celulósicos, dos legumes verdes. Convém-lhe evitar, sobretudo, alimentos de forte fermentação, as féculas e as gorduras, os enchidos e tudo o que é de digestão difícil.

Deve também desconfiar da sua natureza sedentária. Pouco entusiasta pelo desporto, recusa-se a caminhar, a fazer exercício. Em rigor, entregar-se-á aos desportos que exigem destreza, ao mini-golf, ao ping-pong, etc.

Há nele uma predisposição maníaco-depressiva, isto é, passa por fases depressivas seguidas de estados eufóricos.

Recomenda-se-lhe que tome regularmente o sal de Schussler: *Kali Sulfuricum*.

Como reage:

Podemos descrever o Virgem clássico como um ser minucioso, exacto, atento aos pormenores, razoável... a perder de vista, procurando a ordem, a medida e a lógica em tudo. Trabalha com uma eficácia excepcional.

Os virginianos têm gosto pela leitura, curiosidade de espírito e coleccionam conhecimentos nos domínios mais diversos; daí possuirem uma cultura em mosaico, geralmente superficial, mas que faz o seu efeito, fazem muitas citações, pois possuem uma memória notável. Encontra-se neles uma mistura de cepticismo — que os torna trocistas e cáusticos — e sensibilidade para o irracional, podemos até dizer, para a superstição.

Não gostam que os interrompam e retomam o seu discurso no ponto em que ficaram. Críticos e com facilidade de argumentação, não é fácil discutir com eles, tanto mais que são eloquentes, persuasivos, hábeis na defesa do seu raciocínio.

Adoram ser consultados, dar conselhos. Os acontecimentos confirmam muitas vezes as suas previsões, porque possuem lógica, bom senso, habilidade e sabem, além disso, estender armadilhas aos outros, calcular, ver para além das aparências e do imediato.

A vida quotidiana junto deles não é agradável pois muitas vezes são egoístas e maníacos. O imprevisto incomoda-os. No entanto, em circunstâncias excepcionais, a sua eficácia é incomparável e quando tomam uma situação nas mãos, pode-se confiar neles. Apesar do seu egocentrismo, são capazes duma dedicação extrema. E esse é apenas um dos paradoxos desta natureza rica em contradição.

O Virgem clássico é tão secreto, calado e pudico, quanto o Virgem vulcânico é tagarela, impudico, indiscreto. Enquanto o primeiro procura ser comedido em tudo, o outro quer destruir esse universo razoável e passar todas as fronteiras. É assim que, por vezes, atinge o génio. O conformismo dum e o seu respeito pelas convenções duma certa burguesia no meio das quais se sente como peixe na água, torna-se no outro a passagem para a dessacralização de todos os valores tradicionais através do riso, da caricatura. É o bispo do xadrez ([1]) que faz explodir o poder e passa ileso todas as linhas de fogo, porque fascina pela sua inteligência, pela sua lucidez e pelo seu espírito.

Para que é dotado?

Para todas as profissões em que é preciso contar, verificar, preparar, pôr em ordem, dar provas de paciência, de exactidão, de engenho, de discernimento. As qualidades do virginiano no trabalho são incomparáveis.

Do caixa ao farmacêutico, passando pelo bibliotecário, pelo guarda-livros, pelo controlador... de tudo e de mais alguma coisa, a margem de escolha é muito grande. O virginiano é um perfeito funcionário. desde o simples empregado dos C.T.T. ao mais alto responsável. Por outras palavras, é metódico mas falta-lhe a imaginação e, sobretudo, o gosto pela aventura. E isso compreende-se num ser cuja estratégia interior tem como objectivo alcançar a segurança. Material e moral.

---

[1] Em francês, *fou du Roi* significa bispo, **pedra de xadrez** (*N. da T.*).

Há também que ter em conta a dimensão «prestável» e a necessidade de dedicar-se que o caracterizam, justificação duma vida que considera um pouco estéril. E encontrá-lo-emos, assim em todas as profissões altruístas, desde o criado que nunca abandona os patrões, ao secretário insubstituível, passando pelo veterinário (o Virgem gosta de animais), pelo enfermeiro, pelo médico. Uma vez liberto das suas inibições e dos seus complexos de inferioridade, pode subir na hierarquia social. A política poderá atraí-lo... mas se pretende alcançar o poder, deve optar por ser Richelieu em vez de rei, por puxar os cordelinhos na sombra, por desempenhar o papel de eminência parda.

Entre as profissões em que pode triunfar, citamos ainda o tribunal; dará um excelente advogado, astucioso e cheio de recursos. Se se ocupar de negócios, tem que saber progredir devagar e não tentar logo «o grande golpe».

No Virgem vulcânico, encontramos as qualidades do tribuno, do orador apaixonado, do artista, do massagista, daquele que «molda a matéria» e a transforma, que utiliza o concreto, o real, o sórdido para o enobrecer.

Quando o virginiano consegue libertar-se do terror de falhar, pode colocar a sua notável inteligência ao serviço duma grande obra; literária, como Goethe, Chateaubriand ou Maupassant; científica, como Cuvier ou Maeterlinck; política, como Richelieu ou Jaurés.

Como ama?

O Virgem fornece um forte contingente de celibatários. Não podemos considerar isso um acaso. Por um lado, há a desconfiança; por outro, a exigência. O Virgem não consegue de forma nenhuma contentar-se «com qualquer coisa». Existe, em seguida, o medo de ser «gozado», traído, abandonado. E talvez, mais forte ainda, o receio de ser violado, invadido ou que lhe exijam manifestações exteriores de que é totalmente incapaz. O seu pudor, o seu amor pelo silêncio, não facilitam decerto uma comunicação a que ele se recusa com todas as fibras do seu ser. Se fala, é para abordar todos os assuntos excepto aqueles que se referem à sua intimidade. Defende-se contra qualquer intromissão, recusa os excessos de paixão. Ao envelhecer, torna-se menos duro e menos avesso a confidências.

Quando se casa, tende a viver «ao lado» da mulher e não com ela. Cumpre o seu dever, assegura-lhe a subsistência, preocupa-se com a educação dos seus filhos. Mas há assuntos de que não fala. O que dá origem a esposas frustradas, insatisfeitas, lares desfeitos... ou casais que, a partir duma certa idade, nada mais têm em comum do que as palavras cruzadas à noite, a televisão ou as contas da casa.

O Virgem é muitas vezes fiel; caso contrário, ninguém dá pelas suas «escapadelas» graças à sua natureza secreta. Justificar-se-á dizendo que não quer que a esposa sofra. Pois respeita o lar doméstico... ou pelo menos a fachada que dele subsiste. Poderá no entanto gostar durante muito tempo da mesma mulher se esta tiver a habilidade — ou o amor — suficiente para o admirar e para reforçar a confiança dele em si próprio, para lhe garantir uma vida cómoda e protegida.

E se fosse?

Se fosse um animal, pensaríamos na fuínha, na formiga, na térmite, no esquilo...

E se fosse uma árvore: a aveleira ou o sabugueiro.

Se fosse uma planta: o trevo ou o serpilho.

Flores... campestres, espigas de trigo maduro misturadas com papoilas e acianos.

E um condimento: a erva cidreira.

Um sabor: anizado.

Um metal: o bronze ou o alumínio.

Uma cor: tons de café com leite, as cores da terra e dos campos.

Uma pedra: a malaquite, o jaspe, a ágata.

O perfume: a lavanda, evidentemente, o bom cheiro dos armários.

E se fosse um instrumento de música: o tamboril.

Um objecto de colecção: caixas, pratos antigos, porcelanas... colecções de colecções...

*
* *

A VIRGEM NO FEMININO

A Virgem ajuizada tem o rosto das madonas italianas, um oval puro, uma grande testa lisa, olhos bem desenhados com sobrancelhas em arco, um nariz direito, uma boca pequena e dentes semelhantes a pérolas. Uma pele de «pétala de rosa». Fisicamente é «casta»; por outras palavras, por mais bem feita que seja, o seu comportamento é modesto e apagado; não gosta do seu corpo e falta-lhe à-vontade, sobretudo na adolescência.

A Virgem louca tem traços mais definidos, o nariz maior, a boca mais sensual, por vezes com uma ruga irónica, um olhar penetrante ao qual «não escapa nada». É tagarela, curiosa, «coscuvilheira» até, o que irrita a sua irmã clássica. Ri muito, veste-se como uma «mulher do circo», não receando a excentricidade nem o mau gosto. Nunca está «cansada»; está «estafada». Nunca se declara «satisfeita», mas «louca de alegria». Em resumo, a Virgem louca usa e abusa do superlativo.

Por vezes, os dois tipos morfológicos encontram-se misturados. Compreendemo-lo ao observar uma personagem como Sofia Loren.

Como passa de saúde?

Tal como o homem do signo, tem os intestinos frágeis e quase permanentemente desregulados; passa duma colite para uma entrite, duma gastrite para uma crise de fígado. Deve cuidar do aparelho digestivo no seu conjunto.

Sofre também de perturbações especificamente femininas que começam na adolescência e só a abandonam depois da menopausa... a menos que entretanto não tenha que ser submetida a uma histerectomia, na sequência dum fibroma, dum quisto ou de hemorragias anormais.

Mais ainda do que o do homem, o seu sistema nervoso é frágil e ela submete-o a grandes tensões. Pode cair em estados depressivos, sobretudo depois de fases de excitação em que se propõe fazer sozinha a mudança total da casa ou comparecer a três encontros ao mesmo tempo.

Aliás, frequentemente, a sua vida profissional contribui para a esgotar, porque se for enfermeira por exemplo, não hesita em prolongar as horas de serviço, em substituir uma colega que se sente cansada ou em se entregar em casa, depois dum esgotante dia de trabalho, a tarefas domésticas minuciosas que acabam por lhe esgotar as forças. A coragem de que dá provas espanta e surpreende, pois tem uma aparência frágil. Se encontrar um objectivo na vida, descobre em si própria tesouros de energia.

Necessita de um pouco de calma e de solidão (a sua faceta «solteirona») mas não suporta um isolamento prolongado. Nessa altura inventa tarefas, reuniões, actividades. agita-se continuamente até cair, esgotada, na cama. Deveria, portanto, dosear a sua actividade.

Podemos aconselhá-la, apenas, a ouvir a voz do bom senso, a tratar de si, a recorrer à homeopatia, à acupuntura, ao ioga, ao relaxamento, e a praticar a natação ou a andar a pé para contrariar a sua tendência sedentária.

Gosta de se tratar com ervas medicinais, com tisanas; tem as suas receitas milagrosas, as suas infusões, as suas mezinhas... e sabe cuidar dos outros. Nesse domínio, os conselhos que dá são muito acertados.

Como reage?

As qualidades e os defeitos do homem repetem-se aqui. Mas o signo, que é feminino, realiza-se mais facilmente nas mulheres no aspecto da dedicação aos outros. É através do altruísmo que a Virgem ultrapassa as suas angústias. Se ficar centrada em si própria, torna-se insuportável, matutando continuamente nas suas desditas, nas suas decepções e criticando toda a gente. Se dedicar aos outros o seu tempo e os seus esforços, adquire uma outra dimensão, torna-se semelhante à deusa Demeter que era responsável pelo bom andamento das coisas na terra.

Quando armazena a sua colheita, a Virgem sente-se segura que ela exista sob a forma duma conta no banco, os terrenos ou consista simplesmente numa profissão na qual consegue tornar-se indispensável. «Cumpriu o seu dever». E espera. É esta espera que, na vida da Virgem, assume um aspecto tão angustiante. Quando tudo fica em ordem, as coisas tornam-se fixas; as pessoas deixam de poder mexer-se. O movi-

mento origina a desordem que, por sua vez, cria uma nova necessidade de arrumar. Leon-Paul Fargue, o poeta, dizia na sua *Apologia da desordem:* «A ordem é uma chegada, a desordem uma partida». E para a Virgem, isso é bem verdade: precisa de «chegar» para se sentir em segurança...
Evidentemente que a Virgem sente por vezes que está encerrada num universo demasiado «arrumado»; nessa altura, procura uma «saída» para o mundo exterior. Quando consegue desembaraçar-se do seu lado razoável e ultrapassar a desconfiança, quando constroi uma vida aceitável no plano afectivo ou se venceu a si própria por amor daqueles que precisam dela, pode encontrar o equilíbrio.

Para que é dotada?

Essencialmente, é dotada para «servir». E isso abre-lhe um campo bastante vasto. Da devoção altruista exigida pela medicina ou pelas profissões para-médicas aos ofícios ligados a «prestações de serviço» há muitas hipóteses de escolha. Ela faz na perfeição aquilo que sabe, quer se trate de cozinha, da preparação dum remédio, da contabilidade do patrão, de dar aulas ou de dirigir um hotel.
Secretária ou professora, farmacêutica ou «menina dos correios», é sempre insubstituível. É raro reunirem-se numa só pessoa tantas virtudes e méritos: discernimento e senso crítico suficiente para dar conselhos a um patrão menos previdente; eficácia e método que lhe permitem levar a cabo várias tarefas ao mesmo tempo; dedicação e senso prático para fazer economias. Competência, mas ao mesmo tempo modéstia suficiente para reconhecer as qualidades dos camaradas de trabalho ou para contribuir para a defesa dos seus interesses.
A Virgem ajuizada prefere posições subalternas; a Virgem louca demonstrará mais iniciativa e ambição. Pode desempenhar-se com êxito dos cargos mais elevados e saberá fazer-se aceitar até pelos homens mais desconfiados em relação à capacidade das mulheres. Obriga-os a respeitá-la e a estimá-la.

Como ama?

É uma excelente esposa; atenta, boa dona de casa, dedicada, inteligente que ajuda o marido melhor do que ninguém, ao mesmo tempo que tem a habilidade de se apagar diante dele. Mas não se pode fechar completamente nesta existência sem surpresas. O companheiro poderá descobrir, de repente, que ela se aborrece. Inclui-se no número daquelas mulheres acerca das quais os maridos costumam dizer: «Não tenho nada a apontar-lhe. A minha mulher é perfeita, séria, fiel, económica... desesperante!». Pois o amor morre com o hábito e a Virgem tem uma tendência exagerada para se instalar, para «ronronar» sem pôr questões a si própria. A perfeição e o bom senso em demasia acabam por matar a paixão mais ardente! Ela terá que aprender a mostrar-se caprichosa, a rir de tolices e a chorar de cólera, a expandir-se e a revoltar-se.

Encontramos mais ardor na Virgem louca que, ao contrário da irmã, tem «experiência». Mas sucede-lhe passar dos braços dum homem para os de outro com uma frequência exagerada, na busca daquele amor impossível «que vale a pena ser vivido». Enquanto jovem, julga aproveitar bem a existência, mas tem a consciência de não ser feliz e aos quarenta anos receia, tal como a Virgem ajuizada, ficar sozinha e sem objectivos na vida; nessa altura dedica-se a um amigo, a um gato ou a um cão, ou adopta uma criança.

Desperta afeições profundas, mas foge antes que a «apanhem». Os seus amantes casam com outras mulheres, mas continuam a fazer-lhe a corte. Isso lisongeia-a e ao mesmo tempo indigna-a. Tem a sensação de «ter perdido o comboio» por excesso de intransigência e por receio de sofrer desilusões.

Quadro 6   VIRGEM

É claro que nem todos os Virgens são iguais. O factor *ascendente* fornece uma correcção essencial.
Reporte-se ao quadro que se segue: saberá imediatamente qual é o seu signo ascendente.

SE NASCEU ENTRE 21 e 31 de AGOSTO:

Nascimento entre		Ascendente
Portugal	Brasil	
20 h 19 m e 21 h 33 m	19 h 43 m e 21 h 55 m	Carneiro
21 h 33 m e 23 h 1 m	21 h 55 m e 0 h 14 m	Touro
23 h 1 m e 1 h	0 h 14 m e 2 h 29 m	Gémeos
1 h e 3 h 22 m	2 h 29 m e 4 h 30 m	Caranguejo
3 h 22 m e 5 h 52 m	4 h 30 m e 6 h 13 m	Leão
5 h 52 m e 8 h 21 m	6 h 13 m e 7 h 45 m	Virgem
8 h 21 m e 10 h 50 m	7 h 45 m e 9 h 17 m	Balança
10 h 50 m e 13 h 20 m	9 h 17 m e 11 h 3 m	Escorpião
13 h 20 m e 15 h 41 m	11 h 3 m e 13 h 1 m	Sagitário
15 h 41 m e 17 h 36 m	13 h 1 m e 15 h 16 m	Capricórnio
17 h 36 m e 19 h 2 m	15 h 16 m e 17 h 31 m	Aquário
19 h 2 m e 20 h 19 m	17 h 31 m e 19 h 43 m	Peixes

131

SE NASCEU ENTRE 1 e 10 de SETEMBRO:

                Nascimento entre   Ascendente

Portugal	Brasil	
19 h 37 m e 20 h 51 m	19 h 1 m e 21 h 13 m	Carneiro
20 h 51 m e 22 h 10 m	21 h 13 m e 23 h 28 m	Touro
22 h 10 m e 0 h 18 m	23 h 28 m e 1 h 47 m	Gémeos
0 h 18 m e 2 h 40 m	1 h 47 m e 3 h 48 m	Caranguejo
2 h 40 m e 5 h 10 m	3 h 48 m e 5 h 31 m	Leão
5 h 10 m e 7 h 39 m	5 h 31 m e 7 h 3 m	Virgem
7 h 39 m e 10 h 8 m	7 h 3 m e 8 h 35 m	Balança
10 h 8 m e 12 h 38 m	8 h 35 m e 11 h 21 m	Escorpião
12 h 38 m e 14 h 59 m	11 h 21 m e 12 h 19 m	Sagitário
14 h 59 m e 16 h 55 m	12 h 19 m e 14 h 34 m	Capricórnio
16 h 55 m e 18 h 20 m	14 h 34 m e 16 h 50 m	Aquário
18 h 20 m e 19 h 37 m	16 h 50 m e 19 h 1 m	Peixes

SE NASCEU ENTRE 11 e 21 de SETEMBRO:

                Nascimento entre   Ascendente

Portugal	Brasil	
18 h 56 m e 20 h 11 m	18 h 20 m e 20 h 32 m	Carneiro
20 h 11 m e 21 h 39 m	20 h 32 m e 22 h 47 m	Touro
21 h 39 m e 23 h 33 m	22 h 47 m e 1 h 6 m	Gémeos
23 h 33 m e 1 h 59 m	1 h 6 m e 3 h 7 m	Caranguejo
1 h 59 m e 4 h 30 m	3 h 7 m e 4 h 50 m	Leão
4 h 30 m e 6 h 58 m	4 h 50 m e 6 h 22 m	Virgem
6 h 58 m e 9 h 27 m	6 h 22 m e 7 h 54 m	Balança
9 h 27 m e 11 h 57 m	7 h 54 m e 10 h 41 m	Escorpião
11 h 57 m e 14 h 18 m	10 h 41 m e 11 h 39 m	Sagitário
14 h 18 m e 16 h 14 m	11 h 39 m e 13 h 53 m	Capricórnio
16 h 14 m e 17 h 39 m	13 h 53 m e 16 h 9 m	Aquário
17 h 39 m e 18 h 56 m	16 h 9 m e 18 h 20 m	Peixes

(Se nasceu a 22 ou a 23 de Setembro e ainda é Virgem, reporte-se ao quadro n.º 7.)

VIRGEM *ascendente* CARNEIRO (Mercúrio-Marte) Terra-Fogo:

(Cf. Carneiro-Virgem). Energia e coragem ao serviço dos outros; excelente defensor ou «salva-vidas»; advogado ou médico. Conflito entre a necessidade de segurança (Virgem) e o desejo de aventuras e combates (Carneiro). Equilíbrio na vida altruísta. Caso contrário, arrisca-se a traduzir os seus conflitos interiores através de contínuas perturbações de saúde. Ambição forte e sentido das responsabilidades. Êxito na vida profissional e material. Importância da influência dos pais ou da infância; ligação à «casa de família». Atracção pela Balança.

VIRGEM *ascendente* TOURO (Mercúrio-Vénus) Terra-Terra:

(Cf. Touro-Virgem). Dois signos de Terra com senso prático e preocupações de eficácia. Adquirem a independência de forma lenta e difícil; destino marcado por altos e baixos, sobretudo até aos quarenta anos. Em seguida, estabilização durável se evitar as imprudências e não sobrestimar as suas próprias forças. Consciencioso e inteligente, por vezes demasiado teimoso. Tem dificuldades em reconsiderar, quer ter razão a todo o custo; não suporta a contradição. Muito secreto e fechado, sob uma aparência simples. Inteligência concreta que lhe permite adquirir um património apreciável; aprecia as casas luxuosas; gosta de receber mas detesta que lhe invadam a intimidade. Tipo Virgem ajuizado, capaz de ultrapassar todos os limites e de siderar até aqueles que julgam conhecê-lo melhor. Atracção pelo Escorpião.

VIRGEM *ascendente* GÉMEOS (Mercúrio-Mercúrio) Terra-Ar:

(Cf. Gémeos-Virgem). Dupla natureza mercuriana. Procura o contacto mas tem necessidade dum universo só dele onde se sinta em segurança. Importância da vida familiar mas procura reagir contra a influência desta. Inteligente mas desconcertante ou difícil de conhecer; observador, cáustico, dotado dum forte espírito crítico. Falsamente seguro de si mas com prazer em arreliar os outros. Faz desafios a si próprio. Contradições mais evidentes na estrutura inversa. Vida social assinalada por uma grande instabilidade. Apesar de tudo, tacto e arte para o demonstrar. Atracção pelo Sagitário.

133

VIRGEM *ascendente* CARANGUEJO (Mercúrio-Lua) Terra-Água:

(Cf. Caranguejo-Virgem). A imaginação do Caranguejo fertiliza a terra da Virgem. Inteligência aguda mas colorida com maior dose de ternura, de afectividade que na estrutura inversa. Gosto ou dotes para a literatura. Facilidade em fazer exames. Interesse pedagógico pela infância, aptidão para o ensino, para os estudos científicos. Conjunto rico que convém particularmente à mulher. No homem, dificuldades para fugir à influência maternal. Atracção pelo Capricórnio.

VIRGEM *ascendente* LEÃO (Mercúrio-Sol) Terra-Fogo:

(Cf. Leão-Virgem). Contradição entre uma personalidade desejosa de glória e uma personalidade mais humilde ou cujos meios materiais permanecem limitados em relação às aspirações. Muito orgulho e soberba; extremamente susceptível; não suporta a crítica nem as opiniões contrárias às suas. Ufana-se da sua dedicação e eficácia. Sentido das economias, ao mesmo tempo que é capaz de gestos generosos. O receio de falhar, no entanto, trava estes impulsos nobres. Obtém êxito na profissão, graças ao seu trabalho e paciência. Duas uniões possíveis por causa dum divórcio ou da morte do cônjuge. Atracção pelo Aquário.

VIRGEM *ascendente* VIRGEM (Mercúrio-Mercúrio) Terra-Terra:

Virgem ajuizado, surge como um personagem maníaco, económico até ao exagero, obcecado pelo medo de falhar, incapaz de correr um risco; refugia-se numa vida de funcionário ou então torna-se num empregado zeloso, completamente subjugado ao patrão, cujos interesses defenderá como se fossem os seus. Mas se consegue libertar-se desta Virgem «ao quadrado» que ameaça abafá-lo, torna-se capaz de empreender com audácia, de encarar a vida com humor, confiando na sua loucura e no génio que por vezes existe nele; obriga os outros a pensar, a olhar as coisas de frente apresentando-lhe uma caricatura — muitas vezes feroz — da realidade. A. Jarry, criador d'Ubu Roi e J. L. Barrault ilustram estes virginianos duplos que aprenderam a ver para além da razão razoável. Atracção pelos Peixes.

VIRGEM *ascendente* BALANÇA (Mercúrio-Vénus) Terra-Ar:

Deve aprender a vencer a sua timidez, a sua reserva, o seu medo de ser julgado ou criticado. Deve também defender-se das suas fortes tendências para o conformismo e do receio do «que as pessoas vão dizer». Encanto e gentileza, mas problemas para «furar» e para afirmar-se. Modifica-se de acordo com as influências que sofre. Tendência para o segredo, para a hesitação. Mais fácil de suportar por uma mulher do que por um homem; bastará encorajá-lo e ajudá-lo a acreditar no seu encanto para que tudo se arranje. Consagrará então a sua vida ao homem amado e ao lar (muitas vezes, o pai morreu-lhe). Para um homem, carácter ligeiramente fraco mas apreciado pelos que o rodeiam graças à sua cortesia e amabilidade. Mais preocupado com a fachada do que com a verdade. Atracção pela Balança.

VIRGEM *ascendente* ESCORPIÃO (Mercúrio-Plutão) Terra-Água:

Espírito muito observador e crítico; fiel aos seus amigos que defende com coragem e devoção mas, para os inimigos — o seu rancor é tenaz — mostra-se bastante duro. Extremamente secreto e quase impossível de conhecer. Maior ambição do que deixa transparecer. Vontade, inteligência, lucidez; uma habilidade por vezes considerada diabólica; coragem e pulsões agressivas que podem voltar-se contra ele; angústia. Atracção pelo Touro que representa um mundo estável e instintivo.

VIRGEM *ascendente* SAGITÁRIO (Mercúrio-Júpiter) Terra-Fogo:

Duas naturezas opostas, uma ansiosa por segurança, a outra sonhando com aventuras; uma prefere as chegadas, a outra as partidas. Amável, simpático, inteligente e curioso; com pouco mais, o seu horizonte alargar-se-ia, abrindo-lhe novas perspectivas. Tudo correrá bem se ele colocar ao serviço da sua vida profissional e dos seus sonhos as suas qualidades: a consciência, a honestidade, a eficácia e a reflexão. Goza da estima dos que o rodeiam. Arrisca-se também a sonhar durante toda a vida com viagem e grandes empreendimentos que nunca realizará. Triunfa numa actividade que exigir «faro» para os negócios e capacidades de organização; qualidades administrativas; altos funcionários ou homens de negócios. Atracção pelos Gémeos.

VIRGEM *ascendente* CAPRICÓRNIO (Mercúrio-Saturno) Terra-Terra:

Perseverante, trabalhador, tenaz. Arranja objectivos para si próprio que atinge sem que nada consiga desviá-lo. Espírito prático mas interesse pelos problemas filosóficos. Faceta moral e até moralista. Preocupado com os problemas ligados à morte e ao além. Interessa-se pela medicina (uma forma de assegurar uma vitória sobre a morte), pela dietética. Um lado «rígido», um pouco maníaco, prematuramente «velho». Complexos de inferioridade, inibições; só o êxito social — e este é possível — pode curá-lo. Inteligência analítica, espírito crítico e observador, mas agarra-se demasiado aos pormenores. Atracção pelo Caranguejo.

VIRGEM *ascendente* AQUÁRIO (Mercúrio-Urano) Terra-Ar:

O Aquário pode libertar a Virgem do seu conformismo e dos seus preconceitos, obrigá-la a correr riscos. É frequente possuir uma inteligência excepcional, faculdades de invenção, sentido da descoberta e da pesquisa. Qualidades de dedicação e preocupação com o bem comum que pode aplicar na medicina, na biologia, ou nas ciências de vanguarda. Nunca perde o contacto com a realidade. Frequentemente, lutos na juventude ou provações que lhe amadurecerão prematuramente o carácter. Atracção pelo Leão.

VIRGEM *ascendente* PEIXES (Mercúrio-Neptuno) Terra-Água:

Metódico e imaginativo, realista e sonhador, apegado à sua segurança e pronto a desligar-se da realidade. Dois caminhos possíveis: um, egocêntrico, visando reforçar um conceito de si próprio inseguro ou libertar-se das inibições; o outro altruísta, visando libertar-se das amarras que o prendem e o limitam; a escolha não é previamente determinada e depende dos outros valores planetários. Possibilidades de êxito, sobretudo se opta pela aventura. Dotado para as línguas estrangeiras. Faculdades de adaptação, graças a uma espécie de mimetismo. Atracção pela Virgem.

A BALANÇA NO MASCULINO

Como reconhecê-lo?

Finura, graça; são estas as palavras que ocorrem imediatamente ao espírito quando se pretende descrever a Balança. Até o homem do signo tem algo de feminino na aparência, graças a Vénus, que o domina. Dotado de grande poder de sedução, não procura impor-se, mas fascinar.

Os seus traços são regulares, os olhos ternos, risonhos, húmidos, a testa alta; o cabelo sedoso, por vezes, constitui a sua mais notável característica. O nariz é direito, fino, bastante curto... indício de uma vontade fraca. A boca, bonita e bem desenhada. O conjunto inscreve-se num oval bastante puro. A silhueta é ágil, mais elegante que poderosa, o andar gracioso e a curva dos rins acentuada. É um óptimo dançarino...

Nada nele é chocante ou atrai as atenções, a não ser a precisão dos gestos e uma espécie de distinção natural que possui seja qual for o seu meio social ou o ambiente em que se encontrar. Conrad Moriquand atribui-lhe «um sorriso em chapelada»... o sorriso de Aramis, o mais fino e diplomata dos quatro mosqueteiros.

Como passa de saúde?

Não possui uma constituição robusta. O seu ponto fraco: os rins. Quer se trate do órgão «filtro», com inflamações, dores, cálculos ou outros males, ou da região lombar, com vértebras deslocadas, contracções do músculo propriamente dito ou lumbago.

A Balança é o signo da relação com o outro e é interessante notar que os rins são os únicos órgãos que as pessoas podem dar em vida a outro ser humano.

Por outro lado, a Balança sofre duma emotividade excessiva que põe em jogo as suprarrenais; a violência, o barulho, as pessoas que gritam ou falam muito alto metem-lhe medo, visceralmente, e provocam nele descargas de adrenalina. A circulação sanguínea também pode sofrer com isso. Cora e empalidece quando se emociona, é contrariado ou sofre uma agressão.

Diz-se que a Balança é o signo do equilíbrio... nada mais falso: é o signo que mais intensamente busca o equilíbrio. Mas não devemos esquecer que basta um pequeno toque num dos pratos da balança para que esta se descontrole. A sua força reside no fiel, isto é, na sua «verticalidade», no seu rigor, na sua intransigência. Pois este signo conciliante é também um signo «com princípios»...

Signo da justa medida, a Balança implica a renúncia aos excessos e às imprudências. Se os nativos bebessem dois litros de água por dia — ligeiramente acidulada com sumo de limão para «engolir melhor» — evitariam sem dúvida muitas perturbações na idade madura. Esta lavagem dos rins preservá-los-á da auto-intoxicação que os ameaça.

Deviam, por outro lado, levar uma vida sã da qual estariam excluídos os desportos violentos. Mas o ping-pong, o ténis, um pouco de jardinagem, a marcha são exercícios óptimos para eles. É importante uma oxigenação tão constante quanto possível do organismo, que lhes evitará simultaneamente as perturbações hepáticas que acompanham muitas vezes as doenças de rins para as quais a homeopatia é um bom remédio *(Natrum phosphoricum)*.

Acima de tudo são aconselháveis exercícios para a região lombar, que evitam as contracções dolorosas. A dança, aliás, estará talvez mais indicada que a ginástica, até para os homens.

Os problemas afectivos repercutem-se também na sua saúde e não devem prolongar situações de conflito. Vale mais um divórcio, uma separação, que viver em tensão permanente. Nesses casos, a Balança pode sofrer uma deterioração espectacular, com fenómenos depressivos graves.

A alimentação deve ser ligeira, as refeições a horas certas e ricas em saladas, fruta, legumes frescos, ovos e leite, evitando tudo o que pode irritar os rins ou a bexiga: álcool, mostarda, pimentão, pimenta... assim como o chá e o café fortes. Os Balanças apreciam a cozinha japonesa, requintada e leve, que só lhes faz bem.

Como reage?

O Balança não consegue deixar de ter os outros em consideração. Isto é, hesitará em ferir, em cometer actos agressivos, com receio de magoar. Pois ele projecta nos outros a sua própria sensibilidade e susceptibilidade e, em muitos casos, isso impede-o de agir. Mas, ao mesmo tempo, isso torna-o muito vulnerável aos olhos dos outros, às suas críticas, daí certas paralisias.

Como precisa que o aprovem e não suporta ser rejeitado, esforça-se muito para que o amem. Procura encantar toda a gente. Tem que fugir a todas as ameaças de agressão, uma vez que não suporta a hostilidade, seja sob que forma for. Mas, ao mesmo tempo, torna-se evidente que este dispositivo de segurança que ele utiliza permanentemente mobiliza uma energia que estaria mais bem empregue noutra actividade qualquer.

É um homem conciliador, diplomata, hábil e inteligente, que dá provas dum notável espírito de rectidão. Pelo menos esforça-se por pesar sinceramente os prós e os contras, por não cometer injustiças. No entanto, e sem dúvida porque experimenta grandes dificuldades em cortar a direito e em pôr fim às suas hesitações, agarra-se aos seus juízos e às suas decisões com rigidez e pode nessa altura revelar — o que causa sempre surpresas — uma faceta tirânica, maníaca e exigente.

Abriga-se por trás dum certo moralismo, dum certo conformismo, até. E no entanto, quando o atacam nesse terreno, quando fazem apelo para a sua largueza de vistas, para a sua rectidão, ele reage com boa vontade e procura compreender melhor.

Outros refugiam-se na futilidade, no *diletantismo,* no aspecto mais venusiano e «feminino» do signo, para evitar as grandes decisões e os actos heróicos.

Cortês, fascinante, gentil e sentimental, o Balança seduz com facilidade. Mas pode ser criticado pela sua «cobardia», pelo seu gosto pelo compromisso. Deve aprender a exteriorizar a agressividade que existe necessariamente num ser tão sensível.

Para que é dotado?

É um esteta, um artista, um apreciador da beleza. A sua sensibilidade permite-lhe compreender maravilhosamente as criações artísticas dos outros e apreender-lhes as subtilezas. É, com maior frequência, executante que compositor. O signo fornece também bons bailarinos, suficientemente «narcisistas» para se «verem» com agrado a um espelho e para se exibirem em público. Possuem o sentido do ritmo e do movimento, um equilíbrio perfeito.

Todas as profissões artísticas lhe convêm: desde a edição de arte à pintura, passando pela decoração, pela costura, pela arte de pentear, o artesanato, a tapeçaria, etc. Encontramos muitos antiquários neste signo, pois eles possuem o instinto do objecto bonito, um gosto prodigiosamente seguro. Pode empregar o seu sentido da harmonia e da estética em numerosas profissões modernas, no *design,* por exemplo.

Fora das profissões artísticas, o Balança pode explorar o seu à-vontade, a sua sociabilidade extrema, a estabelecer contactos. Triunfará, nessa altura, como adido de imprensa, como empresário, na diplomacia. É preciso também atender aos seus «dons de rectidão» e de preocupação com os outros excelentes para o exercício da magistratura. Dará um excelente juiz, simultaneamente honesto, sensível e rigoroso, muitas vezes intuitivo e capaz de se aperceber, para além das aparências, da verdade do ser que tem de julgar.

Como ama?

A Balança não resiste ao fascínio que exerce; isto é, não consegue dizer «não», recusar, depois de ter posto um certo mecanismo em acção. Costuma dizer-se que a sua Vénus é a do «encanto vienense», a Vénus do champanhe e da valsa, dos luares românticos e dos poemas de Lamartine. Tenta transformar a sua corte numa pequena obra de arte do género e cai assim no laço que ele próprio armou.

Nesse caso, evidentemente, arrisca-se a uma vida complicada. Mas como é um sentimental, não tarda a apaixonar-se e nessa altura passa de uma mulher para outra sem saber qual a que prefere. Compromete-se com todas e não se consegue decidir a magoar nenhuma pois, ainda por cima, julga-se insubstituível... De qualquer forma, as decisões nunca partem dele; e é isso que ele deseja com toda a sua alma.

Ama o amor pela ideia que faz dele, pelo pretexto que ele lhe fornece para traçar arabescos no céu ou para escrever poemas. O trovador apaixonado pela sua dama não morrerá enquanto existirem Balanças. Aliás, gosta de mulheres muito femininas, um pouco misteriosas, um pouco inacessíveis, até mesmo altivas e perigosas... Como não assume os sofrimentos que inflige aos outros, por cobardia, adianta-se ao castigo e esforça-se por sofrer... é tão romântico!...

Quando casa, vai animado das melhores intenções do mundo, — seria mais correcto dizer: quando casam com ele — espera ser fiel e respeitar o «contrato». Mas esta criatura fascinante, conciliadora e amável não proporciona uma vida fácil. Depressa se torna «conjugal», exigindo camisas limpas e passadas a ferro todos os dias, pratos bem apresentados, cuidados de toda a espécie, ao mesmo tempo que faz insinuações mais ou menos meigas acerca de cabelos um pouco gordurosos. Para lhe agradar, uma mulher — a sua mulher — deverá ter sempre o ar de quem acabou de sair duma caixa. Se ela não for Virgem nem Balança, acabará por se irritar.

Dificultará o mais possível o divórcio numa tentativa de escapar a um confronto que considera intolerável, esforçando-se por levar a mulher a reconsiderar e multiplicando as concessões.

No entanto, se ela estiver decidida, ele inclinar-se-á perante a força da lei.

E se fosse...

Se fosse um animal, pensaríamos numa corça, numa rola, no lama, no rouxinol...
Se fosse uma árvore: a palmeira.
Uma planta: a glicínia.
Uma flor: a reseda, a rosa, a camélia.
Um perfume: os jasmim, o nado...
Um sabor: suave...
Como condimento: o estragão.
Se fosse um metal: o cobre, a platina.
Uma cor: o rosa, o azul pervinca, o verde Nilo ou turqueza.
Uma pedra: a safira azul.
E se fosse um instrumento de música: a viola.
Um objecto de colecção: instrumentos antigos, quadros, objectos de mármore, pássaros pintados, móveis Luís XV...

*
* *

A BALANÇA NO FEMININO

Como reconhecê-la?

Vê-la mover-se é um prazer; tem graça, finura, venustidade... termo antigo derivado de Vénus, deusa do signo, que diz tudo acerca do encanto da mulher. O gesto banal impressiona pela elegância que, aliás, ela põe em tudo o que faz. Um amigo que almoçou com Brigitte Bardot, nativa da Balança, confessou-me que o impressionou a forma como ela levava o garfo à boca e erguia o copo. «Era perfeito, disse ele, inimitável».

Existe na mulher do signo uma necessidade espontânea de se exprimir através do seu corpo «aéreo», feito para a dança. A mulher de Balança encanta pelo seu olhar terno e apaixonado e pelo sorriso acentuado por uma boca em «arco de Cupido». O oval é puro, a pele clara, acetinada e luminosa. Nunca parece magra, por mais delgada que seja. Especialmente os ombros são lindos, redondos, e merecem andar à mostra... os seios pequenos, firmes e altos. A carne nunca é mole; o hábito da dança ou do desporto ajudam-na a conservar uma boa musculatura e um corpo jovem.

Como passa de saúde?

Tal como no homem do signo, os rins são frágeis e deve «lavá-los» com abundância, bebendo muito. No entanto, parece mais resistente que ele, mais «dura de roer». Pode ser vítima de alergias, sobretudo cutâneas. É a sua faceta «princesa da ervilha» que a torna mais sensível que as outras pessoas ao vento forte, à tempestade, aos produtos um pouco tóxicos... Tem bastante resistência, mas deve aprender a conhecer os seus limites, pois uma vez ultrapassado um certo grau de fadiga, é-lhe difícil recuperar. Emotiva, hipersensível, a sua saúde depende, mais ainda que a do homem, da vida afectiva.

Deverá vigiar sempre os rins, a bexiga, os ovários e verificará que, como por acaso, as crises (de colibacilo, por exemplo) surgem sempre num período de tensão ou conflito. Poderá também traduzir o seu mal estar interior através de contracções musculares dolorosas, nos ombros ou na região lombar. Aconselhamo-lo também a vigiar a sua circulação sanguínea.

Uma disciplina bastante suave ajudá-la-á a não ter problemas: um mínimo de exercício e de vida ao ar livre, ginástica quotidiana se não praticar um desporto mais consistente. A mulher de Balança fá-lo de boa vontade, uma vez que se preocupa com a sua aparência. Assim, praticará menos excessos que o homem do signo que por vezes, vai buscar coragem ao *whisky*.

Fará sessões de massagens, se for preciso, seguirá uma dieta se necessário e gastará uma parte importante do seu orçamento em produtos de beleza. É o seu «fraco»; não suporta que a vejam desmazelada, aparece sempre de «ponto em branco» e encantadora.

O vinho branco, o vinho palhete, as azedas, e sobretudo os espargos, tudo o que ataca os rins ou a bexiga, fazem-lhe mal... Mas é difícil convencê-la a não beber champanhe, que era adora!

Como reage?

Não resistimos à tentação de citar um excerto do retrato que Max Jacob, em *Miror d'Astrologie* dedica à mulher de Balança: «É uma mulher com muito gosto e extremamente hábil: organiza a sua vida duma forma egoísta e sábia. Emprega bem o seu dinheiro e não se priva de nada por ninguém, nem mesmo pelo filho que é a sua maior paixão e que deixa ternamente em casa quando tem um amante ou precisa de fazer uma viagem...»

Este retrato é um pouco cruel? Talvez. Pois a verdade é que esta mulher fascinante, que tanto deseja ser amada, dificilmente sacrifica os seus caprichos, sobretudo quando é jovem e bela. Precisa de vencer todas as resistências e se sente uma oposição, insiste até ver o inimigo aos seus pés. Isso satisfá-la completamente. Sabe que exerce poder sobre os homens e não lhe repugna extrair deles algumas vantagens. Mas o amor continua a ser o grande problema da sua vida.

É uma mulher inteligente, culta, de espírito curioso e não desempenhará em caso nenhum o papel de «mulher objecto».

Gosta de receber — e fá-lo maravilhosamente — com um grande requinte e atenções especiais para cada um dos convivas; mas selecciona os seus convidados. Escolhe pessoas interessantes e, sobretudo, «em evidência». É a sua faceta mundana embora ela a negue. De resto, consegue que todos se considerem vedetas. Tudo a interessa, a política, a religião, a filosofia. Nunca diz tolices acerca do que quer que seja, pois lê muito e escolhe bons autores.

Para que é dotada?

Não devemos ficar com a ideia que a mulher de Balança é uma criatura encantadora e desprovida de cérebro, preocupada apenas em seduzir. Ela conhece belos triunfos profissionais graças essencialmente ao seu talento e ao seu trabalho. Se o encanto a ajudar... tanto melhor. Pode, de resto, explorá-lo como arma profissional propriamente dita, enveredando pelo espectáculo, pelas relações públicas montando uma loja de modas ou um instituto de beleza... Aliás, defende muito bem o talento dos outros; melhor do que os seus próprios interesses.

Com efeito, experimenta grandes dificuldades em exigir a justa remuneração do seu trabalho. Sente-se culpada, e tem muitos problemas em separar o dinheiro de todo o contexto afectivo. Pelo contrário, a sorte faz com que beneficie de heranças inesperadas ou que lhe paguem sem que ela precise de reclamar o que quer que seja.

A mulher da Balança sabe em geral melhor do que o nativo aquilo que quer; a natureza masculina do signo ajuda-a sem dúvida e impor-se melhor. É menos hesitante e mais corajosa na adversidade. No entanto, sentir-se-á mais «sólida» se for apoiada. Nessa altura transformar-se-á numa colaboração conscienciosa, honesta, atenta e inteligente que triunfará em todas as operações de «contactos» melhor do que ninguém.

Como ama?

Graças a um fundo conformista, aspira ao casamento. Isto porque acredita no casal e na felicidade a dois. Aliás, esforçar-se-á bastante para tornar a sua união num êxito, enquanto admirar o homem com quem casou, enquanto estiver apaixonada. E a verdade é que se apaixona mesmo! Com

145

intensidade, ardor, romantismo. Mas exige que lhe correspondam com a mesma força e não suporta uma vida insípida. Precisa de se sentir sempre viva no coração do outro. Se um dia se apercebe que se tornou um «móvel», sofrerá violentamente; nessa altura desiste e perpara-se para arranjar novo amor, para esquecer o passado... do qual, mais tarde, só guardará boas recordações.

Mas só dificilmente se divorcia, preocupada com a opinião das pessoas, com o que a família dirá; tudo depende do meio em que foi educada. Ferida no seu amor, humilhada no seu orgulho, acusará fortemente o choque; mas poderá um dia vingar-se com um toque de perfídia, se a ocasião se proporcionar.

Diz muitas vezes que os filhos são tudo para ela... mas é infinitamente mais esposa que mãe e suporta mal os períodos de gravidez que a deformam e chocam o seu sentido estético, e depois o choro do bébé que a cansa e a irrita. Sentirá orgulho nos filhos se estes forem bonitos e inteligentes e, sobretudo, terá boas relações com eles depois de adultos. Educá-los-á na perfeição se houver alguém que se encarregue das tarefas materiais...

Coexistem nela duas personagens: uma burguesa conformista e preocupada com o seu conforto e uma aventureira que coleccionará amantes famosos... É uma apaixonada.

Quadro 7 — BALANÇA

É evidente que nem todos os Balança são iguais. O factor *ascendente* fornece uma correcção essencial.
Reporte-se ao quadro que se segue; saberá imediatamente qual é o seu signo ascendente.

SE NASCEU ENTRE 21 e 30 de SETEMBRO:

Nascimento entre Portugal	Brasil	Ascendente
18 h 18 m e 19 h 32 m	17 h 44 m e 19 h 56 m	Carneiro
19 h 32 m e 21 h 1 m	19 h 56 m e 22 h 12 m	Touro
21 h 1 m e 22 h 55 m	22 h 12 m e 0 h 30 m	Gémeos
22 h 55 m e 1 h 21 m	0 h 30 m e 2 h 31 m	Caranguejo
1 h 21 m e 3 h 52 m	2 h 31 m e 4 h 15 m	Leão
3 h 52 m e 6 h 20 m	4 h 15 m e 5 h 46 m	Virgem
6 h 20 m e 8 h 49 m	5 h 46 m e 7 h 18 m	Balança
8 h 49 m e 11 h 19 m	7 h 18 m e 9 h 5 m	Escorpião
11 h 19 m e 13 h 40 m	9 h 5 m e 11 h 2 m	Sagitário
13 h 40 m e 15 h 36 m	11 h 2 m e 13 h 17 m	Capricórnio
15 h 36 m e 17 h 1 m	13 h 17 m e 15 h 33 m	Aquário
17 h 1 m e 18 h 18 m	15 h 33 m e 17 h 44 m	Peixes

147

SE NASCEU ENTRE 1 e 10 de OUTUBRO:

                    Nascimento entre   Ascendente

Portugal	Brasil	
17 h 39 m e 18 h 53 m	17 h 3 m e 19 h 15 m	Carneiro
18 h 53 m e 20 h 22 m	19 h 15 m e 21 h 31 m	Touro
20 h 22 m e 22 h 17 m	21 h 31 m e 23 h 45 m	Gémeos
22 h 17 m e 0 h 42 m	23 h 45 m e 1 h 50 m	Caranguejo
0 h 42 m e 3 h 13 m	1 h 50 m e 3 h 34 m	Leão
3 h 13 m e 5 h 41 m	3 h 34 m e 5 h 5 m	Virgem
5 h 41 m e 8 h 10 m	5 h 5 m e 6 h 37 m	Balança
8 h 10 m e 10 h 41 m	6 h 37 m e 8 h 24 m	Escorpião
10 h 41 m e 13 h 1 m	8 h 24 m e 10 h 22 m	Sagitário
13 h 1 m e 14 h 57 m	10 h 22 m e 12 h 36 m	Capricórnio
14 h 57 m e 16 h 23 m	12 h 36 m e 14 h 52 m	Aquário
16 h 23 m e 17 h 39 m	14 h 52 m e 17 h 3 m	Peixes

SE NASCEU ENTRE 11 e 21 de OUTUBRO:

                    Nascimento entre   Ascendente

Portugal	Brasil	
16 h 58 m e 18 h 12 m	16 h 23 m e 18 h 34 m	Carneiro
18 h 12 m e 19 h 41 m	18 h 34 m e 20 h 50 m	Touro
19 h 41 m e 21 h 36 m	20 h 50 m e 23 h 4 m	Gémeos
21 h 36 m e 0 h 1 m	23 h 4 m e 1 h 9 m	Caranguejo
0 h 1 m e 2 h 32 m	1 h 9 m e 2 h 53 m	Leão
2 h 32 m e 5 h	2 h 53 m e 4 h 25 m	Virgem
5 h 00 m e 7 h 29 m	4 h 25 m e 5 h 56 m	Balança
7 h 29 m e 9 h 58 m	5 h 56 m e 7 h 43 m	Escorpião
9 h 58 m e 12 h 20 m	7 h 43 m e 9 h 41 m	Sagitário
12 h 20 m e 14 h 16 m	9 h 41 m e 11 h 55 m	Capricórnio
14 h 16 m e 15 h 42 m	11 h 55 m e 14 h 1 m	Aquário
15 h 42 m e 16 h 58 m	14 h 1 m e 16 h 23 m	Peixes

(Se nasceu a 22 ou 23 de Outubro e ainda é Balança, reporte-se ao quadro n.º 8).

BALANÇA *ascendente* CARNEIRO (Vénus-Marte) Ar-Fogo:

(Cf. Carneiro-Balança). O amor como motor. Apaixonado, generoso até ao sacrifício, da sua própria pessoa, preocupado em agradar. Força dos impulsos que o movem... Faz sempre um casamento de amor. Dons artísticos e criatividade rica. O tempo auxilia o êxito, depois de alguns fracassos. Estabilidade material adquirida ou estimulada pelo casamento. Óptimas relações com os outros; esforços de conquista. Não suporta ser rejeitado. Temperamento romântico amante de Chopin e que chora a ouvir os versos de Musset. Quando se entrega ou quando ama, é sem reservas. Atracção pela Balança.

BALANÇA *ascendente* TOURO (Vénus-Vénus) Ar-Terra:

(Cf. Touro-Balança). Dupla natureza venusiana, muito sedutor, muito sedutora e muito artista. Amor pela música e pela dança. Necessidade de viver num ambiente harmonioso. O amor no centro de todas as preocupações. Sentimental e sensual, romanesco e realista. Garridice... até nos homens. Gosto pelos prazeres e pelas coisas bonitas. Em caso de paixão infeliz, arrisca-se a uma depressão ou a ter problemas de saúde. Por vezes, orientação para a estética, para a pesquisa das formas, para a cirurgia plástica. Por vezes, ajuda material do pai ou da família no início. Atracção pelo Escorpião.

BALANÇA *ascendente* GÉMEOS (Vénus-Mercúrio) Ar-Ar:

(Cf. Gémeos-Balança). Muito encanto e... sucesso. Insinua-se sem esforço, daí uma fidelidade e estabilidade sentimental incertas; demasiadas solicitações fáceis; desperta a curiosidade nos outros. No entanto, ternura e gentileza, alegria e juventude de espírito; pouco perseverante; fraqueza diante das tentações. Instabilidade na vida profissional. Dotes artísticos. A escolha é demasiado vasta. A sorte vem através dos outros, graças às afeições que desperta. Atracção pelo Sagitário.

BALANÇA *ascendente* CARANGUEJO (Vénus-Lua) Ar-Água:

(Cf. Caranguejo-Balança). Pais afectuosos o que faz com que sinta dificuldades em se afastar deles. Ligações à infância que dificultam a passagem para a idade adulta... mas conserva durante muito tempo a frescura de espírito, uma espontaneidade infinitamente sedutora. Muita imaginação, uma natureza sonhadora e romanesca... daí correr riscos de decepções na vida afectiva. Estrutura um pouco fraca que resiste mal às provas sentimentais. Necessidade duma actividade profissional útil aos outros, a fim de evitar um excesso de complacência para consigo próprio. Um Marte ou um Saturno fortes no tema estimulariam um pouco uma agressividade e uma resistência deficientes. Atracção pelo Capricórnio.

BALANÇA *ascendente* LEÃO (Vénus-Sol) Ar-Fogo:

(Cf.Leão-Balança). Ainda uma estrutura favorável à expansão dos dons artísticos. Um certo narcisismo e um forte espírito de conquista. Necessidade de agradar e seduzir, de ter uma «corte». Demasiada indulgência para consigo próprio ou tendência para a auto-satisfação. Profundo sentido estético que se reflecte no comportamento, na moral do sujeito; não faz nada que possa prejudicar a beleza. Orgulho e coragem... com cobardias imprevisíveis se receia ser julgado de forma desfavorável. Jeito para a música, para a dança, para a escrita, para a crítica de arte, para a exploração material da beleza (edição de arte, cuidados estéticos, vendas ou fabrico de produtos de beleza... etc.) Atracção pelo Aquário.

BALANÇA *ascendente* VIRGEM (Vénus-Mercúrio) Ar-Terra:

(Cf. Virgem-Balança). Eficácia e tacto ao serviço dum temperamento hipersensível, estético e requintado. Facilidades na vida maternal; à-vontade e senso prático; uma certa habilidade. Gosta de ser prestável se isso não for lesar os seus próprios interesses. Por vezes, exageradamente maníaco; acha sempre que as coisas nunca estão em ordem nem as pessoas suficientemente limpas; sensibilidade para os cheiros. Uma faceta «princesa da ervilha». Tem sempre um aspecto impecável... mesmo quando atravessa o deserto. Sentimental... com «defesas»... mas pode tropeçar nas armadilhas do amor. Atracção pelos Peixes.

BALANÇA *ascendente* BALANÇA (Vénus-Vénus) Ar-Ar:

Personalidade requintada; beleza, graça, à-vontade; a perfeição do gesto. Um lado Watteau — gosto perfeito; rodeia-se de coisas bonitas. Homens quase femininos, tal é o seu encanto e sensibilidade. As mulheres utilizam mais os valores masculinos do signo e sob uma parência sedutora, conduzem o seu barco com destreza e coragem. Sorte na vida material. Muito hesitante, com acessos de teimosia. Êxito nas profissões ligadas ao direito e à justiça. Geralmente, mudam de ocupação a certa altura da vida. Grandes paixões tumultuosas. Excelentes relações com o público ou uma clientela; triunfa nas artes (mais intérprete que criador) e nas relações públicas. Paixão pelas viagens. Hipóteses de receber heranças. Atracção pelo Carneiro.

BALANÇA *ascendente* ESCORPIÃO (Vénus-Plutão) Ar-Água:

Paixões. Dolorosas e cantrariadas. Risco de ser atraído por seres duros, por «carrascos» que o farão sofrer. Existência assinalada por acontecimentos infelizes. Conflito profundo entre o desejo de agradar para não ser rejeitado e a sede de absoluto, de rigor, de intransigência. Nem sempre tem a força de assumir as decisões que toma. Natureza ansiosa e vulnerável à depressão. Estrutura de conflito: leva os outros em conta, não os quer ferir, mas assalta-o a tentação de os destruir. Geralmente, a agressividade volta-se contra ele próprio — daí as perturbações de saúde. Possibilidade de êxito numa profissão em que o sujeito adquira uma certa notoriedade ou numa actividade secreta. Atracção pelo Touro.

BALANÇA *ascendente* SAGITÁRIO (Vénus-Júpiter) Ar-Fogo:

Estrutura que dá um grande à-vontade, sedução e autoridade. Fomenta relações que o ajudarão a triunfar; amizades numerosas, vida voltada para o exterior (amor pelas distracções, pelos espectáculos, pelas «saídas»). Necessidade da presença dos outros. Provoca as confidências graças ao seu ar indulgente. Sentido da rectidão; dá conselhos facilmente; sacrifica-se pelos outros mas encontra nisso grande prazer, é essa a sua remuneração. Qualidades de organização; ordem, eficácia; triunfa em tudo aquilo em que se empenha. Muitas vezes: dois casamentos ou vários amores — paixões. Atracção pelos Gémeos.

BALANÇA *ascendente* CAPRICÓRNIO (Vénus-Saturno) Ar-Terra:

O diplomata nato. Sabe jogar com um pau de dois bicos, consegue obter toda a espécie de promessas, sabe navegar em águas turvas. Contemporiza para evitar a violência e os choques, que não suporta. Sabe, no entanto, o que quer e tem ambição, mas o seu êxito é, por vezes, retardado porque deixa que pessoas com maior combatividade ocupem o seu lugar; no entanto, mais tarde, pode receber compensações por isso. Deve lutar contra um certo conformismo de que tem consciência. Vida material assinalada por altos e baixos, golpes de sorte e grandes derrocadas. Mas o êxito é certo, tanto do ponto de vista social como profissional. Atracção pelo Caranguejo.

BALANÇA *ascendente* AQUÁRIO (Vénus-Urano) Ar-Ar:

Muito inteligente, com um espírito inventivo e uma certa habilidade para convencer os outros. Possui encanto e personalidade; muitos amigos espalhados pelos quatro cantos do mundo; atraído pelo estrangeiro e pelas viagens. Pode conciliar o sentido estético e a pesquisa científica. Gastador mas com qualidades de organização. Simultaneamente conciliador e revolucionário, tradicionalista e inovador. Muito tolerante, muito indulgente; tem horror ao sectarismo; admite e compreende tudo. Nunca é em vão que se faz apelo à sua inteligência. Excelente defensor das ideias novas; bom advogado. Atracção pelo Leão.

BALANÇA *ascendente* PEIXES (Vénus-Neptuno) Ar-Água:

Demasiado sensível e vulnerável, ressente-se com tudo, regista todas as impressões, apercebe-se de todas as agressões. Falta de meios de defesa. Daí os frequentes riscos de depressão. Dotes no campo artístico, nomeadamente como actor de cinema ou de teatro: a extrema receptividade pode, nessa altura, transformar-se num trunfo. Beleza, encanto, um certo mistério... mas o equilíbrio será sempre frágil. No entanto, pode atrair fortes impulsos protectores. Essa é a sua sorte. Fraco diante das tentações... Numerosas experiências, muitas vezes dolorosas, na vida afectiva. Casamento desejável com uma pessoa muito positiva. Atracção pela Virgem.

152

O ESCORPIÃO NO MASCULINO

Como reconhecê-lo?

    Não é possível escapar ao seu olhar que se assemelha ao da serpente que fascina o passarinho. Estes olhos de brasa vêem tudo, impõem-se, brincam com o seu próprio magnetismo; se o diabo tivesse olhos, era assim que os imaginávamos... Com reflexos carinhosos quando quer fascinar e reduzir os outros à sua mercê, e um brilho divertido de quem se está a rir sozinho, depois de pregar uma partida das suas.

É inquietante. Aliás, cultiva esse poder satânico que lhe atribuem. Imagina-se facilmente como surgiu a reputação dum Paganini com o seu violino embruxado, que tocava como um deus... ou como um demónio e cuja presença fascinava ao mesmo tempo que punha as pessoas pouco à-vontade. O olho espanhol, à Picasso; ou o olho dum pintor que estuda um traço, uma linha, sem qualquer respeito pelo ser humano que é dissecado por aquele exame.

Todo ele músculos, muitas vezes robusto, entroncado, respirando energia, uma energia concentrada, como a do Samurai antes de puxar da espada, feita duma vigilância extrema; a das grandes feras. Os ombros são largos, as mãos poderosas.

O homem ou é muito bonito — à Delon — ou muito feio... mas duma fealdade atraente, sempre por causa do olhar e daquele «concentrado de vida» de que nos apercebemos quando está presente. O nariz, muitas vezes, é forte, largo na base, imponente ou aquilino; o cabelo, crespo e ele usa-o frequentemente cortado à escovinha. Ou então a trunfa hirsuta e ruiva do bárbaro. Por vezes, a boca arrepanha-se num trejeito, uma espécie de ritus, tem os dentes pontiagudos e dá grandes gargalhadas. Um sorriso de lobo. Irresistível para todas as mulheres que se sentem um pouco fêmeas... Brusco nas palavras, terno nos gestos... ou o contrário, conforme as ocasiões.

Como passa de saúde?

Tem uma saúde de ferro e não percebe como se pode estar doente. Ou então passa o tempo a sofrer de mil achaques sem abrandar a sua actividade. Existe nele uma poderosa alquimia que lhe permite encontrar, até na doença, uma força de regeneração fora do comum. Aconteça o que acontecer, está sempre de pé.

A sua energia tem origem na sexualidade. Habitualmente, é um amante resistente; mas também pode ser atacado de impotência — pois trata-se dum ansioso — ou por doenças venéreas, se não toma certas cautelas. O seu sexo, em todo o caso, é muitas vezes atacado por feridas, úlceras, fimoses, anomalias...

Também é atreito a hemorróidas e a fístulas anais. Deve tratar-se, fazer uma operação e não encarar as suas doenças com desprezo, como costuma.

Há que notar também uma predisposição para problemas na face: sinusite, rinite, poderá levar pancadas, sofrer um desvio na cana do nariz ou ter que sujeitar-se a operações estéticas.

Mas é ele próprio, com a sua tendência para a auto-destruição, a sua atracção pela morte, aquela atracção pelos abismos e a angústia que raramente o abandona, o veneno mais perigoso.

O Escorpião deve ser activo e gastar a sua energia. De resto, tem excelentes dotes para as artes marciais: judo, karaté, sabre japonês... Também gosta do boxe e do tiro ao arco. De tudo o que exige concentração e um espírito atento. No plano alimentar, não é dado a excessos e raramente engorda. Por vezes, exxiste nele um lado «monge» que o leva a preferir uma vida espartana, os alimentos naturais. Pelo menos, sucede assim com o Escorpião evoluído. O Escorpião mais rústico, pode apanhar de tempos a tempos uma bebedeira memorável ou seguir um regime alimentar errado; nessa altura, temos o Escorpião que cede às suas pulsões suicidas mais ou menos disfarçadas. Deve evitar os excitantes, tudo o que pode irritar as mucosas... e ao mesmo tempo gosta de pimenta, de mostarda e de todos os pratos muito temperados.

Mas os seus problemas são mais psicológicos do que físicos; ou, pelo menos, os últimos têm, sem dúvida alguma, origem nos primeiros. Eis por que o Escorpião deveria, enquanto jovem, fazer-se psicanalisar. Essa experiência será sempre fascinante para todos os seres ansiosos, conscientes de que existem neles instintos perigosos para a sua própria pessoa. Ou para aqueles que amam...

O medicamente homeopático que corresponde ao seu signo: *Calcarea Sulfurica*.

Como reage?

O homem de Escorpião nunca deixa nada a meio. Quando mergulha na escuridão do seu ser interior, pode ser muito duro, impiedoso para com o fraco, mostrar uma faceta cruel, ciumenta, intransigente, fiando-se unicamente no seu instinto, agressivo nas relações com os outros, desprezando aqueles que não se incluem no seu esquema de pensamento, gostando de manipular os outros, de os levar até onde quer.

Mas, quando abandona a sua «pele de serpente», pode tentar tornar-se numa «águia», para se ultrapassar a si mesmo; nessa altura, conseguirá ir mais longe do que ninguém. A sua energia excepcional, a sua resistência moral, o seu orgulho e o seu carácter absoluto levam-no, por vezes, a realizar grandes coisas, a dedicar-se de corpo e alma a tarefas obscuras, a sacrificar o seu tempo, a sua saúde e até a sua vida por uma causa exaltante.

Possui uma inteligência penetrante e muita perspicácia. Adivinha o ponto fraco ou a intenção escondida do seu interlocutor. Destrói o sistema pensante dos outros com uma eficácia pouco vulgar, detectando imediatamente o argumento frágil ou o ponto fraco do edifício. Interessa-se pela filosofia, pela metafísica, pela ciência, mas pode-se apontar-lhe um certo sectarismo que resulta mais da recusa em abandonar as suas posições do que duma incapacidade para mudar de opinião.

É difícil saber o que pensam os nativos, conhecer os seus verdadeiros sentimentos ou as suas intenções. Julgamo-los pelos seus actos. Gostam do segredo e pensam que têm mais poder sobre os outros quando conhecem a sua natureza ou os seus desejos sem revelar nada acerca da sua própria pessoa.

Para que é dotado?

O Escorpião pode explorar as suas qualidades de perspicácia e de inteligência em todas as profissões em que é preciso ver «o outro lado» das evidências ou da aparência exterior. É o caso do psiquiatra ou do psicólogo, por exemplo, e também o do polícia, do detective, do profissional de inquérito. E muitas vezes também o do médico, do cirurgião, do dentista ou do veterinário. O Escorpião canalizará assim algumas das pulsões «sádicas» características da sua natureza, ou seja, aquelas que o levam a sentir um prazer inconsciente em fazer ou em ver sofrer. Também se poderá interessar muito pelas experiências de laboratório. pela biologia, pela criminologia...

Poderá dedicar-se igualmente à alquimia, à radiestesia, aos poderes paranormais e às medicinas paralelas. O Escorpião aceita mal o mundo tal como ele é. Quer reformá-lo (Lutero é um exemplo disso) tal como deseja mudar aqueles que encontra. A sua revolta e o seu gosto pelo poder poderão levá-lo a entregar-se à política, à acção sindical. Para ele, suceda o que suceder, o fim justificará os meios. Reside aí a sua força... e também é esse aspecto que por vezes o torna desumano. Para escapar à angústia, recorre por vezes à criação e eis por que encontramos, a ilustrar este signo, artistas excepcionais que exprimem com uma audácia e uma força fora do comum o que poucos ousam gritar à face do mundo.

Existe em todos os empreendimentos dos nativos do Escorpião um desafio, um confronto, esteja ele a lutar contra a doença, contra a matéria ou contra a alma humana. Os obstáculos estimulam-no e o perigo dá-lhe asas. Nunca aceitam a derrota, como aquele Escorpião ilustre, Charles de Gaulle. Mas o orgulho pode perdê-los assim como as suas tendências para a auto-destruição que encontramos por vezes na sua «nevrose de fracasso». Por outras palavras, ele pode empregar tanta energia para levar à ruina aquilo que começou como para alcançar o triunfo. Isto, animado de toda a boa fé e com a maior inconsciência.

Como ama?

A paixão do Escorpião não dá descanso a ninguém. Infeliz daquela que lhe cair nas garras sem saber ao que se arrisca, isto é, sem conhecer nada dos jogos subtis do carrasco com a vítima. O Escorpião gosta de ver chorar a mulher amada, gosta do poder de «vida e de morte» que tem sobre ela, compraz-se na arte de a mergulhar nos abismos do desespero e da içar aos pináculos do êxtase amoroso. Os amores do Escorpião traduzem-se em desafios sucessivos, desesperos, gritos de ódio ou de paixão.

Todos os homens do signo procuram obscuramente a mulher guardiã dos segredos e sublime que lhes permitirá conhecer Deus. Desejam-na pura. Eis a razão por que a castiga quando ela cede: a Santa Virgem não pode descer do seu pedestal; nessa altura, tratá-la-á como uma prostituta, desprezá-la-á, humilhá-la-á. Só uma mulher duma têmpera semelhante à dele ou que compreendeu o mecanismo poderá defender-se disso e desmontar a armadilha.

Talvez seja devido a esse fenómeno inconsciente que existem no signo tantos homossexuais. Há no Escorpião — o mais «sexuado» e o mais «sexual» do Zodíaco — uma misogenia poderosa e uma recusa profunda do motor que o faz andar: aquela energia libidinal fora do comum. Existe nele aquela fascinação da morte que o leva a atacar — e com violência —

o próprio princípio da vida. Daí o seu desprezo pelo amor e, paradoxalmente, a intensidade das suas paixões. Depois de percorrer determinado caminho, pode optar por casar-se, por santificar uma união construindo um lar, gerando filhos cuja educação vigiará atentamente; será fiel à mulher e procurará levá-la a adoptar a sua maneira de ser donde não está excluída uma certa espiritualidade.

E se fosse...

    Se fosse um animal: um lobo, uma águia ou um javali.
    Uma árvore: uma acácia.
    Uma planta: o rábano silvestre, a uva-espim, o azevinho.
    Uma flor: a orquídea, bela e inquietante; o *stelitzia,* entre o pássaro e a arma de arremesso...
    Se fosse um perfume: o sândalo ou o *patchouli.*
    Um condimento: a pimenta e o pimentão.
    E como pedra: a hematite, pedra negra de interior vermelho.
    Um metal: o ferro.
    Uma cor: o vermelho sangue de boi, o cinzento ferro, o tom de ferrugem.
    Um sabor: picante.
    Um instrumento de música: de percussão.
    Um objecto de colecção: as armas brancas, facas e punhais de toda a espécie...

O ESCORPIÃO NO FEMININO

Como reconhecê-la?

Tem presença. Poucos seres possuem tanto magnetismo. Os olhos, quase sempre oblíquos, grandes: o olho da serpente. Por vezes, cabelos ruivos... como o das bruxas que dantes eram queimados. A voz, sobretudo, é característica; uma voz que vem do ventre, «velada», uma voz «de sexo», grave e ligeiramente rouca. Laureen Bacall, Edwige Feuilliére, Piaf, Maria Casarèe; essas vozes espanholas um pouco surdas. Existe nela um ar de mistério, algo que atrai e assusta; a mulher fatal, por quem os homens se arruinam e se matam. Possui mãos longas e nervosas, um pouco secas, e gosta de deixar crescer as unhas que se tornam semelhantes a garras. Por vezes, pinta-se com verniz encarnado escuro e enfeita-as com aneis pesados.

Goza de estranhos poderes. Uma faceta envolvente que cultiva cuidadosamente. O corpo é sinuoso, «*sexy*». Por vezes é muito bonita, duma beleza de cortar a respiração; ou então faz parte dessas «feias» às quais se conhecem numerosos amantes e cuja personalidade esmaga facilmente a daquelas criaturas «encantadoras» que não têm nada dentro da cabeça.

Como passa de saúde?

Tal como o homem do signo, a nativa de Escorpião sofre muitas vezes de doenças ligadas à sexualidade, quer se trate dum mau equilíbrio hormonal, de regras dolorosas, de hemorragias ou de inflamações do tipo vaginite. Ou então pode ser frígida ou ninfomaníaca. O que não tem nada de incompatível. Uma vigilância médica regular é pois aconselhável durante a adolescência e na menopausa. Poderá também sofrer de esterilidade e abortar com frequência. No entanto, quando tem filhos, transforma-se em loba, defendendo as suas crias com uma extraordinária selvageria.

Tal como o homem do signo, a nativa de Escorpião sofre mesmo no auge do sofrimento, continua a trabalhar e a «aguentar». As ameaças e perturbações mais graves têm sempre origem no seu temperamento ansioso, nas suas tendências auto-destrutivas na sua forma de transformar os conflitos interiores em doenças. É essa a razão por que deixa os médicos completamente desorientados. O neuro-psiquiatra ou o psicanalista obtém melhores resultados porque a ajuda a tomar consciência dos seus instintos agressivos, e da sua ansiedade. As medicinas paralelas também dão bons resultados.

Deve evitar a presença de seres de tipo «vampiro», isto é. daquelas pessoas que vão carregar as suas baterias junto dela e em seguida a abandonam, deixando-a deprimida ou até esgotada. Deve também fugir das pessoas com tendências suicidas, dos ansiosos que podem despertar nela as pulsões mais negativas. E, acima de tudo, recusar as experiências ocultas muito violentas, a droga, o álcool em altas doses, tudo o que pode abrir brechas no seu sistema defensivo, trazer à superfície os demónios acorrentados nos infernos de Plutão, que domina o signo.

Todos conhecem a história do escorpião e da rã: a floresta está em chamas e os animais fogem para o rio; o escorpião avista a rã e pede-lhe: «Rã, deixa-me subir para as tuas costas e leva-me até ao outro lado do rio.» e a rã responde: «Estás a brincar! Se eu fizer isso, quando estiveres em cima de mim, mordes-me e eu morro». «Ora, responde o escorpião — se o fizer, afogo-me. Convencida, a rã deixou o escorpião subir para as costas dela. Mas, no meio do rio o escorpião morde a rã que antes de morrer lhe diz: «Que fizeste? Vais morrer também!» E o escorpião diz: «Que queres tu! Sou um escorpião...» e afogaram-se os dois.

Existe neste signo aquela força auto-destrutiva que funciona contra toda a lógica. É ela que, antes de tudo, a mulher Escorpião deve exorcizar se quer evitar a doença, os acidentes ou o fracasso afectivo. A mulher, mais «condicionada» que o homem a recalcar as suas cóleras ou a dominá-las, deve a todo o custo encontrar um meio de canalizar eficazmente a sua agressividade. Se o não conseguir, arrisca-se a passar a vida a «arrastar-se» de médico para médico.

No plano alimentar, aconselhamo-la a seguir o mesmo regime do homem; ela tem tendência para se achar gorda, enqaunto a maior parte das mulheres invejam a sua silhueta. Mas um regime draconiano é também uma forma de se maltratar a si própria. Em matéria de «sexualidade», atrai muitas vezes os «malucos», os perversos e, quando acaba por consentir em certas experiências, fica desesperada e descobre novos mecanismos auto-punitivos.

O exagero e os excessos fazem parte da sua natureza, mas ela terá todas as vantagens em procurar um certo equilíbrio e em levar uma vida saudável, em sublimar as suas tendências optando por uma via altruísta, por se dedicar aos outros, o que é capaz de fazer sem limites.

Como reage?

A mulher de Escorpião tem carácter e personalidade. Desconhece o meio-termo e os seus rancores são tão tenazes como as suas afeições. Impõe-se quase sem dar por isso; mesmo quando se exprime com doçura, como que para temperar a sua autoridade. Mas quanto mais branda torna a voz, menos as pessoas desejam contrariá-la, como se pressentissem o fogo do vulcão latente nas entranhas duma montanha pacífica.

Gosta de seduzir e de conquistar, mas não à maneira da Balança que procura antes de tudo fazer-se amar; na mulher de Escorpião, é sempre de encarar a hipótese de ela estar a arranjar mais um escravo, do seu objectivo ser reduzir o outro à sua mercê. Mesmo quando é apaixonadamente sincera, as pessoas suspeitam que se prepara um desafio de forças.

É inteligente, formula juízos duma acuidade fora do vulgar, como se possuísse o dom de ver para além das aparências e, sobretudo, para além das palavras. Detecta a mentira; não precisa de soro da verdade... o seu olho-«laser» fá-la adivinhar a intenção escondida do outro.

Para que é dotada?

A mulher de Escorpião é a espia ideal; sabe guardar um segredo e calar-se, possui uma grande coragem; não é fácil conhecê-la e tem poucos escrúpulos. Na vida, pode fazer grandes coisas na condição de exigirem muito dela. Precisa de encontrar dificuldades, adversidade, obstáculos. Não há desafio que não se proponha aceitar.

Triunfará na medicina ou nas profissões para-médicas; a biologia ou a pesquisa farmacêutica podem atraí-la assim como a bacteriologia. Como gosta da acção, pode também montar um negócio desde a base e ocupar-se dele com eficácia; atrever-se-á a dar ordens, a defender os seus interesses, numa palavra, a combater.

Como possui beleza e carácter, muitas vezes é solicitada pelos fotógrafos e cineastas. Mas se ela gosta de ganhar dinheiro depressa e em grande quantidade, detesta ser explorada como um objecto; a revolta não tarda.

Como ama?

Com paixão, mas também com um lado «louva-a-deus» que assusta os homens. Como é evidente, nenhum dos que ela amou voltará a encontrar uma mulher da sua têmpera e todas as outras relações amorosas lhe parecerão insípidas depois de a ter conhecido. Mas ela obriga-o a viver numa montanha russa, com gritos, punhaladas — morais ou até físicas — grandes momentos de exaltação, crises depressivas e requintes de pantera... os ingredientes duma fascinante nevrose. Os homens afirmam muitas vezes que as mulheres saudáveis e calmas os aborrecem e que vivem mais intensamente com estas criaturas irracionais e soberbas. A partir de certa idade, as outras mulheres começam a desforrar-se. Ou então a nativa do Escorpião amolece e deixa de arranhar com tanta convicção...

Quando a mulher de Escorpião encontra um homem que admira, um santo, um investigador genial, pode finalmente encontrar o equilíbrio e tornar-se numa companheira excepcional. Ajudá-lo-á, saberá aconselhá-lo usando a sua intuição e aplanando o caminho para o «grande homem» mergulhado nas suas pesquisas; cão de guarda vigilante, ninguém consegue vencer a sua determinação. Nunca se deve substimar a influência duma mulher Escorpião sobre o marido e, se este sofrer revezes da fortuna, ela lutará ao seu lado, sem um instante de fraqueza. Se ele triunfa, não há dúvida que é à mulher que o deve.

Quadro 8 ESCORPIÃO

É claro que nem todos os Escorpiões são iguais. O factor *ascendente* é portador duma correcção essencial.
Reporte-se ao quadro que se segue; saberá imediatamente qual é o seu ascendente.

SE NASCEU ENTRE 21 e 31 de OUTUBRO:

Portugal	Brasil	Ascendente
16 h 19 m e 17 h 32 m	15 h 43 m e 17 h 54 m	Carneiro
17 h 32 m e 19 h 1 m	17 h 54 m e 20 h 10 m	Touro
19 h 1 m e 20 h 55 m	20 h 10 m e 22 h 25 m	Gémeos
20 h 55 m e 23 h 17 m	22 h 25 m e 0 h 29 m	Caranguejo
23 h 17 m e 1 h 52 m	0 h 29 m e 2 h 13 m	Leão
1 h 52 m e 4 h 21 m	2 h 13 m e 3 h 45 m	Virgem
4 h 21 m e 6 h 49 m	3 h 45 m e 5 h 16 m	Balança
6 h 49 m e 9 h 20 m	5 h 16 m e 7 h 3 m	Escorpião
9 h 20 m e 11 h 40 m	7 h 3 m e 9 h 1 m	Sagitário
11 h 40 m e 13 h 36 m	9 h 1 m e 11 h 15 m	Capricórnio
13 h 36 m e 15 h 2 m	11 h 15 m e 13 h 31 m	Aquário
15 h 2 m e 16 h 19 m	13 h 31 m e 15 h 43 m	Peixes

Nascimento entre

SE NASCEU ENTRE 1 e 10 de NOVEMBRO:

                   Nascimento entre   Ascendente

Portugal	Brasil	
15 h 38 m e 16 h 51 m	15 h 2 m e 17 h 13 m	Carneiro
16 h 51 m e 18 h 20 m	17 h 13 m e 19 h 29 m	Touro
18 h 20 m e 20 h 15 m	19 h 29 m e 21 h 41 m	Gémeos
20 h 15 m e 22 h 37 m	21 h 41 m e 23 h 44 m	Caranguejo
22 h 37 m e 1 h 11 m	23 h 44 m e 1 h 32 m	Leão
1 h 11 m e 3 h 40 m	1 h 32 m e 3 h 4 m	Virgem
3 h 40 m e 6 h 8 m	3 h 4 m e 4 h 36 m	Balança
6 h 8 m e 8 h 39 m	4 h 36 m e 6 h 22 m	Escorpião
8 h 39 m e 10 h 59 m	6 h 22 m e 8 h 20 m	Sagitário
10 h 59 m e 12 h 55 m	8 h 20 m e 10 h 35 m	Capricórnio
12 h 55 m e 14 h 21 m	10 h 35 m e 12 h 50 m	Aquário
14 h 21 m e 15 h 38 m	12 h 50 m e 15 h 2 m	Peixes

SE NASCEU ENTRE 11 e 21 de NOVEMBRO:

                   Nascimento entre   Ascendente

Portugal	Brasil	
14 h 56 m e 16 h 10 m	14 h 20 m e 16 h 32 m	Carneiro
16 h 10 m e 17 h 38 m	16 h 32 m e 18 h 47 m	Touro
17 h 38 m e 19 h 33 m	18 h 47 m e 21 h 2 m	Gémeos
19 h 33 m e 21 h 55 m	21 h 2 m e 23 h 2 m	Caranguejo
21 h 55 m e 0 h 29 m	23 h 2 m e 0 h 50 m	Leão
0 h 29 m e 2 h 58 m	0 h 50 m e 2 h 22 m	Virgem
2 h 58 m e 5 h 26 m	2 h 22 m e 3 h 54 m	Balança
5 h 26 m e 7 h 57 m	3 h 54 m e 5 h 40 m	Escorpião
7 h 57 m e 10 h 18 m	5 h 40 m e 7 h 38 m	Sagitário
10 h 18 m e 12 h 13 m	7 h 38 m e 9 h 53 m	Capricórnio
12 h 13 m e 13 h 39 m	9 h 53 m e 12 h 8 m	Aquário
13 h 39 m e 14 h 56 m	12 h 8 m e 14 h 20 m	Peixes

(Se você nasceu a 22 ou 23 de Novembro e ainda é Escorpião, reporte-se ao quadro n.º 9).

ESCORPIÃO *ascendente* CARNEIRO (Plutão-Marte) Água-Fogo:

(Cf. Carneiro-Escorpião). O Escorpião ocupa assim a Casa VIII do tema, o que reforça os valores. Atracção da morte ou tendências mórbidas. Um lado sádico mas que pode voltar-se bruscamente contra si próprio e despertar tendências suicidas latentes. Estrutura difícil, dolorosa, apaixonada, com sede de absoluto... incapaz de captar o relativo. Vive sobre um vulcão. Uma agressividade violenta, brutal... que deve ser canalizada: pode dar um excelente cirurgião, um dentista, um psiquiatra, um espião, um polícia, etc. Ambição e força. Poder sobre os outros. É capaz de fazer grandes coisas se encontrar uma causa a que se devotar de corpo e alma. Natureza «baudelairiana». Atracção pela Balança (Bob Kennedy).

ESCORPIÃO *ascendente* TOURO (Plutão-Vénus) Água-Terra:

(Cf. Touro-Escorpião). Muito sensual mas por vezes perverso ou «complicado»; ou, pelo contrário, casará, por necessidade de expiação, com um ser que o fará sofrer. Poder do instinto e sexualidade exigente. Mais sorridente, mais «social» que a estrutura inversa mas dum egoísmo feroz, embora inconsciente. «Existe» e os outros devem acomodar-se à sua maneira de viver. E, no entanto, é capaz, no momento em que menos se espera, dum sacrifício extremo por um ser que «conta». Muito ciumento e possessivo. Tem mau feitio mas desperta afeições. Frequentemente atraído pela via científica ou pela pesquisa. Por vezes, inovador ou criador, mas com dificuldades em impor-se porque recusa as concessões. Uma faceta «urso». Atracção pelo Escorpião.

ESCORPIÃO *ascendente* GÉMEOS (Plutão-Mercúrio) Água-Ar:

(Cf. Gémeos-Escorpião). Diabolicamente inteligente. Maneja habilmente o paradoxo: serve-se das palavras como arma. Escreve muito bem, muitas vezes tem qualidades para ensinar mas arrisca-se a exercer uma influência demasiado intensa... embora menos perniciosa que na estrutura inversa. Justifica tudo pelo raciocínio, pela lógica; pretende ser rigoroso. Dotado para as matemáticas, para a abstracção. Exige de si próprio uma lucidez constante. Interesse por todas as ciências, pela medicina... mas precisa de verificar tudo com os seus próprios olhos. Recusa-se a «ser levado», até pelo amor. Um lado secreto. Alguém sobre o qual todos os juízos falham. Difícil de conhecer; não se esforça nada para que gostem dele... antes pelo contrário. Sempre presente o medo de ser enganado ou que o outro o seja. Uma forma de honestidade. (Ilustração: Paul Valéry). Atracção pelo Sagitário.

ESCORPIÃO *ascendente* CARANGUEJO (Plutão-Lua) Água-Água:

(Cf. Caranguejo-Escorpião). Vida psíquica intensa... mas neste caso há que desconfiar dos fantasmas que habitam o inconsciente, das fantasias, dos sonhos mórbidos, de todo um universo secreto, «aquático», dominado por uma imaginação que o leva a ver muitas vezes tudo negro. Sente-se prisioneiro do seu mundo que o isola da realidade e o impede de assumir as suas responsabilidades. Uma faceta terrivelmente masoquista; procura sistematicamente os seres que o farão sofrer. Com dotes e qualidades inegáveis, pode também fracassar constantemente. A evolução depende essencialmente das influências sofridas, das quais não pode defender-se. Natureza ansiosa em extremo. Paixão infeliz na juventude. Com a idade pode conseguir um desprendimento maior. Atracção pelo Capricórnio.

ESCORPIÃO *ascendente* LEÃO (Plutão-Sol) Água-Fogo:

(Cf. Leão-Escorpião). Personalidade forte com a qual não convém discutir. Poder criador que transforma tudo, inverte a realidade; impõe-se pela força, pelo magnetismo pessoal. Fascina os outros. Ninguém consegue resistir-lhe. Colossal capacidade de trabalho e resistência que leva os colaboradores ao esgotamento. Impossível de «acompanhar». Um lado despótico, tirânico. Importância das raízes, das origens, do país natal ou influência da família. Procura os desafios cara a cara, os combates. Orgulhoso. Muito generoso e por vezes muito grosseiro. Necessidade desenfreada de acção e de que seja ele a mandar. Nunca consulta os outros: estes devem inclinar-se perante a sua vontade. Leva até ao fim as tarefas que empreende, nunca desiste daquilo que quer alcançar. A obstinação compensa. Picasso: um puro Escorpião-Leão. Atracção pelo Aquário.

ESCORPIÃO *ascendente* VIRGEM (Plutão-Mercúrio) Água-Terra:

(Cf. Virgem-Escorpião). Forte influência dos irmãos e irmãs que são um elemento de rivalidade ou de estímulo. Êxito fácil nos estudos. Natureza consciencima e aplicada, que se esforça por fazer tudo bem feito. Sentido crítico agudo que exerce tanto em relação a si próprio como em relação aos outros. Personalidade forte mas que sofre de inibições, de complexos, de ansiedade ou que teme os seus «fracos». Triunfa graças à perseverança, à consciência profissional. Timidez aparente, mas violência e paixões secretas. Sentido das responsabilidades. Sucesso na juventude ou vida profissional assente numa actividade dupla. Atracção pelos Peixes.

ESCORPIÃO *ascendente* BALANÇA (Plutão-Vénus) Água-Ar:

(Cf. Balança-Escorpião). Encontramos esta estrutura em De Gaulle e F. Mitterand. Poder que se exprime através da sedução ou da diplomacia. Seduz e fascina, ao mesmo tempo que esconde o seu jogo. Conflito entre o amor pelos outros e o desejo de os destruir ou dominar. O carrasco que deseja salvar a vítima. Muitas vezes, o sadismo volta-se contra a própria pessoa. Foi isto que levou J. P. Melville a dizer a propósito de Alain Delon, Escorpião-Balança: «É mais auto-sádico do que sádico.» Privar-se das coisas, expor-se, lançar desafios. O dinheiro é uma conquista, não uma necessidade. Influência sobre o público, sobre a multidão. Atracção pelo Carneiro.

ESCORPIÃO *ascendente* ESCORPIÃO (Plutão-Plutão) Água-Água:

Personagem ou completamente agressivo, «assassino», inquietante, ou completamente vítima. Com ele, as coisas nunca se passam como com as outras pessoas. Está sempre nos extremos do bem e do mal; muito ansioso e depressivo, mas dotado duma energia psíquica fora do comum que lhe permite reagir e derrubar os obstáculos mais temíveis. Muitas vezes tem problemas sexuais, devido a excessos, a angústia que leva à impotência ou — como é o caso de Gilbert que se transformou em Gilda, a aberração biológica. Frequentemente, alterna entre sádico e masoquista. Se for abandonado ou se sentir infeliz, instala-se num «comportamento de luto» que lhe invade completamente o espírito e se transforma em obsessão. Os grandes ciúmentos. Tão difícil de ser vivido pela própria pessoa como pelos outros. Atenção às depressões e às tendências suicidas. Atracção pelo Touro... que se torna aqui um símbolo de vida.

ESCORPIÃO *ascendente* SAGITÁRIO (Plutão-Júpiter) Água-Fogo:

Ambição e desejo de realizar grandes coisas mas os objectivos permanecem secretos ou o sujeito coloca no seu caminho tais obstáculos que nunca conseguirá vencê-los a todos. Necessidade de se ultrapassar a si próprio, de fazer mais do que lhe permitem as suas forças, embora permaneça sempre na sombra. Por vezes, a tentação de se retirar do mundo, de viver uma experiência mística ou religiosa. É ele que cria, de todas as maneiras, as suas próprias convicções. Por vezes, o seu orgulho reside na humilhação. Necessidade dum ideal que «obrigue a alma» a progredir. Deve desconfiar do seu inconsciente, do que motiva verdadeiramente os seus actos. Forte influência do pai, chave do comportamento. Atracção pelos Gémeos.

ESCORPIÃO *ascendente* CAPRICÓRNIO (Plutão-Saturno) Água-Terra:

Grande força de carácter mas natureza atormentada, simultaneamente ambiciosa e atraída pela ascese, orgulhosa e desprendida, apaixonada pelos problemas de origem, de quinta-essência. Uma energia e uma vontade notáveis. Muita capacidade de trabalho e resistência moral. Dureza. Personalidade forte que se impõe facilmente, mas o sujeito não se esforça por seduzir. Um certo gosto pelo sofrimento, como valor redentor. Uma inteligência aguda, lúcida. Tentado a dissecar tudo; paixão do invisível; vê o outro lado das coisas. A glória surge de vez em quando. Dotes para a escrita, mas é mais facilmente autor de ensaios ou filósofo do que romancista. (André Malraux). Atracção pelo Caranguejo.

ESCORPIÃO *ascendente* AQUÁRIO (Plutão-Urano) Água-Ar:

Encontra o seu caminho fora das vias normais e deve lutar para impor as suas convicções. Dotado para a investigação, para as ciências, para os grandes ideais, para os projectos revolucionários; gosta de remar contra a corrente, de alterar as ideias recebidas. Generoso, desinteressado, dá de boa vontade o que tem. Duma fidelidade exemplar aos amigos. Pode conhecer a glória (Sol no meio do Céu); de qualquer maneira, consagra o essencial da sua vida, da sua imaginação, das suas forças, à vida profissional. Muitas vezes, tem génio. O casamento pode desempenhar um papel determinante no êxito. Atracção pelo Leão.

ESCORPIÃO *ascendente* PEIXES (Plutão-Neptuno) Água-Água:

Natureza essencialmente psíquica, intuitiva, médium; deve confiar no seu instinto, no seu sexto sentido mais do que na razão. Pode ser um artista inspirado (Signac) ou um inadaptado, um marginal. Sucumbirá à droga, ao alcoolismo, à auto-destruição ou porá os seus dotes ao serviço dos outros e tornar-se-á curandeiro. No entanto, deve desconfiar das experiências ocultas, da tentação de «manipular» as pessoas, de exercer sobre elas os seus poderes, de brincar aos feiticeiros... Importância do estrangeiro e das viagens... do atravessar das fronteiras. Natureza insatisfeita, muitas vezes nómada ou errante. A sorte pode bafejá-lo. Tal como a desgraça, da forma mais insólita. Atracção pela Virgem.

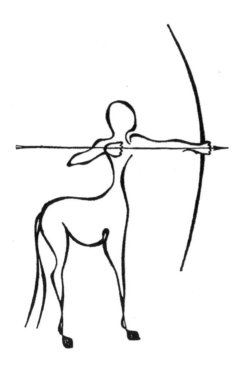

O SAGITÁRIO NO MASCULINO

Como reconhecê-lo?

Em geral é bonito, alto, tem boa figura. Como os homens de outros tempos. Isto é, com ombros largos, um torso poderoso (como os que inspiraram Miguel Angelo...), ancas nem largas nem estreitas, coxas musculadas. Não se assemelha em nada ao rapazinho que mal cabe num casaco acanhado, nem pertence ao tipo andrógino que deixa as pessoas na dúvida.

Este centauro, umas vezes, inclina-se para o lado do cavalo e outras para o lado do archeiro. O primeiro, mais «físico» que o segundo, tem ancas fortes e um ar robusto e saudável. O rosto é quadrado, muito simétrico, com traços regulares, uma boca grande de lábios cheios, feita para trincar uma maçã ou para rir às gargalhadas como um bom gigante inocente.

O segundo é mais «espiritual», mais delgado; mais alto. Tem, também o rosto mais comprido — semelhante a uma lâmina de faca — e a testa maior; o olhar «interiorizou-se»: tornou-se menos «superficial». A boca é menos gulosa, o nariz fino e direito, aristocrático. Este «archeiro» tem classe e nobreza. Por vezes, está ameaçado duma calvície precoce, ao passo que o seu irmão «cavalo», se deixa de praticar desportos ou se come demais, engorda por volta dos cinquenta anos.

O Sagitário perfeito é aquele que concilia na sua pessoa o cavalo e o archeiro, o instinto e o espírito, a liberdade e a ordem. Nessa altura torna-se um Centauro completo... que podemos reconhecer em personagens tal como Mermoz, soberbo atleta de nobre rosto, que se transformava graças ao avião que pilotava, em «irmão das suas flechas», para usar as palavras dum outro Sagitário, Paul Delmet. E se pensássemos num actor para interpretar o papel de Mermoz, escolheríamos obrigatoriamente em Jean Marais, outro representante do signo.

Como passa de saúde?

Enquanto levar uma vida saudável, não terá problemas. Mas ameaçam-no dois perigos: a sua natureza gulosa e o seu fígado frágil que, juntamente com a vesícula biliar se ressente também da emobilidade que faz parte da natureza do Sagitário. Inclui-se no número dos homens que coram; de emoção, de cólera, de prazer...

Há uma coisa que ele não suporta: estar sempre no mesmo sítio. Precisa de movimento, de actividade. A tradição atribui-lhe um ponto fraco: as ancas e as coxas. Isso leva-o por vezes a sofrer de ciática, de xocalgias... Deve desconfiar das contracções musculares e das câimbras nas coxas, das distensões que pode sofrer quando faz ginástica, por exemplo.

Muito goloso, tem tendência para gostar de tudo o que lhe faz mal: pratos com molho, enchidos, fritos, bons vinhos... tudo coisas saborosas mas que o seu fígado não aprecia.

Em geral, dorme muito: é essa a sua melhor defesa contra a doença. Por vezes, quando está doente, deita-se firmemente resolvido a mergulhar num sono reparador, sem recorrer aos médicos nem absorver qualquer medicamento.

Por vezes, a sua natureza emotiva leva-o a reagir ao nível cutâneo: bolhas de febre, herpes, eczema podem afectá-lo quando é contrariado e não conseguiu «expelir» de forma directa e espontânea a sua agressividade. Há que assinalar também a fragilidade das vias respiratórias.

Primordialmente, o Sagitário deve evitar as sabrecargas... Não comer, demais, não beber demais, dormir apenas o necessário e sobretudo fazer exercício, nem que este consista em dez minutos de ginástica por dia. Tende, com efeito, para a auto-intoxicação, por não eliminar o suficiente.

Além disso, quando chega à idade madura o menor descuido, uns copos a mais ou muita comida, um número exagerado de charutos... e passar o dia inteiro sentado, provocar-lhe--ão perturbações pletóricas, de acne...

Na verdade, o seu estado geral depende da vida mais ou menos higiénica que levar; é das tais pessoas acerca das quais podemos dizer com toda a propriedade que tem a velhice que merece... No plano homeopático, aconselhamos *Silicea*. No plano alimentar, as carnes e os peixes grelhados, em vez de fritos. Deverá comer legumes verdes frescos, cenouras, aipo, saladas, fruta: groselhas, laranjas, peras, maçãs, compotas, etc.

Entre os desportos que lhe convém, citamos entre outros: a equitação, a esgrima, todas as modalidades de atletismo.

Como reage?

O simbolismo do signo consiste na viagem, no cruzar de fronteiras. Paul Éluard, poeta do signo, escrevia: «Só estamos bem onde não estamos...» o que traduz perfeitamente a insatisfação profunda do Sagitário, sempre desejoso doutra coisa e até de ser uma pessoa diferente daquilo que é, melhor, mais amado, mais «amável»...

Nele existe, portanto, vontade de progresso e ao mesmo tempo uma notável boa vontade que lhe permitem ir mais longe. Aliás, possui um sólido fundo de optimismo, uma espécie de confiança em si próprio e na sua boa estrela. E esse optimismo é muitas vezes recompensado; a isso chama-se sorte.

Atrai as confidências, tem tendência para intervir na vida dos outros, para dar conselhos. Sente-se «encarregado duma missão», está sempre pronto a defender a viúva e o órfão, a brincar aos três mosqueteiros a «suar as estopinhas» por causa dos outros.

Um dos aspectos mais simpáticos do seu carácter é a faceta aventureira, no sentido nobre do termo; na mesma ordem de ideias que fazia com que outrora, os membros das grandes companhias das índias fossem tratados com a maior deferência, por «Senhores aventureiros». Tem a paixão do risco; é um jogador de poquer na vida (e, de resto, um fanático jogador de cartas), que dá provas de audácia e se apoia tanto na sorte como nas suas inegáveis qualidades de organização e nas suas não menos reais capacidades.

Há nele uma dupla natureza: um lado anarquista, rebelde, instintivo, capaz de aceitar muitos desafios... e um lado conformista, burguês, que respeita a lei e a ordem. Por vezes, de resto, viverá as duas personagens. Conheci um Sagitário espanhol que fazia parte da polícia marítima da alfândega e um dia resolveu passar para o lado dos contrabandistas; para conhecer algo de diferente, para jogar a outro jogo e para se libertar de quinze anos de uma conduta exemplar.

Há no Sagitário muita gentileza, um riso fácil, segurança e um interesse sincero e espontâneo por tudo o que encontra. As pessoas acham-no geralmente simpático, mas por vezes irrita-as o facto de não cumprir as promessas que faz: ele nunca pensa de antemão que isso vai suceder e dá-lhe grande prazer dar prazer aos outros... mas é egoísta e esquecido e não sacrifica o seu conforto a ninguém. Uma faceta «calina» que por vezes lhe provoca alguns remorsos. É o seu lado primitivo, «rude»... atribui aos outros a sua própria saúde!

É susceptível e suporta mal a crítica. No entanto, com o tempo, acaba por admitir os seus erros. Mas inflama-se, indigna-se, entusiasma-se, irrita-se violentamente, defende com veemência as suas ideias; e, no momento, ninguém consegue fazê-lo mudar de opinião. Pode ser «levado» pelo sentimento.

Necessita de grandes causas, de objectivos nobres. de aspirações ambiciosas. Sem eles, a vida parece-lhe despida de cor e de alegria e pode mergulhar nos abismos da depressão. Mas vem à tona com a mesma rapidez com que se afunda.

Um certo espírito religioso, até nos mais ateus. Porque precisa de acreditar em qualquer coisa. Assim, para muitos, a religião é um refúgio.

Para que é dotado?

O Sagitário está à-vontade em todas as profissões em que contacta com os outros, especialmente se são estrangeiros, ou em que é obrigado a viajar. Com um profundo sentido dos negócios, tanto pode triunfar como caixeiro-viajante como na importação-exportação que o porá em contacto com pessoas doutros países; ou no jornalismo, na reportagem, como intérprete, como membro duma agência de viagens ou animador de clubes recreativos...

Em geral, faz estudos brilhantes e isso tanto pode levá-lo a seguir uma via comercial ou administrativa, como a dedicar-se às ciências políticas ou à economia. Pode tornar-se num alto--funcionário; a posição que ocupa tem importância para ele, que não é insensível ao prestígio. Faz parte daquelas pessoas como um fraco pelas legiões de honra e outras condecorações...

Pode ser atraído pela filosofia, pela teologia, pela história das religiões, pela história moderna mais do que pela antiga, pelo ensino... na condição de se dirigir a alunos com um certo nível de conhecimentos; é um excelente pedagogo mas interessa-se pelas inteligências já formadas.

Aliás, tanto pode educar os corpos como os espíritos e optar por ser monitor de educação física ou treinador desportivo.

Em geral, é muito independente e suporta mal a autoridade dos outros; eis a razão por que, quando é funcionário, depressa alcança o topo da hierarquia...

Como ama?

O homem Sagitário tem alma de *Pater Familias*. Impõe a sua autoridade com doçura e nem sequer lhe ocorre que esta pode ser contestada. Gosta de se ver rodeado de gente e é vulgar possuir uma família numerosa.

Encontramos nele aquela dualidade já referida, fruto simultaneamente do seu lado «dona de casa» na vida de todos os dias, capaz de se preocupar com as horas das refeições e as receitas de cozinha, de ocupar as noites com a televisão ou a partida de cartas... e do aspecto amoroso da mudança, com gosto por receber, — faustosamente — por sair, por visitar os amigos, pelas viagens e por uma vida mais ou menos secreta. De resto é frequente que exista uma alternância entre estes dois estilos de vida: hiperfamiliar e hiperindependente...

Quando está apaixonado, é completamente «invadido» pelo outro; não pensa senão pela cabeça dele, reage à mais insignificante das suas atitudes, acusa o menos intencional dos seus olhares. E depois, repentinamente, desliga-se e passa a ser movido apenas por uma vaga piedade. Quando deixa de amar, é inútil pedir-lhe que faça esforços. Se consentir é apenas por dever.

Quando o Sagitário «cavalo» domina, as aventuras podem suceder-se, sempre coloridas de sentimentalidade, dum certo «romanesco», sobretudo. Mas, nessa altura, é a pulsão instintiva que dirige a escolha, é o desejo de conquista que o move. Quando o Sagitário é «archeiro» se impõe, temos um homem que aspira à perfeição — e que julga muitas vezes encontrá-la — e sacrifica sempre as suas aventuras ao lar, à esposa.

E se fosse...

Se, no jogar do retrato chinês, nos perguntassem que animal seria o Sagitário, responderíamos: um cervo, um golfinho, uma zebra, um cão... ou um puma!

Se fosse uma árvore, teria a força e a nobreza da faia de folhas de ouro e tronco liso.

Uma flor: o gladíolo.

Um condimento: o alecrim, o mentol.

Se fosse uma planta: uma *thuya*.

Um metal: o estanho.

As suas cores: o púrpura, o azul noite, o violeta.

Uma pedra: o Zircão, o jacinto ([1]).

Um perfume: a bergamota, a cidra, o coiro da Rússia.

Um instrumento de música: o saxofone ou o órgão.

E se fosse um objecto de colecção: estanhos, recordações de viagens, objectos do mundo inteiro.

([1]) Pedras preciosas. *(N. do T.)*

* * *

O SAGITÁRIO NO FEMININO

Como reconhecê-la?

Tem «qualquer coisa»; um ar de «raça apurada», elegância, uma presença física forte e mais encanto ainda que beleza. Reconhecemo-la muitas vezes pelo seu porte, pela sua maneira de andar, pela forma como se mantém direita, pelo modo provocante como fixa as pessoas. Nunca baixa os olhos. Estes são em geral belos, claros, com sobrancelhas altas mas horizontais. O nariz é direito, não muito comprido, bonito. A boca grande, com dentes regulares, muitas vezes compridos (Jane Fonda).

O busto é curto, as coxas compridas; anda com leveza; desprende-se do conjunto um ar de saúde e franqueza, um ar de equilíbrio, desportivo e desenvolto. O rosto, risonho, pode ensombrar-se de repente, sob o efeito duma emoção ou dum pensamento melancólico; podemos ver a tempestade a avolumar-se nos seus olhos muito expressivos... A mulher de Sagitário passa rapidamente do riso para as lágrimas, da serenidade para a cólera, da doçura para a brutalidade. Uma característica desconcertante que os seus amantes temem. Possui vitalidade, tem prazer no desgaste físico; a ociosidade deprime-a.

Como passa de saúde?

As suas predisposições patológicas são semelhantes às do homem do signo; fígado frágil, vesícula biliar nervosa, frequentes reacções alérgicas, sempre ligadas a emoções, a contrariedades, a cóleras reprimidas ou a decepções.
Tem a sorte, sobretudo na juventude, de gostar do seu corpo, de o aceitar sem problemas; aliás, sabe servir-se dele, dança com um instinto seguro e um sentido inato do ritmo, com graça e uma forma de «sensualidade para ela própria», pelo prazer de sentir a música e o movimento. Mas deve preocupar-se com a linha porque tende facilmente para o tipo «Juno»; bem constituída, é certo, mas também com bastante

carne. O desporto e o exercício físico assim como um regime alimentar pouco apertado podem, por si sós, evitar-lhe a celulite, o seu inimigo n.º 1. E como costuma consolar-se, quando a vida lhe corre mal, petiscando gulodices ricas em calorias, que adora, vemos que a luta é renhida... Por desgraça, as emoções aguçam-lhe o apetite em vez de lhe tirarem a fome!

Tem um humor instável, tal como o nativo; é, mais ainda que ele, atreita a depressões que se sucedem a estados de euforia. Por vezes «explode» em cóleras bruscas, grita e entrega-se a manifestações «histéricas». Existe em todos os Sagitários — homens e mulheres — «um Júpiter trovejante» armado com o seu raio, pois não é em vão que Júpiter domina o signo...

Também ela necessita duma vida sã, calma sem situações confusas e sobretudo dum equilíbrio físico e moral que consegue graças a um mínimo de actividade física, dum número regular de horas de sono e duma alimentação sempre controlada. Com um excesso de vez em quando para satisfazer a gulodice e alimentar a sua alegria de viver.

À semelhança do homem do Sagitário, evitará todos os alimentos demasiado gordos e pesados, a pastelaria, a torta de amêndoa — que faz perder a cabeça — o pão, as massas, tudo o que engorda muito. Poderá, em compensação, comer carnes grelhadas, saladas — não muitas — legumes verdes (atenção às azedas e aos espinafres, muito ricos em ácido exálico), tomates, melão, beterrabas, etc., assim como crustáceos e aves no espeto.

Para a digestão, à noite, em vez dum copo de álcool deverá tomar uma infusão de tomilho, de alecrim ou de mentol. Se não tiver coragem para fazer ginástica, deverá optar pela dança moderna, pela equitação ou pela natação.

Como reage?

Tem personalidade e carácter. Por vezes, pode parecer um pouco pedante ou peremptória; as pessoas acham-na pouco simples. De facto, leva o seu tempo a encontrar o equilíbrio. Num mundo dirigido por homens, não se sente à-vontade porque quer competir em direitos com eles, quer provar aquilo de que é capaz, afirmar a sua independência e, sobretudo, demonstrar que em caso nenhum podem considerá-la um objecto. Nessa altura, ataca ou defende-se e, sobretudo na juventude, não tem humor suficiente para conseguir sair-se airosamente de certas situações. Esforça-se demais ou põe em tudo uma perfeição exagerada, e não espera com paciência pela sua vez. A impaciência e a susceptibilidade constituem, aliás, os seus fracos.

Tem uma natureza orgulhosa não cede facilmente. Acusá-la-ão de ser demasiado «convencida» ou teimosa, na juventude. Quer ter razão a todo o custo e não lhe falta impertinência nem coragem para defender as suas opiniões. Aliás, conservará essas características durante toda a vida. Simplesmente, o carácter adoça-se e a filosofia surge com a indulgência. E se triunfar na vida, sente-se forte e adquire bom-senso.

Possui um espírito curioso, interessa-se por muitas coisas, pelo mundo em geral... A sua avidez intelectual parece insaciável. Forma grandes projectos, sonha e consegue convencer os que a rodeiam, tão grande é a fé que a anima.

Quando lhe tocamos a fibra sensível, com gestos generosos e atenções delicadas é uma mulher corajosa e cheia de encanto, mas não se enternece facilmente; diz muitas vezes: «Querer é poder» e despreza em segrdo os fracos e os impotentes, os cobardes e os imbecis. Atravessa momentos de profundo desencorajamento em que julga a humanidade — e a ela própria — com um desprezo selvagem.

Para que é dotada?

Se luta pela igualdade absoluta com o homem, é porque se sente capaz de fazer as mesmas coisas que ele. Intelectualmente, não se apercebe de qualquer infrioridade. E, de facto, faz frente com facilidade a todos os homens que exercem a mesma profissão que ela. De resto, interessa-se pela política e manifesta talento nesse domínio, tal como «o» senador Margaret Chase Smith... embora a coroa de rainha, di-lo a história, não lhe tenha trazido apenas alegrias, como sucedeu com Maria Stuart e Cristina da Suécia.

Mulher moderna e dinâmica, vive com o seu tempo e defende as ideias que lhe parecem justas e saudáveis. Se optar pela pedagogia ou pela psicologia, pelo ensino ou pelo jornalismo, fá-lo-á animada dum espírito de reforma, com fé lutando mais por um resultado real do que pelo sucesso pessoal. Mas é sensível aos cumprimentos e mais sensível ainda às censuras.

Encontramos, pois, na mulher de Sagitário, os mesmos gostos e aptidões que no homem do signo, o mesmo espírito de aventura e um desejo constante de aumentar os seus conhecimentos e de desenvolver as suas aptidões profissionais. Em geral, consegue-o. Por vezes, até em detrimento da sua vida privada.

Como ama?

Ama os homens, mas faz-lhes medo. Estes consideram-na uma «amazona», uma «mulher fálica» e ela acusa-os de raramente atingirem a qualidade que sonha encontrar neles.

Quando muito jovem e forte como é, atrai os fracos e os «estropiados» que procura ajudar por todos os meios. esperando salvá-los ou modificá-los. Terá que aprender à sua custa que os fracos nunca se levantam, pelo contrário, eles é que nos arrastam sempre «para baixo». Mais tarde, conhecerá tempos difíceis, porque quer conciliar tudo: o amor, a carreira, tão importante para ela, a vida familiar.

Não deveria ligar-se senão a um homem inteligente e, também ele, muito independente que a ajudasse na sua profissão tal como ela o ajuda na dele... desde que não seja a mesma. A maior parte das vezes encontra o equilíbrio casando com um artista «falido» que ajudará a viver; moverá céus e terras para que o talento dele seja reconhecido; a glória que ele alcança reflectir-se-á também nela e isso basta-lhe. Tem uma faceta Pigmaleão; considera mais importante dar à luz homens ao nível do coração e do espírito, do talento e do génio, que fazê-lo do ponto de vista físico.

Quando opta pela via conformista, a mulher Sagitário torna-se uma dona de casa impecável uma mãe de família perfeita e uma esposa dedicada, fazendo tudo para servir os interesses do marido e ajudá-lo a vencer na vida. A Igreja ajuda-la-á de certa meneira quando atravessar momentos de revolta ou quando o desejo de aventuras lhe assaltar o espírito...

Quadro 9 SAGITÁRIO

É claro que nem todos os Sagitários são iguais. O factor *ascendente* é portador duma correcção essencial. Reporte-se ao quadro que se segue; saberá imediatamente qual é o seu ascendente.

SE NASCEU ENTRE 21 e 30 de NOVEMBRO:

Nascimento entre		Ascendente
Portugal	Brasil	
14 h 19 m e 15 h 33 m	13 h 45 m e 15 h 57 m	Carneiro
15 h 33 m e 17 h 1 m	15 h 57 m e 18 h 12 m	Touro
17 h 1 m e 18 h 56 m	18 h 12 m e 20 h 27 m	Gémeos
18 h 56 m e 21 h 18 m	20 h 27 m e 22 h 28 m	Caranguejo
21 h 18 m e 23 h 48 m	22 h 28 m e 0 h 15 m	Leão
23 h 48 m e 2 h 21 m	0 h 15 m e 1 h 47 m	Virgem
2 h 21 m e 4 h 50 m	1 h 47 m e 3 h 19 m	Balança
4 h 50 m e 7 h 20 m	3 h 19 m e 5 h 5 m	Escorpião
7 h 20 m e 9 h 41 m	5 h 5 m e 7 h 3 m	Sagitário
9 h 41 m e 11 h 36 m	7 h 3 m e 9 h 18 m	Capricórnio
11 h 36 m e 13 h 2 m	9 h 18 m e 11 h 32 m	Aquário
13 h 2 m e 14 h 19 m	11 h 32 m e 13 h 45 m	Peixes

SE NASCEU ENTRE 1 e 10 de DEZEMBRO:

Nascimento entre		Ascendente
Portugal	Brasil	
13 h 40 m e 14 h 54 m	13 h 4 m e 15 h 16 m	Carneiro
14 h 54 m e 16 h 23 m	15 h 16 m e 17 h 31 m	Touro
16 h 23 m e 18 h 17 m	17 h 31 m e 19 h 46 m	Gémeos
18 h 17 m e 20 h 39 m	19 h 46 m e 21 h 47 m	Caranguejo
20 h 39 m e 23 h 10 m	21 h 47 m e 23 h 30 m	Leão
23 h 10 m e 1 h 42 m	23 h 30 m e 1 h 6 m	Virgem
1 h 42 m e 4 h 11 m	1 h 6 m e 2 h 38 m	Balança
4 h 11 m e 6 h 41 m	2 h 38 m e 4 h 25 m	Escorpião
6 h 41 m e 9 h 2 m	4 h 25 m e 7 h 22 m	Sagitário
9 h 2 m e 10 h 57 m	7 h 22 m e 9 h 37 m	Capricórnio
10 h 57 m e 12 h 23 m	9 h 37 m e 10 h 52 m	Aquário
12 h 23 m e 13 h 40 m	10 h 52 m e 13 h 4 m	Peixes

SE NASCEU ENTRE 11 e 21 de DEZEMBRO:

12 h 58 m e 14 h 12 m	12 h 42 m e 14 h 54 m	Carneiro
14 h 12 m e 15 h 41 m	14 h 54 m e 17 h 9 m	Touro
15 h 41 m e 17 h 35 m	17 h 9 m e 19 h 24 m	Gémeos
17 h 35 m e 19 h 57 m	19 h 24 m e 21 h 25 m	Caranguejo
19 h 57 m e 22 h 28 m	21 h 25 m e 23 h 8 m	Leão
22 h 28 m e 1 h	23 h 8 m e 0 h 44 m	Virgem
1 h e 3 h 29 m	0 h 44 m e 2 h 16 m	Balança
3 h 29 m e 5 h 59 m	2 h 16 m e 4 h 3 m	Escorpião
5 h 59 m e 8 h 20 m	4 h 3 m e 6 h	Sagitário
8 h 20 m e 10 h 16 m	6 h e 8 h 15 m	Capricórnio
10 h 16 m e 11 h 41 m	8 h 15 m e 10 h 31 m	Aquário
11 h 41 m e 12 h 58 m	10 h 31 m e 12 h 42 m	Peixes

(Se você nasceu a 22 de Dezembro e ainda é Sagitário, reporte-se ao quadro n.º 10).

SAGITÁRIO *ascendente* **CARNEIRO** (Júpiter-Marte) Fogo-Fogo:

(Cf. Carneiro-Sagitário). Gosto pelo risco, pela aventura. Antes de tudo, necessidade de movimento e amor pelas viagens. Importância das relações com o estrangeiro. Belas possibilidades de vencer na vida graças simultaneamente à coragem, ao optimismo e ao entusiasmo. As virtudes são recompensadas pela sorte. Tudo aqui é impulso, espontaneidade, fé que ergue montanhas, generosidade. Importância da vida afectiva que promete grandes alegrias. Atracção pela Balança.

SAGITÁRIO *ascendente* **TOURO** (Júpiter-Vénus) Fogo-Terra:

(Cf. Touro-Sagitário). Apesar dum amor profundo pela vida, comum aos nativos da estrutura inversa, há aqui mais sofrimento, maior vulnerabilidade à depressão, à emotibidade. Os lutos podem também trazer herança e servir de êxito ou favorecer a obtenção de capitais para montar grandes negócios. O dinheiro desempenha um papel importante na carreira e na vida social. Filosofia hedonista; gosto pelo prazer e pelas actividades saudáveis. Natureza benevolente, simpática. Atracção pelo Escorpião.

SAGITÁRIO *ascendente* **GÉMEOS** (Júpiter-Mercúrio) Fogo-Ar:

(Cf. Gémeos-Sagitário). A emotividade é o seu motor. Por outras palavras, trata-se dum «Castor» e não dum «Pollug». Um certo linfatismo. Natureza muito brincalhona... em todos os planos... mas mais sentimento que na estrutura inversa. Necessidade de viagens, de mudanças. Medo de se aborrecer. Nem sempre muito realista; pouco «espertalhão». Um aspecto inacabado, adolescente; furta-se a qualquer espécie de domínio. Escapa-se com gentileza. Pode ser ludibriado, vítima... e não consegue deixar de confiar em toda a gente. Atracção pelo Sagitário.

SAGITÁRIO *ascendente* **CARANGUEJO** (Júpiter-Lua) Fogo-Água:

(Cf. Caranguejo-Sagitário). Natureza muito imaginativa. Tende a encarar tudo pelo lado trágico. Tem falta de humor e arrisca-se a adoecer por excesso de emotividade. Muito ligado à família e grande amor pelos filhos. Preferência pelas profissões altruístas de tipo médico ou pela pedagogia. Autoridade discreta. Uma faceta escuteiro; nunca se apela em vão para os seus sentimentos. Atracção pelo Capricórnio.

SAGITÁRIO *ascendente* LEÃO (Júpiter-Sol) Fogo-Fogo:

(Cf. Leão-Sagitário). Vive para e pelo sentimento; enorme afectividade. Natureza alegre, generosa, «grande e magnânima», sempre pronta a acolher as pessoas debaixo da asa. Atrai os fracos e os «falhados». Gosto pelo fausto, pelas recepções «feudais». Nostalgia da Idade Média, do estatuto de cavaleiro valente ou de castelão. Atracção pelas grandes famílias; excelente educador. O dom de se fazer amar. Necessidade que o admirem... É capaz de tudo para o conseguir. Atracção pelo Aquário.

SAGITÁRIO *ascendente* VIRGEM (Júpiter-Mercúrio) Fogo-Terra:

(Cf. Virgem-Sagitário). Um pouco de timidez no início ou dificuldade em escapar a uma família protectora. Qualidades de precisão, de eficácia, de organização. Sentido comercial. Muitas vezes, duas actividades ao mesmo tempo ou duas profissões simultâneas. Por vezes, a emotividade do Sagitário esconde-se sob uma certa ironia cáustica, sob um cinismo de fachada (Paul Meurisse). Por vezes também, a família é responsável pelo êxito (o jovem Donny Osmond). Atracção pelos Peixes.

SAGITÁRIO *ascendente* BALANÇA (Júpiter-Vénus) Fogo-Ar:

(Cf. estrutura Balança-Sagitário). Emotividade extrema. Tudo passa pela afectividade; inteligência sempre colorida de sentimentalidade. Consegue muito dos outros pelo encanto, pela gentileza. Bom contacto com o público e celebridade frequente. Dons para os estudos e sorte nos exames. Gosto pelas letras, pela edição, pelos livros, por tudo o que se liga com a difusão da arte e da beleza. Sabe fazer aceitar as coisas. Temperamento susceptível. Os sentimentos estão-lhe escritos no rosto. Várias paixões ou casamentos decididos por impulsos de momento. Atracção pelo Carneiro.

SAGITÁRIO *ascendente* ESCORPIÃO (Júpiter-Plutão) Fogo-Água:

(Cf. estrutura Escorpião-Sagitário). Natureza generosa dotada de grande coragem, duma necessidade instintiva e profunda de se ultrapassar a si próprio, de fazer mais do que lhe permitem as suas forças. Realizações muitas vezes notáveis, porque tem ambição, idealismo, força de carácter. Autoridade; impõe-se sem levantar a voz. Magnetismo poderoso. Edith Piaf tinha o coração de ouro do Sagitário e as tendências auto-destrutivas do Escorpião. Natureza eternamente insatisfeita. Atracção pelo Touro.

SAGITÁRIO *ascendente* **SAGITÁRIO** (Júpiter-Júpiter) Fogo-Fogo:

Instabilidade e emotividade excessivas. Amado mas criticado por se meter demasiado na vida dos outros, por passar a vida a dar conselhos, por ser ingénuo. Sorte porque é generoso e nada consegue desarmar a sua boa vontade. Sempre pronto a consolar toda a gente. Atravessa estados depressivos quando deixa de ser «o menino querido dos deuses». Atracção pelos Gémeos.

SAGITÁRIO *ascendente* **CAPRICÓRNIO** (Júpiter-Saturno) Fogo-Terra:

Impulsos que muitas vezes esbarram na «parede» do Capricórnio. Não ousa, antes duma certa idade, libertar a sua natureza instintiva. Um lado moral, ou até moralista. Muitas vezes, problemas graves na infância. Questão das origens ou do pai posta de forma dolorosa. Grande exigência da sua própria pessoa, sentimento de culpa, insatisfação ou auto--punição. Tende para, ou deseja chegar... à sabedoria. Atracção pelo Caranguejo.

SAGITÁRIO *ascendente* **AQUÁRIO** (Júpiter-Urano) Fogo-Ar:

Combinação muito feliz; põe em primeiro plano os sentimentos de amizade, de solidariedade. Profundamente bondoso e fiel àqueles que ama. Grandes possibilidades, na condição de se esforçar. Espírito bastante científico. O seu objectivo; servir a colectividade. Desinteresse extremo de que os outros tendem a abusar. Papel importante do casamento no êxito; muito independente, defensor da liberdade, das ideias novas. Atracção pelo Leão.

SAGITÁRIO *ascendente* **PEIXES** (Júpiter-Neptuno) Fogo-Água:

Impossível de se contentar com o que tem, de se satisfazer com a realidade; procura todas as evasões; paixões pelas viagens. Generoso e despreocupado perante as coisas materiais. Um certo linfatismo mas a sorte bafeja-o e as honrarias também, muitas vezes. Decepção na experiência conjugal; não suporta a mesquinhez. Põe em perigo a sua segurança para se constranger a movimentar-se, para se impedir de ceder à tentação do bem estar. Atracção pela Virgem.

O CAPRICÓRNIO NO MASCULINO

Como reconhecê-lo?

As pessoas acham-no frio, distante, altivo; é apenas tímido ou, mais frequentemente ainda, sente-se pouco à-vontade no seu «envólucro» que considera ingrato. Sofre por se saber hirto, por ser «pesadão» e terrestre, por andar como um camponês.

Muitas vezes é magro, com ar débil até, um nariz comprido e aquilino, olhos caídos e uma boca apertada, de lábios finos. Os ombros são estreitos, o corpo ossudo, as mãos compridas e nodosas, caminha de ombros curvados. Mas esta é a caricatura do Capricórnio saturnico, do «triste», daquele acerca do qual se costuma dizer que «nasceu já velho».

Existe outro Capricórnio, mais cheio, com uma estrutura sólida. Este tem um rosto quadrado, o nariz um pouco arrebitado ou curto e direito, orelhas bastante grandes, uma boca enérgica com uma ruga profunda de ambos os lados das narinas, que se prolongam quase até aos lábios. Os olhos são risonhos, ablíquos; os cabelos lisos. As mãos grandes e largas; os pés também.

Ao primeiro tipo de Capricórnio, ao saturnizado. atribui-se «classe»; o segundo, mais «marciano» é considerado sólido. Mas nem um nem outro está satisfeitos com a aparência que tem. O primeiro pode ser representado por Pierre Mendés--France, o outro por Michel Piccoli, Henry Miller ou o Merechal Joffre... Muitas vezes, o rosto do Capricórnio lembra um pouco um focinho de cabra.

Como passa de saúde?

Dotado duma boa resistência nervosa, atinge uma idade avançada. É um artrítico e, por isso, não está sujeito a uma morte prematura. De resto, vai melhorando de saúde com a idade e a sua resistência aumenta com os anos. Mas o esqueleto sofre de deformações e reumatismos que o farão sofrer muito.

Este emotivo controlado, este violento reprimido, está muitas vezes sujeito àquilo a que Conrad Moriquand chama «os humores sujos do Capricórnio»: eczema, herpes, psoríase, urticária, comichões provocados pelo frio. A pele é seca e frágil... Através dela, o Capricórnio exprime as suas variações de humor.

De resto, deve esforçar-se por conservar este exutório que o liberta das suas tensões interiores. Se o curarem do eczema, arrisca-se a passar a sofrer de doenças muito mais graves, a maior parte das vezes centradas nos intestinos. Este satúrnico sofre em geral dum retardamento das trocas fisiológicas. Sedentário; deixa a máquina enferrujar-se e pode ser vítima duma auto-intoxicação. A esclerose instala-se; o sistema varicoso é atingido, a circulação sanguínea torna-se deficiente.

A tradição atribui-lhe um ponto fraco: os joelhos; e de facto, sucede-lhe com muito mais frequência do que a qualquer outra pessoa ferir-se, sofrer de derrames de sinóvia ou de reumatismos no joelho.

O paradoxo do Capricórnio consiste no facto do seu organismo envelhecer prematuramente ao mesmo tempo que ele aprende a utilizar a sua energia cada vez melhor. Reside aí, sem dúvida, a capacidade de enganar a morte que o caracteriza.

O Capricórnio não é hipocondríaco à maneira do Caranguejo que passa o tempo a tomar remédios. Encontra-se no degrau abaixo, receia de tal modo as doenças que prefere brincar às avestruzes, recusando-se a ir ao médico com medo de ter «qualquer coisa grave». Pode também, perante uma doença séria, lutar ferozmente para recuperar a saúde, ou então deixar correr as coisas, tentar «familiarizar-se com a morte», se está com o moral completamente arrasado. Tem, pois, tendência para tratar com desprezo as suas pequenas mazelas.

Conhece bastante bem o seu ritmo de actividade e tende a organizar o seu trabalho em função deste mas, quando é apanhado pela engrenagem duma vida profissional muito sobrecarregada, começa, progressivamente, a esforçar-se demais. Tem tendência para sobrestimar a sua resistência nervosa. Quando rebenta, é o primeiro a ficar surpreendido, e ainda por cima furioso, pois não dá a si próprio o direito de estar doente.

Deveria, pois, respeitar o seu próprio ritmo e conceder a si próprio o repouso necessário — mesmo se achar que isso o esgota... ou em todo o caso mudar de actividade. Convém-lhe andar a pé, de preferência numa floresta ou em caminhos campestres. Precisa de contactor com a natureza — como todos os «terráqueos»—, duma vida simples. Quanto mais «obedecer» ao sol, levantando-se e deitando-se com ele, melhor.

Deve beber muita água, comer queijo (de cabra, sobretudo) rico em cálcio, não abusar das saladas cruas de que gosta muito, porque os seus intestinos não aguentam um excesso de celulose. Os corpos gordos duma maneira geral, tudo o que é indigesto, prejudicam-no. A couve, sobretudo a couve roxa, faz-lhe muito bem. Deve comer laranjas, frutos que favorecem a eliminação, cerejas... Uma grande taça de sopa de aipo todos os dias: o seu remédio milagroso. Um pouco de ginástica quotidiana também, para não enferrujar, pois está sempre hirto, e para activar a circulação sanguínea, uma vez que é friorento. O sal de Schussler que lhe corresponde: *Calcarea Phosphorica*.

Como reage?

O Capricórnio nasceu frustrado. Faça ele o que fizer, dê ele o que der, falta-lhe sempre qualquer coisa. Precisa de atenções, de ternura, de gentileza; não suporta que o rejeitem e menos ainda que o abandonem. Há portanto nele uma avidez fenomenal e deverá aprender a adquirir uma forma de desprendimento, de serenidade — à qual aspira sempre, de resto — que não se transforme nem em resignação nem em remorso.

Tem uma aparência calma. pois controla-se muito bem; com receio das reacções dos outros, recalcará as cóleras mais violentas. Deve, no entanto, aprender a não se conduzir sempre de maneira aristocrática. Se precisa de «dar dois berros», porque não há-de fazê-lo? Tem tendência para acumular ofensas e rancores — que nunca esquece — mas no dia em que explode, já não é «taça que transborda», mas a «cisterna», que arrasta tudo na passagem. E as pessoas que o conhecem, habituadas a vê-lo impassível, ficam muito admiradas.

Consideram-no oportunista e ambicioso e muitas vezes é-o. Compreendeu que quando adquire poder sobre os outros, fica menos dependente deles. E não detesta «reger o seu mundo». A política atrai-o, sem dúvida por causa disto...

Acusam muitas vezes o homem do Capricórnio de ser materialista, agarrado ao bens deste mundo, avaro. De facto, ele encontra no dinheiro ou na posse de terras uma segurança de que necessita. Mas como é trabalhador, activo, arranjar-se-á sempre para garantir a sua subsistência e até a dos outros.

Possui o sentido das responsabilidades; se o destino não lhas atribuir, cria-as ou inventa-as. Ser responsável é ao mesmo tempo ser necessário. ou seja, indispensável e portanto rejeitado com menos facilidade.

O orgulho constitui a sua arma principal mas nele constitui uma arma de dois gumes. Leva-o a empreender e como é perseverante e possui a resistência dum corredor de fundo, atinge os objectivos que fixou para si próprio. Mas impede-o muitas vezes de pedir ajuda, de confessar os seus momentos de fraqueza, de admitir os seus receios. Aceita muitas vezes compromissos, com medo de enfrentar as situações. E criticar-se-á por isso durante muito tempo.

Para todas as tarefas que exijam paciência as tarefas lentas e difíceis não o assustam; pelo contrário. Pode pôr a sua inteligência analítica ao serviço de actividades científicas, de estudos filosóficos, de pesquisas arqueológicas. O passado, o longínquo passado, as velhas pedras, as línguas antigas... Tudo isso o fascina, muito mais que o presente ou até que o futuro. Gosta de encontrar as causas dos mecanismos ou dos fenómenos, de ir até ao fundo dos problemas, de procurar a quinta essência.

Encontramos grande número de médicos, de investigadores, de historiadores neste signo. Mas eles gostam de coisas concretas. E isso pode levá-los a intressar-se pela arquitectura, pela construção. pela agricultura, pela agronomia. Ou, tal como Michel Siffre, pela espeleologia.

Não gosta de trabalhar em equipa, preferindo assumir sozinho as suas responsabilidades, pela simples razão de que só confia nele próprio. Nada lhe custa mais do que delegar os seus poderes. Além disso, tem horror a que lhe dêem prazos, a ser controlado, vigiado. Muito sensível à crítica e às palavras de encorajamento, constrói a sua carapaça como pode. O seu refúgio é o trabalho. E o pior castigo que podem dar-lhe consiste em condená-lo a umas férias eternas.

Encontramos muitos políticos no signo: de Estaline a Mao Tsé-Tung, passando por Nasser, Nixon e outros. E é certo que as suas virtudes, tal como os seus vícios, concordam com esta orientação: gosto pelo poder e pela acção, amor ao trabalho e às responsabilidades, necessidade de dominar e ao mesmo tempo de ser útil.

Podemos contar com ele, porque cumpre a sua palavra... mas leva tempo a fazê-lo; de resto, *tem* tempo. O seu êxito é muitas vezes tardio. Em todos os domínios. O Capricórnio rejuvenesce com os anos e adapta-se muito melhor ao «modernismo» na velhice.

Como ama?

É desconfiado. Tem medo que o ludibriem, que o abandonem, teme sofrer; assim, avança para o amor em bicos de pés, intimamente receoso e, muitas vezes, exteriormente arisco. Como, além disso, é um moralista, dá às pessoas a impressão que as está a avaliar. O que não é totalmente... mas não tarda a descobrir as fraquezas e «manias» dos outros.

Tudo isto, frequentemente, o leva ao celibato. Custa-lhe tanto decidir-se, confiar, saber que não estão a enganá-lo! Receia mais ainda comprometer-se, porque é fiel por temperamento e não gosta da mudança. Sabe que uma vez proferido o «sim» não voltará atrás, senão à custa de grandes esforços e muito sofrimento. E, além disso, gosta da «solidez». Cultiva os hábitos, que lhe dão segurança.

Experimenta dificuldades, por vezes, em exteriorizar os seus sentimentos; o outro é que tem de saber duma vez por todas que é amado. Mas, em compensação, necessita do amor. Existe portanto um Capricórnio desprendido — e que vive perfeitamente satisfeito com o seu celibato — e outro que satisfará a sua parte física e carnal, que é muito exigente, mas não se abandona ao amor. E há ainda um outro, mais feminino, que pede e exige ternura, que, uma vez vencidas as defesas, se mostra infinitamente afectuoso, vigilante e presente; sempre com um ligeiro pudor.

Deve desconfiar da sua memória, do seu apego às recordações. Tem que «sair de dentro de si» e compreender que a felicidade, a satisfação afectiva só é possível na medida em que nos interessamos pelos outros.

O problema sentimental do Capricórnio consiste no facto da maturidade afectiva ser muita mais tardia que a maturidade física e intelectual.

Incarna o marido perfeito das uniões tardias.

E se fosse...

Se jogássemos ao retrato chinês, podíamos dizer que se se tratasse dum animal, o Capricórnio seria um mocho, uma tartaruga e, evidentemente, uma cabra.

Se fosse uma árvore: um carvalho ou um cipreste.

Uma planta: a urze ou o cogumelo.

Uma flor: o cardo azul, a madressilva, a ervilha de cheiro.

Um condimento: o tomilho.

Um metal: o chumbo... que o alquimista transforma em ouro.

Uma pedra: o ónix ou a marcassita.

Um sabor: amargo.

Um perfume: o da terra molhada, do sargaço, do fumeiro...

As suas cores: o negro das lacas chinesas, o cinzento escuro, o vermelho cereja.

Se fosse um instrumento de música: o gongo ou uma flauta indiana.

Um objecto de colecção: esculturas, pedras, antiguidades, ferramentas velhas...

*
* *

O CAPRICÓRNIO NO FEMININO

Como reconhecê-la?

Possui mais encanto que beleza; embora o signo seja ilustrado por algumas mulheres extremamente sedutoras, tais como Ava Gardner e Marlene Dietrich. Tem sempre um ar de distinção natural, uma testa grande, o olhar um pouco longínquo, por vezes imperioso — quando se zanga — ou animado por uma paixão silenciosa que pode fulminar aquele a quem se dirige. Aliás, prefere falar com os olhos a recorrer às palavras. As maçãs do rosto são altas, muitas vezes, o rosto um pouco alongado — sempre o lado caprino — o nariz pequeno.

A separação entre os dois tipos de Capricórnio é menos nítida na mulher que no homem, embora se consiga distinguir entre um personagem (tal como Alexandra de Kent) com traços bastante finos, um nariz comprido e um porte aristocrático, doutro mais atarracado, com os olhos oblíquos, um nariz curto e arrebitado, um ar robusto e ligeiramente «grosseiro».

Mas reconhecer-se-á sempre a mulher de Capricórnio pelo sulco, pela ruga profunda que apresenta de ambos os lados da boca; além disso, tem um rosto muito móvel, muito expressivo e não consegue esconder nem a tristeza nem a alegria.

Envelhece bem e muitas vezes parece mais nova, mais desenvolta, depois dos quarenta anos que aos vinte. Na verdade, é então que ela começa a adquirir confiança em si própria e perde alguns dos seus tenazes complexos. Duvida do encanto que possui e considera-se sempre mais feia do que é. Julga-se lúcida e o que efectivamente sucede é que usa de grande severidade para consigo própria.

Muito orgulhosa, quer que a amem tal como é; recusa os artifícios; devemos encarar isso como um repúdio por quaquer espécie de batota, como uma extrema exigência.

Como passa de saúde?

Tal como o homem do signo, activa e trabalhadora, o que lhe permite escapar à angústia que sentiria se ficasse só, entregue a si própria e à ociosidade. Encontramos nela o mesmo temperamento artrítico, a mesma predisposição para os reumatismos, para as deficiências circulatórias, para as reacções alérgicas ou cutâneas, para as colites e outras perturbações intestinais. Mas não presta grande atenção a si própria e só muito raramente cai de cama.

Se consulta um médico, é para que ele a anime e lhe levante o moral; não confia senão naquele que lhe confessar a sua ignorância ou não atribuir importância aos seus males; caso contrário, desconfiada como é, interpretará de forma trágica a mais pequena alusão a uma doença...

Pode sofrer de esclerose, de auto-intoxicação e deve vigiar o conjunto das funções hepato-intestino-renais. Quase todos os desportos a «maçam» demasiado; não gosta de correr e cansa-se depressa.

É muito sensível ao frio e ao barulho, que a torna irritável; com efeito, a sua fonte de recuperação consiste em primeiro lugar, no silêncio, na paz dos bosques, no sono e detesta aqueles que, de uma maneira ou doutra, a privam dum desses meios de «recarga biológica».

Tem que aprender a descontrair-se, a descansar. Deve também lutar contra a tendência para comer mais do que precisa... por compensação inconsciente das suas frustrações. No entanto, sabe privar-se de muitas coisas, de quase tudo, se estiver sozinha. Na solidão, encontra o «fundo ascético» da sua natureza.

Precisa absolutamente de dedicar por sistema, alguns minutos do seu dia a exercícios físicos, nem que seja uma simples marcha a pé; mas deve evitar repetir sempre os mesmos movimentos; tudo quanto é susceptível de a descontrair lhe fará bem.

À semelhança do nativo do signo, não pode beber muito álcool, nem comer carne com molhos, gordura, enchidos; deve incluir na sua alimentação os ovos, lacticínios, muito queijo pois necessita de cálcio, iogurtes que, simultaneamente, estão indicados para os seus intestinos e para a sua linha. Finalmente, era preferível que não aquecesse demasiado o lugar onde vive, sob pretexto de ter frio; vale mais agasalhar-se e gastar mais energias. Aconselhamos-lhe todos os alimentos naturalmente diuréticos.

Como reage?

A mulher de Capricórnio é sólida e estável; pode-se contar com ela. O seu pior defeito, talvez, consiste em não saber brincar. Toma as coisas à letra; acredita na sinceridade dos outros e procura não fazer batota seja em que circunstâncias for. Nada a horroriza mais do que a mentira. Quando não levam a sério os seus sentimentos, quando se recusam a acreditar nela, tem cóleras duma extrema violência. Que não explodem exteriormente, mas deixam marcas profundas. Nunca esquecerá uma frase que a feriu, a injustiça de que foi vítima ou que atingiu alguém a quem ama.

Com efeito, sente mais as coisas depois de as ter vivido. Acusam-na de ser demasiado sisuda, de não saber divertir-se, de ignorar os prazeres da frivolidade. No meio dum grupo de amigos que «fazem disparates» ela conservar-se-á à parte sem participar verdadeiramente na festa comum. Não consegue deixar de observar os outros e embora não os julgue aperceber-se-á da mais pequena nota em falso, da menor dissonância.

No entanto, o humor salva-a em muitas situações e há que encará-lo como uma outra forma de protecção... uma espécie de contra-ataque que a defende um pouco contra uma sensibilidade excessiva que por vezes quase se transforma em susceptibilidade. Nisto é profundamente diferente do homem do signo. Também se mostra mais expansiva, mais tagarela, menos secreta que ele e liga-se com maior facilidade, sobretudo, a criaturas simples, a pessoas «verdadeiras». O seu ódio pelas convenções mundanas iguala o gosto que nutre pela intimidade. Só gosta de convivência a dois, de confidências, duma certa cumplicidade de corações e de espíritos.

O homem e a mulher de Capricórnio possuem em comum a simplicidade, aquele «natural absoluto» que por vezes deixa os outros tão pouco à vontade, e uma espontaneidade aliada, no entanto, a uma real diplomacia.

À semelhança do homem do signo, a mulher passa a vida a vencer as frustrações que não a abandonam, a esforçar-se por todos os meios para que a amem. Eis por que ela procura — em exagero — tornar-se indispensável. «Fará demasiado» pelos outros, submergi-los-á com a sua boa vontade e as suas atenções. Mas se não se sacrifica pelos que a rodeiam sente-se culpada, o que não suporta. E é contra esse aspecto da sua natureza que deve lutar.

Para que é dotada?

Para todas as profissões em que pode prestar serviços aos outros. Eis a razão por que encontraremos no signo professoras, médicas, advogadas, assistentes sociais... Notabilizar-se-á no campo da medicina e da para-medicina, em que é exigida consciência profissional, honestidade, uma natureza escrupulosa e perseverança, actividade e reflexão ao mesmo tempo. Aliás, é mais desinteressada que o homem do signo. O dinheiro não lhe dá paz de espírito. Exercerá a caridade... ou dificilmente exigirá o que lhe devem. No íntimo, gosta de «contar», de pôr de lado, de juntar... Mas esse é um aspecto do seu carácter que não lhe agrada e defender-se-á dele com acessos de generosidade e uma forma muito paradoxal de encarar o dinheiro.

Agrada-lhe o contacto humano, mas prefere trabalhar sozinha, controlar o que faz ou o que fazem os outros... e não o inverso. Suporta mal a autoridade do «patrão», excepto se o admira sem reservas. Tímida, sente que, se a vigiam não ousa tomar iniciativas. Com a idade, adquire segurança, por vezes mesmo uma certa desenvoltura e liberdade de palavras. Torna-se menos sensível à opinião dos outros e essa é uma conquista importante.

Como ama?

Receia que, um dia, o ser amado a abandone. Por muito pouco que saiba o que é perder entes queridos, trata-se dum ser ferido cujas cicatrizes nunca fecham. Resta pois o medo. Juntamente com uma enorme sede de ternura e de afeição. Por isso é frequentemente que a mulher Capricórnio que é amada, faça tudo para destruir essa afeição, para abandonar o primeiro homem de quem gosta... Porque lhe parece menos doloroso e mais fácil preparar-se para um sofrimento do que ser surpreendida por ele; se provoca a ruptura, esforçar-se-á por a suportar com coragem. Infelizmente, esta armadilha que ela prepara para si própria, fica muitas vezes no plano do inconsciente e em seguida ela queixa-se de não ter sorte no amor, de estar condenada à solidão. Um pouco de lucidez perante este mecanismo (tão repetitivo!) poupar-lhe-á muitos desgostos.

Tal como o homem do signo, há entre as mulheres Capricórnio grande número de solteiras. O casamento faz-lhe medo e ela não ignora que representa sempre uma segurança arbitrária. E, além disso, esta solitária não suporta bem uma presença contínua... ou autoritária. Sobretudo depois dos vinte e cinco anos.

Por vezes, no entanto, liga-se a seres que dependem dela. Receará menos, dessa forma, que a abandonem. Outras apaixonar-se-ão por homens inacessíveis, ausentes, dos quais se encontram separadas pela distância... salvaguardando assim a liberdade de amar ou de deixar de amar.

Estas mulheres de aspecto um pouco frio e cuja expressão parece indicar que desconhecem a indulgência são, na realidade, apaixonadas que se controlam. Os casamentos tardios em geral são bem sucedidos... e a felicidade chega depois dos quarenta anos.

Quadro 10 CAPRICÓRNIO

Claro que nem todos os Capricórnio são iguais. O factor *ascendente* fornece uma correcção essencial.
Reporte-se ao quadro que se segue; saberá imediatamente qual é o seu signo ascendente.

SE NASCEU ENTRE 21 e 31 de DEZEMBRO:

Nascimento entre		Ascendente
Portugal	Brasil	
12 h 19 m e 13 h 33 m	11 h 31 m e 13 h 55 m	Carneiro
13 h 33 m e 15 h 2 m	13 h 55 m e 16 h 11 m	Touro
15 h 2 m e 16 h 56 m	16 h 11 m e 18 h 25 m	Gémeos
16 h 56 m e 19 h 18 m	18 h 25 m e 20 h 26 m	Caranguejo
19 h 18 m e 21 h 48 m	20 h 26 m e 22 h 10 m	Leão
21 h 48 m e 00 h 21 m	22 h 10 m e 23 h 21 m	Virgem
00 h 21 m e 2 h 50 m	23 h 21 m e 1 h 17 m	Balança
2 h 50 m e 4 h 21 m	1 h 17 m e 3 h 4 m	Escorpião
4 h 21 m e 7 h 41 m	3 h 4 m e 5 h 1 m	Sagitário
7 h 41 m e 9 h 37 m	5 h 1 m e 7 h 16 m	Capricórnio
9 h 37 m e 11 h 2 m	7 h 16 m e 9 h 32 m	Aquário
11 h 2 m e 12 h 19 m	9 h 32 m e 11 h 23 m	Peixes

SE NASCEU ENTRE 1 e 10 de JANEIRO:

Nascimento entre Portugal	Nascimento entre Brasil	Ascendente
11 h 37 m e 12 h 51 m	11 h 1 m e 13 h 13 m	Carneiro
12 h 51 m e 14 h 20 m	13 h 13 m e 15 h 29 m	Touro
14 h 20 m e 16 h 15 m	15 h 29 m e 14 h 43 m	Gémeos
16 h 15 m e 18 h 36 m	14 h 43 m e 19 h 44 m	Caranguejo
18 h 36 m e 21 h 7 m	19 h 44 m e 21 h 28 m	Leão
21 h 7 m e 23 h 35 m	21 h 28 m e 22 h 59 m	Virgem
23 h 35 m e 2 h 8 m	22 h 59 m e 00 h 35 m	Balança
2 h 8 m e 4 h 39 m	00 h 35 m e 2 h 22 m	Escorpião
4 h 39 m e 6 h 59 m	2 h 22 m e 4 h 20 m	Sagitário
6 h 59 m e 8 h 55 m	4 h 20 m e 6 h 34 m	Capricórnio
8 h 55 m e 10 h 21 m	6 h 34 m e 8 h 50 m	Aquário
10 h 21 m e 11 h 37 m	8 h 50 m e 11 h 1 m	Peixes

SE NASCEU ENTRE 10 e 20 de JANEIRO:

Nascimento entre Portugal	Nascimento entre Brasil	Ascendente
10 h 59 m e 12 h 13 m	10 h 24 m e 12 h 35 m	Carneiro
12 h 13 m e 13 h 42 m	12 h 35 m e 14 h 51 m	Touro
13 h 42 m e 15 h 37 m	14 h 51 m e 17 h 5 m	Gémeos
15 h 37 m e 17 h 58 m	17 h 5 m e 19 h 6 m	Caranguejo
17 h 58 m e 20 h 29 m	19 h 6 m e 20 h 50 m	Leão
20 h 29 m e 22 h 57 m	20 h 50 m e 22 h 22 m	Virgem
22 h 57 m e 1 h 30 m	22 h 22 m e 23 h 53 m	Balança
1 h 30 m e 4 h 1 m	23 h 53 m e 1 h 44 m	Escorpião
4 h 1 m e 6 h 21 m	1 h 44 m e 3 h 42 m	Sagitário
6 h 21 m e 8 h 17 m	3 h 42 m e 5 h 56 m	Capricórnio
8 h 17 m e 9 h 43 m	5 h 56 m e 8 h 12 m	Aquário
9 h 43 m e 10 h 59 m	8 h 12 m e 10 h 24 m	Peixes

CAPRICÓRNIO *ascendente* CARNEIRO (Saturno-Marte) Terra-Fogo:

(Cf. Carneiro-Capricórnio). Vive em dois ritmos incompatíveis. Dá uma impressão de movimento, de vivacidade; uma certa agressividade. Mas precisa de viver num ambiente calmo, de carregar as suas baterias no silêncio, na solidão. Bate-se corajosamente pelas suas ideias. Muito ambicioso mas com necessidade de acreditar no que faz. Glória e êxito, frequentemente. Violência subterrânea que raramente explode. Grande memória afectiva. Gosto pelas viagens mas apego ao país natal, às origens. Exemplo: Henry Miller. Atracção pela Balança.

CAPRICÓRNIO *ascendente* TOURO (Saturno-Vénus) Terra-Terra:

(Cf. Touro-Capricórnio). Avança com os olhos pregados no chão. Muito ligado à terra, aos bens deste mundo; necessidade de juntar dinheiro; horror pelo vazio. Lento a irritar-se mas com rancores tenazes; uma memória de elefante. Não perdoa aos que tentaram lesar os seus interesses. Uma faceta «apreciador de pantufas». Gosta de viver bem mas organiza as coisas de forma a não dar lugar a surpresas. Amável mas sujeito a amuos. Atracção pelo Escorpião.

CAPRICÓRNIO *ascendente* GÉMEOS (Saturno-Mercúrio) Terra-Ar:

(Cf. Gémeos-Capricórnio). Natureza cerebral, interessada pelas ideias, que vê para além das aparências; pensa na morte... Juventude muitas vezes marcada por lutos que reforçam o aspecto sério do temperamento. Inteligência rápida e analítica, capaz de sínteses. Interessa-se pelo ensino, pela transmissão de conhecimentos. Humor. Foge de tudo o que pode feri-lo. Julgam-no cínico... nada mais falso. Atracção pelo Sagitário.

CAPRICÓRNIO *ascendente* CARANGUEJO (Saturno-Lua) Terra-Água:

(Cf. Caranguejo-Capricórnio). Desejo de uma perfeita autonomia, duma vida adulta com responsabilidades e tentação dum refúgio num universo protegido. Enorme necessidade de afecto, de calor. Põe a sua fraqueza em evidência para melhor esconder a resistência moral que possui. Uma faceta cómica, *clown* — quando se sente à vontade — infantil... e um lado frio, reservado, ambicioso. Muitas vezes, sofre de ansiedade. Dificuldades em abandonar a família. Casamento tardio ou com alguém mais idoso. Atracção pelo Capricórnio.

CAPRICÓRNIO *ascendente* LEÃO (Saturno-Sol) Terra-Fogo:

(Cf. Leão-Capricórnio). Mais presença, brilho. Capacidade para se valorizar graças ao Leão. Personagem forte, ambiciosa. O Leão permite--lhe exteriorizar os dons do Capricórnio. Carreira tanto científica ou artística como ligada aos negócios. Sabe conduzir o seu barco e trabalha muito. Não deixa nada ao acaso; perfeccionismo total (Marlene Dietrich). Deve desconfiar dos esgotamentos cerebrais. Atracção pelo Aquário.

CAPRICÓRNIO *ascendente* VIRGEM (Saturno-Mercúrio) Terra-Terra:

(Cf. Virgem-Capricórnio). Dois signos secretos e inibidos. Difícil de conhecer. Inteligência exacta, analítica, eficaz, mas tende a perder-se em pormenores,a limitar o seu horizonte em vez de o alargar. Dá mais conselhos do que pede. Amado por aqueles que conhecem a sua boa vontade mas pouco querido dos que o avaliam pela sua aparência fria. Um pouco cáustico. Não gosta da sociedade. Feito para o estudo e para a investigação; para puxar os cordelinhos nos bastidores (Richard Nixon). Atracção pelos Peixes.

CAPRICÓRNIO *ascendente* BALANÇA (Saturno-Vénus) Terra-Ar:

(Cf. Balança-Capricórnio). Forte influência da família, do pai, do país natal, das «origens»? Muito diplomata, aparência sedutora (Balança), mas determinação inquebrantável. Sabe fazer concessões por vezes para impor melhor a sua vontade. Sentido do dever e espírito de sacrifício. Leva os outros em consideração. Muitas vezes alcança uma certa notoriedade, desempenha uma função junto do público (meio do céu em Caranguejo). Manobrador admirável. Atracção pelo Carneiro.

CAPRICÓRNIO *ascendente* ESCORPIÃO (Saturno-Plutão) Terra-Água:

(Cf. Escorpião-Capricórnio). Personalidade poderosa, muito secreta, cujos desígnios podemos ignorar durante muito tempo. Pode colocar a sua vontade ao serviço duma obra que exige um esforço sobre-humano (Maurice Herzog, vencedor do Annapurna) ou ao serviço do mal e da destruição (Dr. Petiot, um sádico). Personalidade que fascina e inquieta. Muitos escritores malditos. Poder de crítica; vê o defeito da couraça, a fraqueza, a tolice. Ensaísta ou filósofo amargo e sem ilusões. (Léautaud). Atracção pelo Touro.

CAPRICÓRNIO *ascendente* SAGITÁRIO (Saturno-Júpiter) Terra-Fogo:

(Cf. Sagitário-Capricórnio). Afirmação de si mais fácil que na estrutura inversa. Ambicioso mas limitado, prudente, pois a sua necessidade de segurança inibe-o. Optimista com momentos depressivos e acessos de falta de coragem. Necessita de se interessar pelos outros para fugir aos seus problemas. Bom senso e segurança com a idade; dá bons conselhos. Deve obedecer à sua faceta primitiva, menos cerebral. Muitas vezes, dois casamentos ou uniões. Atracção pelos Gémeos.

CAPRICÓRNIO *ascendente* CAPRICÓRNIO (Saturno-Saturno) Terra--Terra:

Carácter duro, pelo menos na aparência. O humor a servir de escudo de protecção. No fundo, angústia, grande dificuldade em reconciliar-se consigo mesmo, em gostar da sua pessoa. Provações na juventude, lutos; mais tarde, perturbações de saúde ou «fugas» no álcool para não enfrentar uma solidão esmagadora. Ou então adquire bom senso: aceita a solidão de forma desprendida e sorridente. Escolha entre o poder, a ambição ou a vida calma do eremita. Sonha com a paz, gosta de crianças. Atracção pelo Caranguejo.

CAPRICÓRNIO *ascendente* AQUÁRIO (Saturno-Urano) Terra-Ar:

Espírito científico voltado para a pesquisa. Trabalha na sombra com uma paixão surpreendente. Fala pouco, está fechado num universo de reflexão. Interesse pela história, pela filosofia das ciências, pela arqueologia, pela linguística, pela paleontologia, por tudo o que permite descobrir as origens ou o futuro do homem. Discreto, apagado, aparentemente distraído. É-lhe indiferente a opinião que fazem dele. Espírito livre, por vezes cáustico mas sem malícia. Gosta de viver escondido. Atracção pelo Leão.

CAPRICÓRNIO *ascendente* PEIXES (Saturno-Neptuno) Terra-Água:

Sente mais as coisas do que as compreende, deve confiar na sua intuição. Muito afectivo e sofrendo desilusões com frequência. Refugia-se no seu universo em que tudo é idealizado. A amizade sobrepõe-se ao amor. Uma vida assinalada por provações, por responsabilidades demasiado pesadas. Dá tudo sem se queixar mas gosta de provocar a compaixão e a admiração. Com a idade, adquire uma filosofia, uma sabedoria interior (a cançonetista Dalida). Atracção pela Virgem.

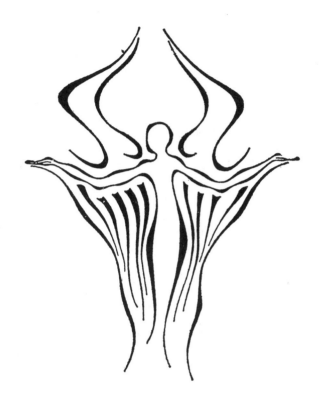

O AQUÁRIO NO MASCULINO

Como reconhecê-lo?

Tem um ar angélico... a arcada supraciliar alta e arredondada dá-lhe uma expressão admirada, ingénua e boa. Muitas vezes, os pés de galinha — sinal de benevolência — acentuam-se com a idade. O nariz é pequeno, direito, um pouco arredondado; a boca bem desenhada, a testa alta, estilo «pensador». Este cerebral tem um alma boa... e espelha-a no rosto. Os cabelos, quase sempre são finos e loiros. Os que compreendem o que têm de comum Mozart, Lord Byron, James Dean, Claude Rich ou Couve de Murville saberão reconhecer um Aquário.

Alguns, no entanto, possuem olhos negros, de expressão fixa, que lhes dá um ar alucinado, ausente.

O corpo é magro, o andar nervoso, um pouco saltitante. O Aquário ri-se com os olhos. Por vezes franze o nariz, como os coelhos, duma forma engraçada e gentil, ao desejar-nos os bons dias.

Muitas vezes é belo, graças à finura dos traços e a uma elegância natural de gestos e de atitudes. Seduz pela inteligência, pelo humor, pela doçura do olhar. Nunca por se «armar em valentão».

Como passa de Saúde?

Como se cansa com facilidade, o Aquário deve evitar a todo o custo trabalhar demais. É atreito a vertigens, indisposições e perdas de consciência repentinas. Este emotivo, este «sensitivo» empalidece sob o efeito da cólera ou da surpresa.

A função fisiológica mais perturbada: a circulação sanguínea, com o seu cortejo de varizes, de úlceras varicosas, de hemorroidas, e, na idade madura, riscos de arterioesclerose. O seu sangue não é rico e, sobretudo na juventude, parece predisposto à anemia. O coração por vezes prega-lhe partidas, em consequência do nervosismo e da fragilidade das artérias ou dos vasos sanguíneos... ou, se trabalha em excesso, da fadiga.

Entre as perturbações mais graves que podem afectá-lo, citamos a paralisia, as deficiências motoras, a hemiplegia. As mais benignas são tendência para a insónia, entorses, luxações ou tudo o que pode afectar os tornozelos e as pernas. A visão, raramente, é perfeita e o signo fornece forte contingente de míopes, de astigmatas ou de pessoas com anomalias nos olhos.

Os Aquários arriscam-se por vezes a sofrer acidentes de automóvel; embora conduzam bem, andam depressa demais e podem ter «avarias de atenção» em determinadas alturas. É a «descontinuidade» uraniana; a distracção faz parte dela. (O único homem que eu conheço que entrou vestido para a banheira é Aquário.)

Da mesma forma encontramos nestas crituras doces, indulgentes, bruscos acessos de cólera que aterrorizam os que o rodeiam e os deixam surpreendidos. Tal como as suas repentinas manifestações «paranóicas».

O Aquário deve dormir bastante, pois o sono constitui uma das principais fontes do seu equilíbrio. Com a idade, aprenderá a explorar as insónias de que sofre cultivando-se e lendo. Tem, pois, que evitar o café, o tabaco e os excitantes em geral.
Como o aborrecimento é o pior inimigo da sua saúde, deve fazer frequentes interrupções no seu ritmo de trabalho, arranjar forma de se descontrair, romper com os hábitos, sobretudo.
Sofre duma certa tendência para esquecer o mundo que o rodeia quando brinca aos «feiticeiros Cosinus». E se ninguém lhe lembrar que tem de comer, de dormir, de abrir as janelas e fazer exercício, consegue ficar durante oito dias curvado sobre os seus formulários! Numa peça de teatro num acto, cujo nome e autor já esqueci, havia um «sábio simpático» que vivia sozinho num quarto. Içava, através dum sistema de roldanas, a cama e um presunto até ao tecto e descia-os quando tinha fome ou sono. Não há dúvida que se tratava dum personagem Aquário!
Deve comer alimentos que contenham fósforo, tal como o peixe, magnésio, ferro e vitaminas. A fruta, que em geral não aprecia, faz-lhe muito bem. Não gosta de pratos complicados ou com temperos em excesso. Precisa de variar; é um «debicador», com preferência pela cozinha chinesa, pelas «entradas» e pelos doces.
O esqui, o ténis, o ping-pong, a esgrima e todos os desportos que exijam destreza e reflexão são excelentes para ele.
Natrum Muriaticum compensará as suas tendências para a anemia.

Como reage?

Não é fácil descrever o Aquário pois isso equivale a falar dum mundo de paradoxos e contradições. Entre as «constantes» do seu carácter, citamos a independência extrema, o horror pelos constrangimentos e pelos métodos vulgares, a originalidade de pensamento, a curiosidade de espírito, o gosto pelas experiências novas. Na opinião dele, vale a pena experimentar tudo; de preferência aquilo que os outros ainda não descobriram.
Esta criatura sensível que possui o sentido da amizade, da bondade («nunca se é demasiado bom», dizia Malrivaux, um Aquário), pode mostrar-se estranhamente ausente e cheio de indiferença.

A contradição fundamental da sua natureza reside no facto deste cerebral, movido pela inteligência, pelas ideias, reagir quase exclusivamente aos sentimentos e à afectividade. Daí a incoerência que caracteriza a sua vida sentimental, a sua credulidade e ingenuidade surpreendentes. Não existe nela rasto de malícia.

Os Aquário passam a vida a lutar contra o conformismo, contra os espíritos retrógrados. Susceptíveis e «moles», esquecem as injúrias... logo que compreendem as razões que motivaram os seus adversários.

Indiferentes à fortuna, podem ganhar muito dinheiro e perdê-lo num só dia numa especulação ou num projecto. Adaptam-se sem esforço a todas as situações, só gostam do imprevisto. Tímidos, precisam de tempo para adquirir à vontade em sociedades mas, uma vez conseguido este, sentem-se encantados por poderem brilhar. Estes solitários adoram os contactos humanos. Convidam tanto os amigos como aqueles que o acaso colocou no seu caminho, mas abrem-se pouco. Amáveis, com uma faceta «gélida». Apaixonados pela utopia, mais voltados para o futuro que para o presente, com predilecção pela ficção científica (Júlio Verne, Orwell), estes seres complexos oferecem uma aparência de simplicidade.

Para que é dotado?

Graças à sua vocação para tarefas manuais, à astúcia e destreza de que dão provas, triunfa em todas as profissões artesanais, mas há muitos jovens Aquário capazes de realizar estudos brilhantes; por muito que contestem o ensino que lhes é facultado. É o engenheiro, o técnico, o tecnocrata apaixonado pela teoria, o investigador por excelência; e graças a isso poderão seguir uma via científica. Interessam-se pela biologia, pela física, pela química, pela medicina e pela electrónica, praticamente por todas as técnicas de vanguarda. Estas podem incluir também as ciências que se ocupam do homem, desde a sociologia à psicologia.

As suas ideias são revolucionárias, mas trata-se dum individualista. Sonha com a vida comunitária, na condição de toda a gente respeitar a sua liberdade e de não lhe serem impostas regras. Acredita que «a acção é monárquica» mas que só a democracia tem lógica. Eis a razão por que tantos Aquário ocupam uma posição marginal na sociedade... ou têm um destino em forma de curva de temperatura agitada. Isso convém-lhes, de resto, porque detestam a repetição e todas as experiências novas o seduzem.

O Aquário é o mais inventivo dos signos. A preguiça aguça-lhes o engenho. Infelizmente, vive adiantado no tempo e, por isso, corre o risco de ver recusadas as suas teorias. Mas não perde a coragem. Aliás, as ideias interessam-no mais do que os factos, os projectos fascinam-no mais do que as realizações. O que em política constitui um perigo.

Não é raro possuir génio.

Como ama?

Neste ponto, as contradições agudizam-se... Se o Aquário conseguisse saber com mais frequência aquilo que quer, a sua vida afectiva tornar-se-ia mais feliz. Ama com sinceridade, pelo menos ele assim o crê. Mas receia tanto alienar a sua liberdade que quando tem de comprometer-se arranja pretextos para fugir, embora se sinta infeliz com isso.

Terá então que escolher entre namoricos sem futuro, aventuras deliciosas que não o satisfazem e amores impossíveis por mulheres belas e distantes. Estas proporcionar-lhe-ão toda a espécie de emoções a que ele aspira, sem o ameaçarem de «lhe deitar a unha».

Resta-lhe uma solução «razoável»: o casamento amigável e de cumplicidade com uma rapariga inteligente, bem disposta, e independente com quem partilhará o leito, sem obrigações a cumprir dentro do maior respeito pela liberdade mútua. De qualquer forma, prefere sempre a união livre ao casamento convencional e burguês.

De todo o Zodíaco, é sem dúvida o menos misógino, o mais apto a aceitar a igualdade da mulher que merecer a sua estima. Mas, antes de encontrar «o sapato para o seu pé», poderá acumular divórcios e rupturas.

E se fosse...

Se fosse um animal: pensaríamos num pássaro, de preferência numa cotovia, numa gaivota ou numa cegonha... Talvez numa andorinha.

Se fosse uma árvore: um choupo ou um lárice.

Uma planta: o musgo, o feto ,o líquen.
Uma flor: a azálea, a campânula, a craveta.
Um condimento: o coentro.
Se fosse um metal: o cromo, o rádio, o urânio.
Uma cor: o azul cobalto, o azul-esverdeado, o cinzento azulado.
Uma pedra: a pedra do Labrador, a safira estrelada, o cristal.
Um sabor: subtil.
Um perfume: o vetiver.
E se fosse um instrumento de música: o oboé ou a flauta, talvez o piano.
E um objecto de colecção: pedras por lapidar, máscaras, objectos engraçados e inúteis.

O AQUÁRIO NO FEMININO

Como reconhecê-la?

Também aqui temos de distinguir entre a «angélica» (Kim Novak, Mick Micheyl, Suzanne Flon, Marie Daems) de rosto fino, olhar sonhador e admirado, ar distraído, carnação transparente, e a «uraniana», mais dura, de expressão fixa... Muito mais mulher fatal, fazendo lembrar Antinea, rainha da Atlântida, grande devoradora de homens, nascida da imaginação fecunda de Pierre Benoit. Veste-se de forma excêntrica, com gosto, e usa jóias bárbaras (Juliette Greco, Jeanne Moreau).

A mulher Aquário tem um rosto oval, com maçãs do rosto altas e salientes, uma fronte de têmporas estreitas. O nariz é perfeito; a boca pequena mas bem desenhada; o corpo em geral, magro.

Trata-se duma nervosa. O equilíbrio nem sempre é perfeito e por vezes surpreendemo-la na rua a murmurar com os seus botões palavras incompreensíveis, com uma expressão desvairada, a boca torcida num rictus, o andar hesitante, o gesto brusco. Pelo menos, é esta a caricatura da Uraniana.

A mulher Aquário do tipo «angélico» envelhece bem; o ar ingénuo e a clareza do olhar acentuam-se; a pele permanece clara; os olhos velam-se de melancolia e chamam muito a atenção.

Não faz gestos largos, como se uma espécie de timidez prendesse o seu corpo de aparência frágil.

Como passa de saúde?

É evidente que deve contar com o seu nervosismo, ou mais ainda, desconfiar do seu lado «perseguido». Como, além disso, tem uma natureza inconformista e algo excêntrica, consideram-na «ligeiramente amalucada», uma vítima da incompreensão do espírito burguês. Precisa de calma e deve evitar as emoções violentas que podem reforçar a sua tendência para se excitar demasiado.

Como não possui uma saúde de ferro, deve poupar as forças, dormir o suficiente, beber infusões de tília ou de verbena que a ajudarão a dormir, evitando assim tomar soníferos que a prejudicam. Tem magnetismo e intuição. Na Idade Média foram queimadas, com certeza, muitas mulheres Aquário de temperamento insubmisso, revoltado, com dons de videntes ou de curandeiras, e um olhar estranho de quem «tem o diabo no corpo». E como sentiam curiosidade por tudo, conheciam sem dúvida as plantas e as ervas medicinais. E, além disso, gostavam de fazer «coisas impróprias», desafiando assim a estupidez e o conformismo, talvez até praticassem abortos, porque desejavam ser livres...

Entre as doenças de que a mulher do Aquário sofre com frequência, há que citar as deficiências circulatórias, sobretudo ao nível das pernas, que muitas vezes se tornam pesadas ou são atacadas por varizes. É atreita a constipações, a alergias, a problemas respiratórios.

Desconcerta os médicos que não compreendem as suas doenças; tratam-na daquilo que não tem e não descobrem os seus verdadeiros males; até neste domínio, se comporta de forma diferente das outras pessoas... Uma coisa é certa, a saúde dela depende essencialmente do equilíbrio afectivo e psíquico. Quando está contente, demonstra uma surpreendente resistência.

A mulher de Aquário deveria vigiar assiduamente a sua circulação sanguínea, evitar a vida sedentária, os longos períodos de pé, as profissões em que se é obrigado a marcar passo.

Tal como o nativo do signo, pode sofrer de anemia e tem uma hipertensão mais ou menos crónica; daí o cansar-se facilmente, os períodos de esgotamento, as vertigens, as hemorragias pelo nariz. Faz nódoas negras com facilidade...

Frequentemente, sofre deficiências vertebrais, deslocamentos de discos, vértebras desviadas, contracções musculares ao nível das costas e sobretudo da nuca. Muitas vezes é vítima de torcícolo. As gengivas sangram facilmente, os dentes perdem o esmalte.

Recomendamos-lhe as vitaminas, as infusões, os calmantes ligeiros, os sumos de limão quentes, adoçados com mel e aromatizados com laranja, a comida leve e sobretudo variada. O seu apetite tem, muitas vezes, necessidade de estimulantes.

Como reage?

Mais uma vez, não resistimos ao prazer de citar Conrad Moriquand: «A mulher de Aquário é ambígua e paradoxal, cheia de delicadeza e incoerêncas, revoltada em todos os planos. De natureza cerebral, guia-se unicamente pelos sentimentos, situa-se à margem de todos os conformismos. Ideias elevadas apesar da desordem da sua existência e do seu romantismo.»

Possui vários rostos. Simultaneamente crédula, inteligente e infantil, caprichosa e obstinada, generosa e agressiva, com grandeza de alma e por vezes mesquinha, capaz de inexplicáveis teimosias, dedicada aos amigos, dura para com o marido, defendendo as suas ideias de igualdade e cometendo injustiças, exprimindo com coragem as suas opiniões, mas adoptando as dos outros, amável com cóleras histéricas, apaixonadas com manias, preguiçosa, metódica e boémia, gostando simultaneamente de ordem e de anarquia... Nem sempre é fácil abrir caminho neste universo de contradições. As suas ideias, de resto, quase sempre se opõem, àquilo que faz. Isso desconcerta apenas os outros.

Mas há que fazer-lhe justiça, ela esforça-se por progredir, por acompanhar com pessoas inteligentes e generosas por se enriquecer convivendo com elas, tem curiosidade pela sua pessoa, pela vida, pelo mundo, pelo oculto, pelos mecanismos do inconsciente, por tudo o que pode fornecer-lhe uma chave para o futuro, o que pode permitir-lhe compreender o espírito humano.

Quando consegue conquistar a autonomia sem ter como objectivo chocar e provocar, utilizando os seus dotes, a mulher de Aquário que encontrou o equilíbrio entre as suas exigências intelectuais e a sua afectividade, surge como uma criatura notável e infinitamente sedutora.

Para que é dotada?

A mulher Aquário quer ser livre, igual ao homem, está sempre pronta a afirmar a sua independência por todos os meios e a coragem não lhe falta quando se trata de conquistar a sua independência. Pode vencer na vida, se for perseverante, pois deve desconfiar da sua dispersão, da instabilidade do seu carácter. Eis a razão por que procura as associações ou o trabalho em equipa, que lhe podem dar o estímulo que não possui.

É uma maneira de impor a si própria um constrangimento da sua escolha.

Deixa, em tudo o que toca, a sua marca original; quando fabrica jóias, escreve livros, exerce uma profissão artística, se orienta para a investigação, monta uma casa de modas ou se lança na acção sindical. Com grande curiosidade pelas pessoas, apreciará sobretudo uma profissão que a ponha em contacto com os outros.

Mas não consegue estar fechada num escritório a executar as mesmas tarefas durante um número fixo de horas por dia. Quer organizar o trabalho à sua maneira; aliás, pode-se confiar nela, pois é escrupulosa e cumpre o que promete.

Tem à-vontade nas negociações, ousa reclamar o que lhe devem, enfrentar pessoas importantes, o patrão ou quem quer que seja. O Papa, se for preciso. Sobretudo se crê defender uma causa justa, de preferência revolucionária. Voa em socorro dos oprimidos...

As suas qualidades de organização são admiráveis. Aliás, diz frequentemente frases com esta: «Vamos lá pôr um pouco de ordem nisto!» E fá-lo realmente. É nesses momentos que pode dar o melhor de si própria.

Quanto às profissões que pode exercer, são idênticas às referidas para os nativos. No entanto, vai engrossar as filas dos marginais, dos nómadas, dos *hippies*, dos adeptos da vida comunitária. Pois a sua ambição consiste, em primeiro lugar, em ter tempo para viver, em aproveitar o imprevisto e em fugir a todas as formas de escravatura.

Como ama?

Sonha com amores maravilhosos, como as raparigas que suspiram pelo Príncipe Encantado. Com a diferença que o Príncipe deverá ser, antes de mais, um homem admirável: um grande artista, um grande pensador, um grande sábio, um político notável, tanto faz. É a sua faceta que aspira à glória. Mas infeliz do que cair do pedestal. A decepção torna-la-á dura, hostil, agressiva; nunca perdoa àquele a quem admirou tê-la enganado, nunca perguntando a si própria se não deveria antes atribuir as culpas à sua falta de discernimento. «Atreveu--se a fazer-me isto!» Gosta das relações inacabadas, de sonhar, dum certo mistério no «princípio», das trocas epistolares apaixonadas, nas quais emprega todo o seu estilo, dos «namoros pelo telefone», da esgrima com floresta, dos jogos com o acaso.

Mais incoerente que o homem do signo, a mulher de Aquário casa-se várias vezes ao passo que defende o celibato, liga-se a alguém a quem já deixou de amar, volta a casar-se com aquele a quem abandonou. Depois dos cinquenta anos, continua a querer seduzir, mas compreende que se adapta melhor à solidão. Por vezes também, continua a manter uma união com o homem que já não lhe interessa mas de quem tem pena, procurando ser-lhe útil — e é-o realmente — e mostrar-se sua amiga. Mas irrita-o com uma tagarelice constante. Essa é a sua maneira de reagir à angústia: através da excitação, da agitação, duma onda de palavras; ao contrário do homem do signo, geralmente silencioso como um peixe.

Gosta mais de desempenhar o papel de egéria do que o de mecenas. É capaz de tudo pelo homem de quem gosta — enquanto o ama verdadeiramente —, sacrifica-lhe o seu conforto, o seu tempo e a sua saúde. Perdoa as infidelidades e não detesta as relações ambíguas.

Muitas vezes, são mães abusivas — se têm um filho único e o criaram sozinhas. Mas amam-no à sua maneira, sobretudo se ele lhes dá motivos de orgulho.

Se nasceram num meio burguês com princípios rígidos, mostrar-se-ão mais «moralizantes» que as outras, até ao dia em que tiram o avental e se transformam na «vergonha da família» com um prazer infinito! Mais tarde, tornam-se divertidas «velhas senhoras sem vergonha».

Quadro 11 AQUÁRIO

É claro que nem todos os Aquário são iguais. O factor *ascendente* fornece uma correcção essencial.
Reporte-se ao quadro que se segue; saberá imediatamente qual é o seu signo ascendente.

SE NASCEU ENTRE 21 e 31 de JANEIRO:

Nascimento entre		Ascendente
Portugal	Brasil	
10 h 27 m e 11 h 30 m	9 h 42 m e 11 h 53 m	Carneiro
11 h 30 m e 12 h 59 m	11 h 53 m e 14 h 9 m	Touro
12 h 59 m e 14 h 54 m	14 h 9 m e 16 h 24 m	Gémeos
14 h 54 m e 17 h 15 m	16 h 24 m e 18 h 24 m	Caranguejo
17 h 15 m e 19 h 46 m	18 h 24 m e 20 h 8 m	Leão
19 h 46 m e 22 h 15 m	20 h 8 m e 21 h 40 m	Virgem
22 h 15 m e 00 h 47 m	21 h 40 m e 23 h 11 m	Balança
00 h 47 m e 3 h 18 m	23 h 11 m e 1 h 2 m	Escorpião
3 h 18 m e 5 h 38 m	1 h 2 m e 3 h 00 m	Sagitário
5 h 38 m e 7 h 34 m	3 h 00 m e 5 h 14 m	Capricórnio
7 h 34 m e 9 h 00 m	5 h 14 m e 7 h 30 m	Aquário
9 h 00 m e 10 h 27 m	7 h 30 m e 9 h 42 m	Peixes

SE NASCEU ENTRE 1 e 10 de FEVEREIRO:

Nascimento entre		Ascendente
Portugal	Brasil	
9 h 35 m e 10 h 48 m	8 h 55 m e 11 h 6 m	Carneiro
10 h 48 m e 12 h 17 m	11 h 6 m e 13 h 22 m	Touro
12 h 17 m e 14 h 12 m	13 h 22 m e 15 h 37 m	Gémeos
14 h 12 m e 16 h 34 m	15 h 37 m e 17 h 37 m	Caranguejo
16 h 34 m e 19 h 4 m	17 h 37 m e 19 h 21 m	Leão
19 h 4 m e 21 h 33 m	19 h 21 m e 20 h 53 m	Virgem
21 h 33 m e 00 h 5 m	20 h 53 m e 22 h 25 m	Balança
00 h 5 m e 2 h 36 m	22 h 25 m e 00 h 15 m	Escorpião
2 h 36 m e 5 h 56 m	00 h 15 m e 2 h 13 m	Sagitário
5 h 56 m e 6 h 52 m	2 h 13 m e 4 h 28 m	Capricórnio
6 h 52 m e 8 h 18 m	4 h 28 m e 5 h 43 m	Aquário
8 h 18 m e 9 h 35 m	5 h 43 m e 8 h 55 m	Peixes

SE NASCEU ENTRE 11 e 20 de FEVEREIRO:

Nascimento entre		Ascendente
Portugal	Brasil	
8 h 56 m e 10 h 10 m	8 h 18 m e 10 h 30 m	Carneiro
10 h 10 m e 11 h 38 m	10 h 30 m e 12 h 45 m	Touro
11 h 38 m e 13 h 33 m	12 h 45 m e 15 h 00 m	Gémeos
13 h 33 m e 15 h 55 m	15 h 00 m e 17 h 1 m	Caranguejo
15 h 55 m e 18 h 25 m	17 h 1 m e 18 h 44 m	Leão
18 h 25 m e 20 h 54 m	18 h 44 m e 20 h 16 m	Virgem
20 h 54 m e 23 h 22 m	20 h 16 m e 21 h 48 m	Balança
23 h 22 m e 1 h 57 m	21 h 48 m e 23 h 34 m	Escorpião
1 h 57 m e 4 h 18 m	23 h 34 m e 1 h 36 m	Sagitário
4 h 18 m e 6 h 13 m	1 h 36 m e 2 h 51 m	Capricónio
6 h 13 m e 7 h 39 m	2 h 51 m e 6 h 6 m	Aquário
7 h 39 m e 8 h 56 m	6 h 6 m e 8 h 18 m	Peixes

AQUÁRIO *ascendente* CARNEIRO (Urano-Marte) Ar-Fogo:

(Cf. Carneiro-Aquário). Reformador nato. Ser apaixonado pela mudança; quer transformar tudo. Tem cem ideias por dia e faz inúmeros projectos. Mas sozinho não concretiza nada; as realizações passam pelos amigos que contam mais do que tudo para ele (Sol na XI Casa). Uma certa ingenuidade. Interesse pelos estudos científicos, pela investigação, pela política reformadora, pela medicina. Espírito de solidariedade e de fraternidade. Apaixona-se facilmente. Atracção pela Balança.

AQUÁRIO *ascendente* TOURO (Urano-Vénus) Ar-Terra:

(Cf. Touro-Aquário). Personalidade original e sedutora. Livre, independente... e consciente das realidades concretas. Um lado construtivo. Uma vida cheia de lances teatrais. Meio etéreo, meio materialista. Sinceridade, uma forma directa de dizer as coisas. Sonha com amores impossíveis, critica os seres de carne e osso por serem apenas homens; relações sentimentais incoerentes: infidelidade absoluta e ciúme total. Atracção pelo Escorpião. (Jeanne Moreau)..

AQUÁRIO *ascendente* GÉMEOS (Urano-Mercúrio) Ar-Ar:

(Cf. Gémeos-Aquário). Não é um ser humano, mas uma corrente de ar; tudo se passa ao nível cerebral, com uma afectividade desconcertante. Não suporta nenhum constrangimento, nenhum compromisso; no entanto, possui o sentido da amizade, da palavra dada. Muito vivo, hipernervoso, instável. Tentação nómada. Estar sempre em viagem; caso contrário, actividade intelectual que garante uma mobilidade de espírito. Destino difícil de traçar porque recusa uma certa realidade. Muito gastador. Artista mas incapaz de «fazer carreira». A sorte, por si só, pode fazê-lo vencer na vida. Mais vulnerável do que pode parecer. Atracção pelo Sagitário.

AQUÁRIO *ascendente* CARANGUEJO (Urano-Lua) Ar-Água:

(Cf. Caranguejo-Aquário). Encanto, gentileza; «fresco», infantil. Conflito entre a independência e a necessidade «colo». Viagem mas com um porto de abrigo. Interesse pelas relações humanas, pelos mecanismos da vida enquanto fenómenos científicos, por vezes pela vida pública. Menos defesas do que deixa transparecer. Existência cheia de surpresas e de mudanças. Necessidade de ser amado e compreendido. Demora a tornar-se adulto no plano afectivo, mas pode obter êxito na vida profissional. Atracção pelo Capricórnio.

AQUÁRIO *ascendente* LEÃO (Urano-Sol) Ar-Fogo:

(Cf. Leão-Aquário). Tão difícil de assumir como a estrutura inversa. O eu é Leão, narcísico, quase obsessivamente egocêntrico, enquanto o Aquário sonha com amores românticos, com papéis admiráveis, com a fraternidade humana. Carácter sombrio; recusa-se a reconhecer o seu temperamento autoritário, o seu orgulho. Mas muda se se dedicar a uma actividade altruísta. Atracção pelo Aquário.

AQUÁRIO *ascendente* VIRGEM (Urano-Mercúrio) Ar-Terra:

(Cf. Virgem-Aquário). Duas naturezas opostas. Difíceis de conciliar: uma assume todos os riscos, provoca todas as transformações; a outra agarra-se à segurança, ao conformismo. Mas pode colocar ao serviço do Aquário inovador o instrumento eficaz e metódico da Virgem e realizar coisas admiráveis (Mozart). Perigo de dispersão (meio do céu em Gémeos). Gosto pelo segredo, silencioso, cáustico. Necessidade de justificar os seus actos. Amores numerosos, aventuras sem compromisso. O lema de V. Giscard d'Estaind, «A mudança na continuidade», exprime os paradoxos desta estrutura. Atracção pelos Peixes.

AQUÁRIO *ascendente* BALANÇA (Urano-Vénus) Ar-Ar:

(Cf. Balança-Aquário). Inteligente. Muito cerebral. Tendência para julgar a partir de teorias, não de realidades. Abstracção. Necessidade de agradar e de se fazer aceitar pelos outros. Sedutor mas fugidio. Aspectos românticos; conflito entre o desejo de compromissos profundos e a necessidade imperiosa de conservar a sua liberdade. Casa-se jovem ou fica solteiro; risco de rompimento no casal. Espírito de justiça, de equilíbrio. Profundamente utópico. Atracção pelo Carneiro (J.-. Servan-Schreiber).

AQUÁRIO *ascendente* ESCORPIÃO (Urano-Plutão) Ar-Água:

(Cf. Escorpião-Aquário). Muitas vezes, um destino difícil; sofrimentos; desaires na juventude relacionados com a família. Mais realista, uma vontade mais firme, maior agressividade que na estrutura precedente. A paixão; um motor. Muitas vezes aptidões científicas, para a investigação, para a biologia, para as grandes descobertas que lhe abrem o caminho da glória. Sabe ir até ao fim das suas convicções. Bom psicólogo. Perspicaz. Atracção pelo Touro.

AQUÁRIO *ascendente* SAGITÁRIO (Urano-Júpiter) Ar-Fogo:

(Cf. Sagitário-Aquário). Interessa-se pelo mundo, pelas ideias, pelas ciências humanas, por todos os modos de comunicação. Pensamentos generosos; humanitário e idealista. Acredita no progresso, no futuro, na abolição das fronteiras. Gosta de exprimir o que lhe vai na alma. Muito «mosqueteiro», voa em socorro da viúva e do órfão. Ingénuo, bom. Atracção pelos Gémeos. Dois casamentos ou duas uniões. (René Barjavel).

AQUÁRIO *ascendente* CAPRICÓRNIO (Urano-Saturno) Ar-Terra:

(Cf. Capricórnio). Pode utilizar o conhecimento do passado para reiventar o futuro. Gosto pelas experiências novas mas sob controlo. Prudência que garante a eficácia. Dividido entre o desejo do risco (em especial financeiro) e o medo de falhar. Interessa-se pela ciência, pelas ideias, mas não se contenta com abstracções. Bons contactos na vida social; grande simplicidade. Inteligência desenvolvida simultaneamente para a análise e para a síntese. Atracção pelo Caranguejo.

AQUÁRIO *ascendente* AQUÁRIO (Urano-Urano) Ar-Ar:

Leva longe o desejo de se distinguir do rebanho; não-conformista, até ao anarquismo. Espírito inventivo mas pouco realista; anda sempre «nas nuvens». O seu destino depende do acolhimento que lhe fazem, da ajuda que recebe. Dotado para trabalhos manuais, hábil, inteligente, delicioso e ligeiramente louco, incapaz de se desenvencilhar sozinho; é impossível não se gostar dele. Atracção pelo Leão.

AQUÁRIO *ascendente* PEIXES (Urano-Neptuno) Ar-Água:

Interessa-se pelas coisas estranhas, pelo irracional, pelas experiências que não se referem ao mundo conhecido. Quer ir sempre mais longe. Tendência para o nomadismo, amor pelas viagens, pelo exotismo. Sonhador e idealista, muitas vezes inconsciente das realidades. Secreto, apaixonado pelo mistério. Tem amigos fiéis que são seduzidos pela sua personalidade. Servido também pelo acaso. Na juventude, sofrerá frequentemente de complexos ou de problemas originados por uma relação perturbada ou deficiente com o pai.

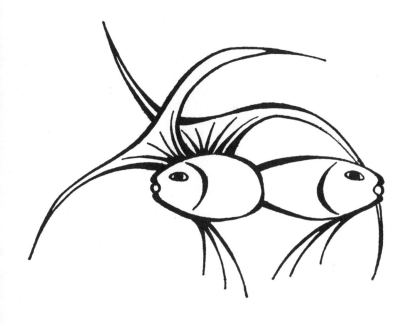

OS PEIXES NO MASCULINO

Como reconhecê-lo?

Tal como o Aquário, tem um olhar que o distingue dos nativos dos outros signos. Mas desta vez não se trata duma expressão ingénua e infantil. Os Peixes vêm através das pessoas, para além delas, o que lhe dá um ar misterioso e longínquo. Aliás, vive completamente mergulhado no seu universo interior, a milhares de quilómetros dum aqui onde se aborrece.

Um rosto largo e com algo de cortante. Um sorriso oblíquo. Há peixes altos e magros... aqueles que só têm espinhas. A cara comprida, com maçãs do rosto largas, boca pequena, queixo ligeiramente pontiagudo, um nariz longo e fino, olhos grandes e ligeiramente saídos, um corpo todo em comprimento, com braços e pernas que nunca mais acabam. (Rex Harrison, Philipe Clay, Sacha Pitoieff). E além destes, temos ainda Peixes carnudos, pequenos e «curtos», com braços em «barbatana» (Re-

nan, Harold Wilson), dilatados, com um rosto redondo, ombros fortes, o pescoço curto. Por vezes, os dois tipos combinam-se.
De maneira geral, os Peixes têm pouco cabelo e uma predisposição para a calvície... Isso ainda lhes aumenta mais o tamanho da testa, sempre alta e nua. O olhar, sonhador e com algo de frio e de indefinível. Os dentes, por vezes, são espaçados, estilo «tubarão»...
O peixe «magro» desloca-se depressa e silenciosamente... como o mugem na água. Ao passo que o outro se move com lentidão e aquela leveza surpreendente que por vezes encontramos nos «gordos».
Mas ambos são linfáticos; o primeiro mais nervoso, o segundo mais «amorfo». Com frequentes necessidades de períodos na «horizontal» e de «ausências» que por vezes o paralisam em plena acção.

Como passa de saúde?

Os Peixes sofrem com frequência de ferimentos ou de deformações nos pés. E mais especificamente os que nasceram entre 22 e 24 de Fevereiro.
No plano interno, são afectados por desequilíbrios hormonais; o sistema endócrino não funciona bem. Da mesma forma, devem também vigiar o sistema linfático. Os Peixes «fabricam» gânglios com facilidade. São também atreitos a perturbações digestivas, mais particularmente intestinais, por vezes hepáticas.
Os contactos com doentes contagiosos constituem um perigo para os nativos deste signo, autênticos «aspiradores de micróbios», verdadeiras «esponjas de vírus». Por pouco que os signos da Água dominem o tema natal, podemos ter a certeza que panhará todas as doenças infantis, às vezes até repetidas, o que pode suceder-lhe mesmo na idade adulta.
Sofrem duma tendência para reter a água nos tecidos, para «fabricar» celulite, edemas, inchaços, linfagites.
No plano psíquico, há a assinalar uma certa queda para o autismo, para a perda de contacto com o real, para a esquizofrenia. Ou então o alcoolismo, a droga, favorecem esta ruptura com o mundo exterior.
Os Peixes experimentam grandes dificuldades em impor a si próprios uma disciplina de vida e a sua higiene alimentar, o seu ritmo de sono são completamente desregrados. Sofrem de sede com frequência e deveriam ter sempre à mão uma

garrafa de água mineral (de preferência sem gás), sumos de fruta — sobretudo sumo de uva —, caldos de legumes... Podem beber chá e café, o que os estimulará um pouco...

Encontramos nos Peixes dois tipos de atitudes quanto à alimentação; ou o assunto lhes é completamente indiferente, comem o que lhes apetecer e a qualquer hora e fazem experiências curiosas, que vão desde o vegetarianismo à macrobiótica, passando pelos regimes de fruta, por exemplo, tudo isso da forma mais irracional possível... Ou são gulosos como gatos, estabelecem o itinerário das suas férias em função das etapas gastronómicas de que conservarão recordações inesquecíveis, e cozinham petiscos, mesmo quando estão sozinhos.

Tanto uns como outros apreciam, em geral, os pratos exóticos... que lhes permitem viajar, pelo menos em sonhos. Os primeiros deveriam esforçar-se por comer a horas regulares; os segundos, por fazer dieta mais vezes, por beber água diurética, por comer peixes magros, carne fresca, cereais, legumes, e evitar as féculas e o açúcar. Ou por jejuar um dia por mês.

Na medida do possível, os Peixes praticam desportos náuticos. Os climas iodados convêm-lhes e devem optar pelo Atlântico em vez do Mediterrâneo.

Como reage?

Don Juan Tenorio era nativo dos Peixes, pois nasceu a 3 de Março. Ilustra perfeitamente a dupla natureza do signo. Durante a primeira parte da sua vida, entregou-se desenfreadamente aos prazeres, seduzindo todas as mulheres que encontrava e abadonando-as em seguida, indiferente ao desgosto e às lágrimas, inconsciente. Depois, compreendeu que afinal aquilo que procurava desde a juventude era Deus, um mundo absoluto e transcendente. Vestiu o hábito de monge e passou a andar de hospício em hospital lavando os pés dos mendigos e dos doentes, vivendo de esmolas.

E estes dois tipos de existência, aparentemente incompatíveis, são reflexo duma única sede, duma só aspiração: aquela que leva os Peixes a dissolver-se num universo exterior a eles, a fundir-se no desconhecido. Na juventude, a comunhão pode ser apenas sensual, uma vez que o amor oferece a todos os seres um meio de se esquecerem de si próprios. O lado sedutor dos Peixes é apenas uma fuga deles próprios, uma avidez sempre insatisfeita, pois as aspirações da sua alma nunca são realizadas.

Os Peixes funcionam por intuição; e têm todas as vantagens em se fiar mais no seu sexto sentido do que na razão... pois, razão é coisa que não possuem e a sua inteligência obedece a mecanismos misteriosos dos quais a lógica parece totalmente excluída. Aliás, dizem com mais frequência «eu sinto» do que «eu penso».

Criticam-nos muitas vezes pela sua inacção ou por uma certa passividade. Parece que não estão a fazer nada e, no entanto, nesse lapso de tempo, a imaginação transportou-os para muito longe... sucedendo-lhes por vezes ser assaltados por visões geniais... Possuem dons de medium e devem dar importância aos seus sonhos, que ou são premonitórios ou revelam o que se passa no seu universo inconsciente.

Parecem «sintonizados» em comprimentos de onda que escapam ao comum dos mortais. Consideram-nos em geral misteriosos, fugidios, estranhos ou apenas desconcertantes. Uma faceta «sabonete na banheira»...

Este personagem mais místico que sensual, sempre em busca dum ideal, é dominado por Neptuno. O Peixe jupiteriano mostra-se mais conformista, mais pedante, amante das honras e facilmente emocionável, tão indulgente para com os outros como para com as suas próprias fraquezas. Tem mais sorte que o primeiro e manifesta um optimismo que nada consegue ensombrar. Bom e egoista, sabe furtar-se às situações de confusão. Eis por que os Peixes fornecem maior número de centenários e de «velhos rijos» do que os outros signos...

O Peixe que reúne o optimismo e a boa vontade dum Jupiteriano e o idealismo e o génio dum Neptuniano terá um destino pouco banal... e muitas vezes admirável.

Para que é dotado?

O Peixe de tipo jupiteriano possui o sentido das especulações financeiras e pode triunfar na banca ou obter grandes lucros na Bolsa. Aliás, acha que o dinheiro é para se gastar. O Neptuniano tem menos sorte na vida material pois não sabe o que é o dinheiro, gasta-o antes de o ganhar e é explorado sem dar por isso; nunca chega a receber a parte da herança que lhe cabe.

Os Peixes de tipo jupiteriano orientar-se-ão por vezes para a carreira eclesiástica, pois na Igreja poderão satisfazer simultaneamente os seus desejos de honras, o seu espírito religioso e um certo conformismo. Ao passo que os Neptunianos optarão pela clausura num convento, por viver longe das pessoas e do barulho...

Encontramos muitos Peixes nas profissões que exigem dedicação e um altruísmo sincero, aquelas em que há cuidados a prestar aos outros: enfermeiros, pedicuras, quinesiterapeutas, médicos ou curandeiros. Muitos optarão pela psicologia, pela psiquiatria, pela psicanálise, pela reeducação...

Os Peixes, que sabem o que é o «inconsciente colectivo», triunfam facilmente na publicidade ou nas profissões em que é preciso adivinhar aquilo que impressiona as massas. Por esta razão, podem trabalhar com êxito no jornalismo, na rádio, na televisão, no cinema. Ou serão poetas e visionários, como Victor Hugo.

A sua noção do público ajuda-os também no comércio e mais precisamente na hotelaria ou na restauração de antiguidades. Encontram formas engenhosas de seduzir o cliente. Mas escolherão muitas vezes actividades que lhes permitam satisfazer a sua paixão pelas viagens. Estas poderão ir desde a exploração... à astronomia e até à astronáutica, passando pela marinha, pelo nomadismo puro e simples ou pela vida calma do *hippie*.

Como ama?

À semelhança de Don Juan, o Peixes brinca aos coleccionadores, preocupa-se mais com a sua panóplia de caça do que com a qualidade dos seus amores. Ou então é romanesco e sentimental, coloca a eleita num pedestal e «diviniza-a». Pobre dela se fizer qualquer exigência humana!

Por vezes acusam-no de praticar actos pouco recomendáveis, mas não se pode julgá-lo de acordo com os critérios habituais: é mais amoral do que imoral. Confessa sem dificuldade que é «fiel mas inconstante». De resto, considera tabús, os preconceitos e dum modo geral tudo o que limita o homem, digno de desprezo. Submeter-se-á a todas as experiências para provar a si próprio que não está preso e sobretudo para «sentir» algo de novo, enquanto o Aquário pretende «analisar» as experiências e é isso que o leva a procurá-las.

Casar com um Peixes, ser encantador, fascinante, infinitamente sensível, capaz de atenções extraordinárias e de ternura, sensual e bom amante, é, no entanto, uma aventura muito perigosa. Com ele, não há segurança, certezas, um chão firme onde apoiar os pés. O amor pode abandoná-lo como as vagas abandonam a praia. Nenhum gesto consegue sensibilizar aquele rosto fechado, tocar a couraça em que se envolve. Nada mais resta do que desistir, aceitar a derrota para que possa restar, ao menos, um simulacro de amizade.

Há também que assinalar que os Peixes nunca são invulneráveis à tentação e que o seu carácter sonhador pode sempre transportá-los para longe, para zonas fantásticas e imprevisíveis e que o seu erotismo — extremamente rico — pode reagir diante dum rosto que a imaginação de que é dotado transfigurou com um simples movimento de varinha mágica.

Gosta das mulheres misteriosas. A mulher que o ama não deve revelar-lhe tudo acerca de si própria se quer conservar sobre ele qualquer espécie de domínio...

E se fosse...

Se fosse um animal: um hipopótamo, um pinguim, uma otária, um cisne...

Se fosse uma árvore: um plátano, uma acácia... ou uma daquelas árvores que têm as raízes na água.

Uma planta: as algas, o linho, a silindra.

Uma flor: a anémona, o junquilho, o lótus, o nenúfar...

Um condimento: a noz moscada, o caril.

Um metal: o zinco, o latão.

Uma cor: o azul violenta, o azul marinho, todas as cores do oceano.

Uma pedra: a água-marinha, o coral.

Um sabor... marinho também; o da maresia.

Um perfume: o *ylang-ylang*.

E se fosse um instrumento de música: a harpa.

Um objecto de colecção: conchas, anéis, fotografias de nus.

*
* *

OS PEIXES NO FEMININO

Como reconhecê-la?

Muitas vezes, é dotada de grande beleza; os olhos, sempre estranhos, atraem e fascinam. Com a ajuda de alguns nomes, compreendemos imediatamente em que consiste esse poder do olhar neptuniano: Michèle Morgan, Liz Taylor, Ursula Andress... O rosto dum oval puro, as maçãs do rosto altas, o nariz perfeito, a boca que não sobressai entre os outros traços fisionómicos.
A voz, sobretudo, possui um encanto indefinível, talvez por causa dum «vibrato» que toca as fibras da alma... tal como a voz rouca da mulher Escorpião desperta a sexualidade do homem. Parte do sucesso obtido pelo filme «Hiroshima, meu amor» se deve, sem dúvida. à voz de Emanuelle Riva. Se nos deixarmos envolver pelas suas inflexões de sereia, seremos enfeitiçados sem dar por isso...
Fisicamente, a mulher de Peixes é mais frágil que impotente, com gestos inacabados, uma espécie de hesitação, como se um movimento com um fim representasse uma entrada demasiado brutal no mundo da realidade. No entanto, é graciosa, aprecia a dança, arte para a qual parece dotada. O corpo serve-lhe, nessa altura. para entrar na música, para traduzir algo que a liga à terra e a atrai para o céu... para exprimir a sua dupla natureza.

Como passa de saúde?

Sofre de indisposições, de «estados de languidez», de fadigas românticas, que lhe passam com a mesma rapidez com que surgem. E, apesar da sua saúde frágil, vive mais tempo do que a maior parte das pessoas.
De facto, não gosta do movimento nem da agitação; prefere estender-se com um livro ou ouvir música; a sua natureza contemplativa acomoda-se bastante bem à inacção.
Se pertencer ao tipo jupiteriano, é gulosa. Nessa altura, tem de evitar tudo aquilo de que gosta: os gelados, o choco-

late, os bolos orientais, todas as guloseimas que a fazem engordar prematuramente.
Muito sensível aos ambientes, não deve frequentar os sítios onde se sente pouco à-vontade. Uma vez que se «sintoniza» inconscientemente sobre tudo e recebe todas as «impressões», não pode deixar de escolher com cuidado as pessoas com quem se dá. Com efeito, sofre depressões com a maior facilidade, e uma insignificância basta para a angustiar, para perturbar um equilíbrio sempre frágil. Também deve evitar as experiências ocultas que a atraem bastante, uma vez que possui notáveis faculdades de medium — e, mais ainda, a droga e o álcool, pois nem sempre possui a vontade suficiente para parar a tempo tem consciência do processo de acostumação que pode iniciar sem dar por isso.
Aconselhamos-lhe uma vida calma, com tempo suficiente para dormir... sem, no entanto. fomentar a preguiça ou o linfatismo para que tem uma certa tendência.
Deve também desconfiar dos medicamentos em excesso, eufóricos ou tranquilizantes, soníferos ou excitantes... que a prejudicam.
Os remédios naturais, as plantas, o ioga, obtêm mais resultados com ela do que a medicina tradicional. O sal de Shussler que lhe convém (tal como ao homem do signo) é *Ferrum Phosphoricum*. Aliás, só um homeopata se conseguirá orientar no meio da floresta de sintomas pouco nítidos que os Peixes lhe descrevem.

Como reage?

A mulher de Peixes é doce, sonhadora, sempre um pouco «sonâmbula»... Com manias inocentes e caprichos imprevisíveis. Demonstra maior boa vontade do que eficácia.
Geralmente pouco agressiva não provoca reacções hostis nos outros, mas abriga-se facilmente por trás da sua carapaça protectora que a protege das grandes emoções e dos grandes sofrimentos. A sua sensibilidade é diferente de todas as outras. Encontramo-la a chorar e presa da maior angústia diante dum gato perdido... mas se detesta alguém, um brilho de ódio gelado anima-lhe o olhar; nessa altura, apercebemo-nos que é capaz duma insensibilidade total, duma auto-anestesia, quase.
É simples, «boa rapariga», de trato fácil e agradável. nunca provoca discussões, nem dá mostras de teimosia. Quando as

situações se deterioram, recolhe às suas águas interiores; refugia-se num lugar onde ninguém consegue atingi-la.

Muito intuitiva, tem a inteligência de confiar nas suas antenas, de desprezar avisos e conselhos. E deve fazê-lo. Em todo o zodíaco, não há ninguém que sinta melhor as coisas, que melhor se aperceba do que é incompreensível para os outros.

Existe nela uma gentileza, um encanto, um mistério e, ao mesmo tempo, uma naturalidade que lhe conferem autênticos êxitos na vida social e afectiva. Possui também uma poesia que irrita ou seduz, e, mesmo depois de velha, gostará de contos de fadas...

Para que é dotada?

As suas qualidades profundas e os próprios sistemas de protecção que a caracterizam transformam-na numa «ajudante cuidadosa», numa enfermeira, médica ou parteira muito procurada e muito apreciada pois tem sempre o ar de quem sente algo por aqueles de quem se ocupa... sem que ninguém desconfie que ela está a pensar noutra coisa. Como se desdobra facilmente, isso nunca a impedirá de se sair bem do seu trabalho.

Com temperamento artístico, muitas vezes, boa actriz (uma vez que entra na pele das personagens que incarna), dotada duma presença subtil, «pisa o palco». O mundo das artes é, sem dúvida, aquele em que se move com mais prazer.

Encontramos também nativas do signo entre as mediuns profissionais, entre as cartomantes (constituindo as cartas um simples trampolim de vidência que ela pode substituir por outra coisa qualquer). Consegue também, se o desejar, dedicar-se à radiestesia, ser uma curandeira de renome, etc. ...

À semelhança do homem do signo, gosta de animais e trata-os carinhosamente; as suas relações com eles são muito estranhas. Também aí, passa a corrente.

Não podemos considerá-la uma mulher doméstica (sobretudo à neptuniana), mas enquadrada, submetendo-se facilmente a todas as tarefas sem as considerar repulsivas. Quando se farta, pára: tão simples como isto.

Vemo-la triunfar nas profissões em que é preciso vender — e consegue vender seja o que for — pois tem o dom de convencer as pessoas, por vezes com argumentos insignificantes.

Como ama?

Não existe ninguém tão romanesco. Nem tão apaixonado. E para ela não há nada mais natural do que amar. Que não lhe falem de movimentos de emancipação da mulher, nem de reivindicações feministas. Aos seus olhos, nada disso tem sentido... reivindica apenas um direito, o direito ao amor; só deseja uma coisa, encontrar um homem que aceite a sua ternura e se deixe amar, o que para ela é mais importante do que ser amada. Não podemos falar de paixão; a sua concepção do amor não tem nada de masoquista, não procura um sofrimento recebido com gratidão... detesta a perversidade nesse campo; apenas quer tornar-se uma parte do ser amado, fundir-se nele, deixar-se envolver pelo sentimento que a invade. Concebe o amor como uma comunhão, como uma espécie de êxtase, que não exige qualquer esforço intelectual e lhe traz o bem-estar... O Nirvana...

Sem um ser a quem dedicar ternura, fica exactamente como um viciado em morfina com falta de droga. Por causa disso, atribuem-lhe, por vezes, uma natureza hiper-sensual e ninfomaníaca... nada mais injusto. A sexualidade nela é apenas um meio, um veículo da alma e do corpo... O seu erotismo está mais próximo do misticismo que da pornografia!

Mas, evidentemente, as desilusões são mais frequentes do que as alegrias; poucos homens conseguem assumir uma relação deste tipo; esta «avalanche» afectiva assusta-os... ao mesmo tempo que os atrai, pois pressentem nesta mulher uma qualidade de amor excepcional, acompanhada duma extrema exigência. Uma insignificância, um olhar, um gesto brusco, uma palavra a despropósito bastam para que a mulher dos Peixes saia desse universo maravilhoso em que se sentia feliz. Mas, quando deixa de amar, não sofre e aquele a quem adorava na véspera já não exerce qualquer fascínio sobre ela. Passa duma relação amorosa para outra com uma disponibilidade intacta, uma capacidade de se maravilhar nunca ensombrada. É um estado de graça.

Foi isso que Richard Burton, o gaulês apaixonado, o Escorpião violento, nunca compreendeu em Liz, o Peixe de coração múltiplo...

Quadro 12   *PEIXES*

É claro que nem todos os Peixes são iguais. O factor *ascendente* é essencial.

Reporte-se ao quadro que se segue; saberá imediatamente qual é o seu ascendente.

SE NASCEU ENTRE 21 e 28 (29) de FEVEREIRO:

Nascimento entre Portugal	Brasil	Ascendente
8 h 21 m e 9 h 34 m	7 h 51 m e 10 h 3 m	Carneiro
9 h 34 m e 11 h 2 m	10 h 3 m e 12 h 18 m	Touro
11 h 2 m e 12 h 57 m	12 h 18 m e 14 h 33 m	Gémeos
12 h 57 m e 15 h 19 m	14 h 33 m e 16 h 34 m	Caranguejo
15 h 19 m e 17 h 49 m	16 h 34 m e 18 h 17 m	Leão
17 h 49 m e 20 h 18 m	18 h 17 m e 19 h 49 m	Virgem
20 h 18 m e 22 h 46 m	19 h 49 m e 21 h 21 m	Balança
22 h 46 m e 1 h 21 m	21 h 21 m e 23 h 7 m	Escorpião
1 h 21 m e 3 h 42 m	23 h 7 m e 1 h 9 m	Sagitário
3 h 42 m e 5 h 37 m	1 h 9 m e 3 h 24 m	Capricórnio
5 h 37 m e 7 h 3 m	3 h 24 m e 5 h 39 m	Aquário
7 h 3 m e 8 h 21 m	5 h 39 m e 7 h 51 m	Peixes

SE NASCEU ENTRE 1 e 10 de MARÇO:

Nascimento entre		Ascendente
Portugal	Brasil	
7 h 45 m e 8 h 59 m	7 h 8 m e 9 h 20 m	Carneiro
8 h 59 m e 10 h 28 m	9 h 20 m e 11 h 35 m	Touro
10 h 28 m e 12 h 22 m	11 h 35 m e 13 h 50 m	Gémeos
12 h 22 m e 14 h 44 m	13 h 50 m e 15 h 51 m	Caranguejo
14 h 44 m e 17 h 14 m	15 h 51 m e 17 h 34 m	Leão
17 h 14 m e 19 h 43 m	17 h 34 m e 19 h 6 m	Virgem
19 h 43 m e 22 h 12 m	19 h 6 m e 20 h 38 m	Balança
22 h 12 m e 00 h 46 m	20 h 38 m e 22 h 25 m	Escorpião
00 h 46 m e 3 h 7 m	22 h 25 m e 00 h 26 m	Sagitário
3 h 7 m e 5 h 2 m	00 h 26 m e 2 h 41 m	Capricórnio
5 h 2 m e 6 h 28 m	2 h 41 m e 4 h 57 m	Aquário
6 h 28 m e 7 h 45 m	4 h 57 m e 7 h 8 m	Peixes

SE NASCEU ENTRE 11 e 20 de MARÇO:

Nascimento entre		Ascendente
Portugal	Brasil	
7 h 6 m e 8 h 20 m	6 h 29 m e 8 h 41 m	Carneiro
8 h 20 m e 9 h 49 m	8 h 41 m e 10 h 57 m	Touro
9 h 49 m e 11 h 33 m	10 h 57 m e 13 h 11 m	Gémeos
11 h 33 m e 14 h 5 m	13 h 11 m e 15 h 12 m	Caranguejo
14 h 5 m e 16 h 36 m	15 h 12 m e 16 h 56 m	Leão
16 h 36 m e 19 h 4 m	16 h 56 m e 18 h 27 m	Virgem
19 h 4 m e 21 h 33 m	18 h 27 m e 19 h 59 m	Balança
21 h 33 m e 00 h 7 m	19 h 59 m e 21 h 46 m	Escorpião
00 h 7 m e 2 h 28 m	21 h 46 m e 23 h 43 m	Sagitário
2 h 28 m e 4 h 24 m	23 h 43 m e 2 h 2 m	Capricórnio
4 h 24 m e 5 h 49 m	2 h 2 m e 4 h 18 m	Aquário
5 h 49 m e 7 h 6 m	4 h 18 m e 6 h 29 m	Peixes

PEIXES *ascendente* CARNEIRO (Neptuno-Marte) Água-Fogo:

(Cf. Carneiro-Peixes). Dois temperamentos opostos: um, feito de passividade, de sonho; o outro de actividade, de agressividade. O Carneiro transporta-o para a infância dando, a pouco e pouco, lugar à imaginação Peixes. A união dos dois permite a exteriorização da vida secreta. Muitas vezes, profundamente místico. Mas se escolher o retiro da vida monástica, será superior do convento ou fundará uma ordem. Muito encanto, presença, gentileza. É difícil apercebermo-nos das suas verdadeiras intenções. Atracção pela Balança.

PEIXES *ascendente* TOURO (Neptuno-Vénus) Água-Terra:

(Cf. Touro-Peixes). Temperamento voluptuoso e sensual; muito intuitivo; possui um poder sobre os outros mesclado de sexualidade e de mistério. Acessos de generosidade, gestos altruistas... com o objectivo de agradar a si próprio. Procura conciliar o prazer com a sua própria consciência. Sorte ou acaso responsáveis pelo êxito. Atenção aos desequilíbrios glandulares, sobretudo nas mulheres. Atracção pelo Escorpião (Liz Taylor; Burton é Escorpião).

PEIXES *ascendente* GÉMEOS (Neptuno-Mercúrio) Água-Ar:

(Cf. Gémeos-Peixes). Desorienta qualquer um. Muda constantemente de opinião, quase sem dar por isso. Brinca com os outros e com os seus próprios sentimentos. Recusa o aborrecimento. Caprichoso; raciocina logicamente a partir de premissas irracionais. Uma faceta de prestigitador, escamoteador. Encantador e insuportável. Destino desigual, com golpes de sorte. Artista mas preguiçoso, caprichoso ou *diletante*. Atracção pelo Sagitário.

PEIXES *ascendente* CARANGUEJO (Neptuno-Lua) Água-Água:

(Cf. Caranguejo-Peixes). Natureza feminina, mesmo nos homens, muito intuitiva, hipersensível, romanesca e ingénua, linfática e sonhadora; projecta permanentemente o seu «filme imaginativo». Gosta da mudança, da evasão; sempre apaixonado por um fantasma. Na vida profissional, mais empreendedor e enérgico, graças ao meio do céu em Carneiro. Tende a ser preguiçoso, procura o conforto e a facilidade. Gosta do jogo, conta com a intuição para resolver os problemas. Aprecia o mistério. Prefere as mulheres maternas e é agarrado aos filhos. Fortes tendências masoquistas. Atracção pelo Capricórnio.

PEIXES *ascendente* LEÃO (Neptuno-Sol) Água-Fogo:

(Cf. Leão-Peixes). Magnetismo. Tende a construir um personagem Leão que não «é» ele. Daí mitomania, gabarolice e *whisfull thinking*. Sofrimentos na vida que o obrigarão a mostrar-se mais humilde, a assumir as suas angústias. Com o tempo, dons de curandeiro ou de médium. Forte egocentrismo e altruismo sincero. Muitas vezes um divórcio difícil; deve procurar as uniões livres. Atracção pelo Aquário.

PEIXES *ascendente* VIRGEM (Neptuno-Mercúrio) Água-Terra:

(Cf. Virgem-Peixes). Generoso e mesquinho, intuitivo e limitado, obedece às modas, desinteressado até ao absurdo e «forreta». Várias profissões. Aspirações contraditórias: hesita entre a arte e uma actividade altruista (médico, veterinário). Interesse pela econologia, pela saúde, pela dietética, podendo enriquecer graças a isso. Vários casamentos ou uniões. Moralista em matéria de educação e amoral na vida. Atracção pelos Peixes.

PEIXES *ascendente* BALANÇA (Neptuno-Vénus) Água-Ar:

(Cf. estrutura inversa). Grandes apaixonados, sedentos de ternura. Procuram seduzir qualquer pessoa que se lhes atravesse no caminho. Prontos a todas as concessões, mas desligam-se uma vez feita a conquista. Deixa-se explorar. Falta de energia e de força de carácter; dá importância a pormenores. Muitas vezes, tem bons contactos com o público. Mudança de profissões. Atracção pelo Carneiro.

PEIXES *ascendente* ESCORPIÃO (Neptuno-Plutão) Água-Água:

(Cf. Escorpião-Peixes). Intuição e encanto; através dum comportamento brusco, conquista as simpatias. Não deve forçar a sorte, mas agir quando o seu instinto — e não os outros — lho ordena. Personalidade misteriosa e difícil de se dar a conhecer; ou mostra o aspecto agressivo do Escorpião ou a faceta sonhadora e idealista do Peixes. Gosto pela manipulação secreta ou busca de poderes ocultos que lhe conferem prestígio e influência. Atracção pelo Touro (J. Ghaban-Delmas).

PEIXES *ascendente* SAGITÁRIO (Neptuno-Júpiter) Água-Fogo:

(Cf. Sagitário-Peixes). Deve aprender a não contar demasiado com as suas próprias forças, com o acaso ou com a intuição, como costuma fazer. Vida «amordaçada», com mudanças e viagens. Mais atraído pelos estrangeiros do que pelas pessoas da sua raça ou nação. Paixão do jogo, sob todas as suas formas. Muitas vezes é religioso ou místico, sofre uma atracção pelas filosofias longínquas, pelo *zen*... Vida raramente à altura do sonho, do ideal. Atracção pelos Gémeos.

PEIXES *ascendente* CAPRICÓRNIO (Neptuno-Saturno) Água-Terra:

(Cf. Capricórnio-Peixes). Um termo que tomamos por uma pessoa fria; um fruidor das coisas boas da vida que consideramos moralista. Um lado «sacerdote» contra a sua própria vontade. Gosto pela literatura, pela medicina, pela filosofia, pela edição. Fraco, mas procura as responsabilidades. Diplomata, embora não o pareça. Ama a justiça e a honestidade. Conflito entre uma consciência culpabilizante e uma natureza menos moral. Muito humor. Atracção pelo Caranguejo.

PEIXES *ascendente* AQUÁRIO (Neptuno-Urano) Água-Ar:

(Cf. Aquário-Peixes). Próximo da estrutura inversa; o aspecto inconsciente da personalidade domina. Frequentes mudanças, provações, lutas, inimizades poderosas que não compreende. Interesse pelo *exoterismo,* pela alquimia, pelo mundo inconsciente e simbólico. Difícil de captar. Impossível de ser «aprisionado» num casamento, embora seja objecto de afeições profundas. Perigos originados pela ilusão, pela utopia. Atração pelo Leão.

PEIXES *ascendente* PEIXES (Neptuno-Neptuno) Água-Água:

Receptivo, perceptivo, intuitivo. Não reflecte mas «sente». Tentação constante de fuga do real, para a irresponsabilidade. Julga-se sempre inocente, não deixa que nada nem ninguém lhe prenda os movimentos; adapta-se a tudo mas nunca se integra. Desliza entre duas águas, refugiado no seu universo de «sinais» e de símbolos, ligado ao inconciente colectivo e arcaico. Aprende sem compreender, sabe sem aprender. Atração pela Virgem.

IV

AS AFINIDADES ENTRE OS SIGNOS

O nosso objectivo neste capítulo não é afirmar que o Carneiro se dá bem com o Leão e não pode compreender o Capricórnio. Para avaliar as afinidades que existem entre dois seres, as hipóteses que têm de ser felizes juntos, há que estabelecer os temas astrais, que comparar as relações de cada um com as suas «imagens paternais» e «maternais», definir o seu companheiro ideal, o seu «arquétipo», especificar a natureza do seu erotismo, comparar as relações de Vénus e de Marte, do Sol e da Lua... etc. Uma consulta a um astrólogo com base nestes dados, antes de decidir-se a encetar uma união, pode constituir uma ajuda preciosa. Ele avaliará igualmente as possibilidades de entendimento, calculando os dominantes de cada um: um homem que possuir numerosos valores femininos terá vantagem em desposar uma mulher com valores masculinos importantes: é aquilo a que se chama a *união complementar,* que surpreende com frequência o observador estranho, incapaz de captar os laços que unem o homem fraco e apagado, por exemplo, à mulher dominadora. No entanto esta combinação existe e perdura através dos desentendimentos e das guerras, dos gritos e das lágrimas... por vezes, simplesmente, graças a uma consciência das carências respectivas e do que cada um recebe do outro.

O artista ou o sonhador que sabe a necessidade que tem duma mãe que se ocupe da sua vida material; a mulher-criança, incapaz de se defender, que casa com um homem «que podia ser pai dela» e que, na realidade, desempenha esse papel. Da mesma maneira, o «carrasco» desposará a «vítima» e a vítima escolherá o carrasco com um instinto seguro: recordamos a peça de Albee, *Quem tem medo de Virgina Woolf?*, que trata dum casal em que o marido e a mulher quase se matam um ao outro, mas reencontram uma cumplicidade profunda diante das testemunhas inocentes que não compreenderam nada. Nessa altura empenham-se, como uma crueldade requintada, a «enfiar um barrete» aos convidados...

O outro tipo de união repousa na *similitude*. Origina casais sem história, que se entendem bem, que nunca discutem e em que o parceiro é considerado como um outro «eu». Só o aborrecimento pode abrir a brecha que fará ruir o edifício.

O ideal seria, pois, o casamento entre dois seres que apresentassem simultaneamente relações de complementaridade e relações de afinidade. Esta combinação é muitas vezes conseguida pela relação entre os Signos solares (ou de nascimento) de cada um e os signos ascendentes: por exemplo, dois seres com Signos solares complementares e Signos ascendentes em afinidade: assim, um nativo do Touro e uma nativa do Peixe têm Sóis complementares. Se o homem possuir um ascendente Sagitário e a mulher um ascendente Leão, os ascendentes serão afins: o casal tem, portanto, trunfos na mão.

Por vezes, existe desarmonia entre dois signos solares mas os ascendentes compensarão e corrigirão as dificuldades iniciais.

Vamos, pois, passar em revista as relações entre os Signos do Zodíaco, assinalando as suas formas de entendimento e os seus pontos de fricção; não queremos deixar de sublinhar que *esta aproximação não basta* e permanece no domínio da teoria.

O CARNEIRO E OS OUTROS

Carneiro e Carneiro: relação típica de similitude mas entre duas naturezas apaixonadas, violentas, íntegras. Só se torna possível se a mulher se submeter ao homem, se não levar os confrontos demasiado longe.

Carneiro e Touro: relação complementar. O Touro acalma o Carneiro e dá-lhe estabilidade, meios de realização. Conserva os pés na Terra, ao passo que o Carneiro brinca com os perigos e procura as aventuras. O Carneiro é um marciano, o Touro, um Venusiano: o entendimento será fortemente sexualizado.

Carneiro e Gémeos: relação complementar entre este marciano e este mercuriano... mas a união está ameaçada, uma vez que um é apaixonado e o outro nega precisamente a paixão. Uma relação essencialmente amistosa.
Carneiro e Caranguejo: muitas vezes, uma ligação de vítima e carrasco, mas onde existe cumplicidade. Se a mllher é Caranguejo e o homem Carneiro, o jogo torna-se possível...
Carneiro e Leão: relação de afinidade entre dois «Fogos»: o mesmo amor pelo risco, a mesma paixão, a mesma generosidade e o mesmo narcisismo... mas arriscam-se a queimar-se um no outro, a esgotar muito depressa o amor que os liga.
Carneiro e Virgem: nos antípodas um do outro. Um gosta da aventura, o outro teme a insegurança. Esta combinação torna-se válida, sobretudo, —— e de forma notável — no trabalho.
Carneiro e Balança: dois signos complementares. Cada um tem a sua «noite» no Signo do outro. Chocam-se e adivinham-se um ao outro, cada um se apercebe do que o companheiro pretende esconder de si próprio. Uma relação de fascinação: Simone Signoret, Yves Montand.
Carneiro e Escorpião: subtil e complicado. Os jogos sádicos são inevitáveis; a agressividade, as relações de força, surgem disfarçadamente, por causa do Fogo e da Água que impregnam os Signos. Relação apaixonada, perigosa, difícil.
Carneiro e Sagitário: afinidade de dois signos de Fogo que possuem o mesmo gosto pela aventura, pela acção, em que o segundo serve de base ao êxito do primeiro .Com riscos de rivalidade, sobretudo se a profissão é a mesma.
Carneiro e Capricórnio: complementar mas difícil, por causa duma diferença de ritmo entre este marciano rápido e «inflamado» e um saturniano perserverante e prudente. Podem entender-se no trabalho, se fizerem concessões. Acordo de princípios.
Carneiro e Aquário: um casal que nunca se aborrecerá. Sob condição de aguentarem os primeiros *rounds*. A cumplicidade que existe entre Marte e Urano, que dominam respectivamente os dois Signos, é como a da pólvora com o lume! Na amizade, no trabalho, pode ser fenomenal. União possível, sem casamento.
Carneiro e Peixes: este marciano só muito dificilmente compreenderá o universo dos Peixes; estes escapar-lhe-ão sempre por entre os dedos, e a sua paixão pode ser exacerbada por isso ...ou morrer. A Água dos Peixes extinguirá sem dúvida.

o Fogo do Carneiro. A menos que outros elementos do tema tragam um equilíbrio... (Cf. a paixão e o fracasso do par Belmondo-Ursula Andress).

O TOURO E OS OUTROS

Touro e Touro: relação possível numa harmonia venusiana e terrestre, na condição de haver uma casa, filhos, terra, dinheiro. É provável que um dia sofra de falta de estímulo, mas dão-se bem fisicamente e sabem evitar problemas.

Touro e Gémeos: complementares no trabalho; o Gémeos aperfeiçoa aquilo que o Touro aplaina. Em amor, o diálogo é ingrato entre este venusiano de Terra e este mercuriano de Ar. O segundo fascina o primeiro. Mais vale que, no casal, a mulher seja Touro; fornecerá raízes ao outro.

Touro e Caranguejo: excelente associação complementar entre a Terra e a Água: um clima doce, afectivo, entre Vénus e a Lua. Atracção comum pela família, pelos filhos, pela casa.

Touro e Leão: dois signos fixos que podem chocar-se, mas construir juntos. O casal pode manter-se, na condição da mulher pertencer ao Touro e admitir a superioridade do Leão, submetendo-se às suas decisões...

Touro e Virgem: relações de afinidade entre Signos de Terra; o Mercúrio da Virgem pode estimular o Touro, a Vénus do Touro despertar a afectividade da Virgem e dar-lhe segurança. Mas a Virgem corre o risco de se aborrecer e o Touro de se sentir frustrado... Foi isso que sucedeu entre Audrey Hepburn e Mel Ferrer?

Touro e Balança: quantos mal entendidos são possíveis entre estes dois venusianos que não adoram a mesma deusa! Um, gosta segundo a carne. o outro, segundo o espírito. Mas se estes dois artistas fizerem um esforço de aproximação, podem conhecer a felicidade.

Touro e Escorpião: é a atracção clássica dos signos opostos. Tudo assenta aqui no «eixo genésico». A relação será essencialmente sexual. Com algo de eternamente insatisfeito. O Escorpião pode fazer pagar caro ao Touro o prazer que lhe dá. O fracasso do casal Romain Gary-Jean Seberg é um exemplo do que acabamos de afirmar.

Touro e Sagitário: neste venusiano e neste jupiteriano há o mesmo amor pela vida, o mesmo gosto pela saúde. Mas nesta relação Terra-Fogo algo tem de ser ultrapassado, vencido; ou se traduz num fracasso absoluto ou num êxito absoluto.

Touro e Capricórnio: afinidade dos Signos de Terra, perfeitos no trabalho, nas tarefas de longa duração. Gostam da terra, do que é estável, têm o sentido do tempo. Jacques Dutronc (Touro-Peixes) e Françoise Hardy (Capricórnio-Virgem). Por causa da oposição dos seus ascendentes (Peixes e Virqem) e das afinidades terrestres podem adorar-se, perder-se e reencontrar-se... durante muito tempo. União ideal da idade madura.

Touro e Aquário: o Touro, possessivo e terrestre, abdicará depressa diante do Aquário aéreo que não suporta qualquer constrangimento, qualquer prisão. Mas são capazes duma grande amizade um ao outro. O lado concreto do Touro é susceptível de ajudar o Aquário a realizar o que, nele, não passa de projectos.

Touro e Peixes: complementaridade profunda entre este venusiano de Terra e este neptuniano de Água; o segundo subjuga o primeiro e este amarra o segundo, evitando assim que ande à deriva. Laços profundos com raízes misteriosas, psíquicas, sensuais, afectivas.

OS GÉMEOS E OS OUTROS

Gémeos e Gémeos: divertir-se-ão bastante... durante algum tempo. Mas cansar-se-ão de ver no espelho que o outro segura um rosto que conhecem demasiado bem. Amores de adolescentes, do primo pela prima: quase um incesto...

Gémeos e Caranguejo: um certo entendimento, uma infância partilhada, mas não se ajudam um ao outro a adquirir maturidade. Perfeito em relações de amizade e, por vezes, para uma criação comum; o casal só é viável quando não existem responsabilidades.

Gémeos e Leão: relação complementar, mas é preciso evitar a rivalidade. Choques possíveis de dois egoismos. O Gémeos adapta-se, o Leão tenta compreender...

Gémeos e Virgem: relação difícil mas, com a cumplicidade dos Signos mercurianos, pode ser dominada pela inteligência e pela cerebralidade. A Virgem ajudará o Gémeos a realizar-se.

Gémeos e Balança: afinidade dos signos de Ar. Duas naturezas artísticas, sensíveis, inteligentes. Mas os valores de Terra são necessários para compensar a sua dupla instabilidade. Um perigo: o romantimo que, na Balança, é exagerado, falta aos Gémeos.

Gémeos e Escorpião: um interesse mútuo; uma espécie de respeito, num, pela sinceridade do outro e no outro pela lucidez do primeiro. Frequentemente há uma fascinação, mas com o tempo a natureza crítica e negativa dos signos arrisca-se a destruir tudo. O príncipe Rainier e Grace Kelly parecem ter vencido as dificuldades...

Gémeos e Sagitário: atracção clássica entre dois signos opostos e complementares, mas complexos, ambos com o gosto pelo jogo, embora não obedeçam às mesmas regras. A emotividade do Sagitário não resistirá ao cinismo dos Gémeos. Mas, se jogarem juntos, como Guy Bedos e Sophia Daumier, tudo correrá bem!

Gémeos e Capricórnio: uma relação interessante porque é profundamente complementar: a juventude dum compensa a extrema maturidade do outro. O Ar dos Gémeos alivia o universo terrestre e pesado do Capricórnio que, em compensação, dá raízes aos Gémeos. Pode suceder também que se detestem.

Gémeos e Aquário: afinidades dos Signos de Ar, ambos cerebrais, ambos com amor pela liberdade; a tal ponto que correm o risco de levantar voo... Uma maravilhosa relação de amizade e amores que se transformam com frequência em laços amigáveis.

Gémeos e Peixes: dois universos incompatíveis. Não podem compreender-se. O Gémeos liga-se ao seu sistema lógico, os Peixes não flncionam senão duma forma irracional e intuitiva. Até as amizades são difíceis e a irritação, em breve, se torna recíproca.

O CARANGUEJO E OS OUTROS

Caranguejo e Caranguejo: pode ter um resultado desastroso. Farão cenas um ao outro, amuarão juntos... mas só dificilmente abandonarão o seu universo infantil e as responsabilidades assustá-los-ão.

Caranguejo e Leão: é um casal. A Lua e o Sol, que dominam os signos, formam um excelente conjunto para fundar uma família. O ideal seria, evidentemente, que o homem pertencesse ao Leão e a mulher ao Caranguejo. Os filhos de ambos crescerão num ambiente feliz.

Caranguejo e Virgem: um amor comum pela casa, por uma vida calma e sem surpresas. O Caranguejo lamentar-se-á, por vezes, dos silêncios da Virgem e a Virgem queixar-se-á dos caprichos boémios do Caranguejo, mas o entendimento existe.

Caranguejo e Balança: entre este romanesco e esta romântica, é difícil o acordo. O Caranguejo espera da Balança uma força que ela não tem e a Balança não alcança qualquer domínio sobre o Caranguejo. Aparentemente, deviam entender-se; sentem muitas coisas de maneira semelhante, mas sentimentalidade a mais pode destruir um casal.

Caranguejo e Escorpião: afinidades entre signos de Água; aqui tudo se passa através da cumplicidade psíquica, da sensação. É frequente um bom entendimento físico mas podem surgir relações sado-masoquistas perigosas. O Caranguejo provoca demasiado a natureza violenta e destrutiva do Escorpião. Ligação profunda e frágil.

Caranguejo e Sagitário: nada se pode prever. Podem ter o mesmo gosto pelas viagens, pela aventura ou por uma vida familiar tradicional. Ou desiludirem-se mutuamente, porque o Sagitário julga proteger uma criatura frágil — que não o é — e o Caranguejo espera viver uma existência cheia de imprevistos com um Sagitário que se revela apreciador de «pantufas».

Caranguejo e Capricórnio: atracção entre dois pólos opostos. A princípio, tudo parece maravilhoso. O Capricórnio sente-se «encantado» com o Caranguejo afectuoso, terno e pronto a libertá-lo das suas frustrações. Em contrapartida, o Caranguejo está maravilhado com a profundidade, com a sinceridade do Capricórnio. Ao fim de alguns anos, o Caranguejo acha o Capricórnio demasiado rígido e o Capricórnio considera o Caranguejo demasiado infantil. Nunca se esquecerão um do outro.

Caranguejo e Aquário: um par engraçado. Há entre eles cumplicidade e, muitas vezes, uma relação de amizade maravilhosa. A ingenuidade do Aquário é conquistada pelo universo poético do Caranguejo. Mas, com o tempo, e apesar da admi-

ração que o Caranguejo nutre pelo Aquário, ser-lhes-á difícil aguentar e manterem-se juntos.
Caranguejo e Peixes: existem afinidades indubitáveis entre estes dois Signos de Água que «caminham por intuição», que reagem de modo psíquico e afectivo, que se compreendem sem palavras. Mas nem um nem outro estão suficientemente integrados na realidade e o casal, a braços com as preocupações do dia-a-dia, arrisca-se a não resistir.

O LEÃO E OS OUTROS

Leão e Leão: muito arriscado... As feridas de amor-próprio, a necessidade de admiração que ambos sentem, as cóleras, as rivalidades,... tudo obstáculos quase insuperáveis. Especialmente se ambos exercerem a mesma profissão.
Leão e Virgem: se a Virgem for mulher e se puser inteiramente ao serviço do Leão, se o admirar e se dedicar a ele de corpo e alma, o casal pode durar eternamente. A relação intelectual será satisfatória; afectivamente, podem faltar à Virgem aqueles entusiasmos de que o Leão necessita.
Leão e Balança: dois românticos, dois sentimentais. Na aparência, não lhes falta nada para se compreenderem; ligação feliz; se o homem for Leão, terá orgulho nela, e ela sentir-se-á protegida. Gostarão das mesmas coisas, mas talvez ambos se empenhem demasiado em agradar...
Leão e Escorpião: dois Signos Fixos a que não falta força. Juntos, podem realizar grandes coisas! talvez discutam, talvez se arranhem... mas com paixão.
Leão e Sagitário: afinidades de Signos de Fogo. A cumplicidade, aqui, é profunda. Uma existência comum torná-los-á felizes a ambos; o Sagitário apoiará o Leão, ajundando-o a triunfar e reciprocamente; no entanto, devem optar por actividades diferentes.
Leão e Capricórnio: nem sempre se compreendem, mas gostam um do outro. O Capricórnio critica ao Leão a sua faceta «teatral» e o Leão acusará o Capricórnio de ser demasiado prudente, de falta de entusiasmo. Mas completam-se bem na acção: o Leão vê as coisas em grande e o Capricórnio tem vistas largas.

Leão e Aquário: atracção dos Signos opostos mais válida na amizade que no amor. Têm tendência a criticar-se mutuamente; o Aquário acha o Leão egocêntrico e narcísico; o Leão acusa o Aquário de se perder em teorias em vez de agir. Mas pressentem-se um ao outro. Um risco: o Aquário pode não suportar o autoritarismo do Leão.
Leão e Peixes: relação difícil, excepto se os Peixes se colocar ao serviço do Leão, o admirar sem reservas, puser à disposição dele o seu universo sensível e intuitivo; nessa altura, o Leão protegerá o Peixes, defendendo-o dele próprio. Era preferível que a mulher pertencesse ao signo dos Peixes. Se for Leão, suportará mal a forma como o Peixes troça da realidade.

A VIRGEM E OS OUTROS

Virgem e Virgem: fechar-se-ão na sua angústia perante o futuro, no seu receio de falhar; um universo que diminuirá de tamanho, ficando limitado ao horizonte do conformismo e das convenções. Não tardam a aborrecer-se e... a fazer economias.
Virgem e Balança: a Virgem é sensível ao encanto da Balança, mas não demora a irritar-se com a sua afectividade excessiva. A Balança sentir-se-á atraída pela inteligência prática e lógica da Virgem, mas criticar-lhe-á a sua falta de ternura. De duração problemática.
Virgem e Escorpião: relação complementar. O Escorpião estimula a Virgem, dando-lhe maior audácia; a Virgem acalmará as angústias do Escorpião. Aliam-se muitas vezes para criticar os outros e brincam com a sua própria lucidez.
Virgem e Sagitário: a Virgem liga-se ao Sagitário porque ele lhe alarga os horizontes mas este cansar-se-á depressa duma Virgem demasiado presa às suas panelas ou exageradamente timorata. Mas a atracção existe: o Sagitário sente-se espontaneamente protector em relação à Virgem e ela recebe o seu optimismo com gratidão. Se o diálogo se estabelecer, os problemas podem resolver-se.
Virgem e Capricórnio: afinidades dos Signos de Terra, mas aqui as semelhanças prejudicam. A Virgem é demasiado secreta, demasiado silenciosa para o Capricórnio, que tem necessidade de se sentir amado e compreendido. O Capricórnio

não se mostra suficientemente lisonjeador para com a Virgem mas precisa de ser encorajada. Com o decorrer dos anos, arriscam-se a fechar-se no silêncio. Mas defenderão juntos a propriedade de ambos. Apreço intelectual recíproco.

Virgem e Aquário: só uma «Virgem louca» poderá entender-se com o Aquário, suportar a sua independência e fantasia. A «Virgem ajuizada» viveria numa insegurança permanente, passaria o tempo a recear o futuro e o Aquário não conseguiria aguentar um peso desses. Os escolhos terão sido evitados por Beatriz da Holanda e o seu marido «Virgem»?

Virgem e Peixes: atracção dos opostos. A princípio, tudo é maravilhoso; os Peixes fazem sonhar a Virgem que lhes fornece uma realidade bem dominada. Ao cabo dum certo tempo, tornam-se estranhos um ao outro, isolando-se cada um na sua ilha; encontram-se a resolver palavras cruzadas ou em frente do aparelho de televisão. Ou então têm uma vida secreta. J.-L. Berrault e Madeleine Renault, que estão apaixonados um pelo outro, desmentem o que acabamos de afirmar, felizmente...

A BALANÇA E OS OUTROS

Balança e Balança: podem dar-se bem porque têm a mesma preocupação da harmonia e de compreensão, a mesma necessidade de beleza, gostos idênticos. A falha pode ser originada por um excesso de concessões, por uma preocupação exagerada em não ferir o outro, talvez por uma dificuldade em se manterem fiéis.

Balança e Escorpião: há uma cumplicidade. Mas arriscam-se a fazer-se sofrer um ao outro sem nunca conseguirem separar-se. Atenção à irritação do Escorpião, muito mais enérgico e determinado.

Balança e Sagitário: harmonia entre estes dois signos que demonstram boa vontade na vida quotidiana e procurarão compreender-se e ajudar-se mutuamente. Podem alcançar um belo êxito. Um casal ligeiramente «burguês».

Balança e Capricórnio: a Balança é susceptível e suporta mal sentir-se — ou julgar-se — criticada pelo Capricórnio; no entanto, ele dar-lhe-á a afeição de que necessita, mas não exterioriza suficientemente os seus sentimentos para os gostos da

Balança. Julgá-lo-á frio, quando ele é apenas secreto. Um casal acerca do qual se torna arriscado fazer juízos.

Balança e Aquário: afinidades dos Signos de Ar; a Balança respeitará a liberdade do Aquário, mas manifesta um sentido do casal que falta ao Aquário e a distracção deste fá-la-á sofrer... No entanto, ele encontrará junto dela muito daquilo que espera duma relação afectiva. Necessidade de relações complementares através dos «ascendentes».

Balança e Peixes: dois signos afectivos e sentimentais, mas o mal entendido pode surgir a cada momento entre este cerebral romântico e este romanesco intuitivo e sonhador. Correm o risco de passar um pelo outro sem se compreenderem.

O ESCORPIÃO E OS OUTROS

Escorpião e Escorpião: relações perigosas entre dois seres que ou optam por destruir-se a si próprios ou por destruir o outro, desempenhando alternadamente o papel de carrasco e o papel de vítima. Tudo isto num clima de paixão intensa, com reconciliações na «travesseira» que o outro pagará com juros. O inferno. Há quem goste...

Escorpião e Sagitário: o optimismo do Sagitário, a confiança que tem na sua boa estrela, pode fazer lucrar o Escorpião que. por seu lado, com a energia psíquica de que é dotado, servirá de apoio ao Sagitário. Juntos, podem conseguir tudo... Mas, por vezes, a emotividade do Sagitário será submetida a rudes provas e a sua faceta «escuteiro» irritará o Escorpião. Um autêntico casal: Nadine e Jean-Louis Trintignant.

Escorpião e Capricórnio: o Escorpião sabe bem até que ponto o sensível e secreto Capricórnio é vulnerável; em troca, o Capricórnio pode atingir o Escorpião, sem mesmo ter consciência disso. Susceptíveis, se são inteligentes, de trazerem progressos um ao outro; ou de se odiar. Uma relação dura, mas rica e profunda. (Sofia da Grécia e Juan Carlos de Espanha).

Escorpião e Aquário: trocam ideias entre si, estimulam-se mutuamente; a inteligência dum alimenta-se da intuição e da perspicácia do outro. Um risco: a fragilidade do Aquário frente às agressões do Escorpião. Por seu lado, o Escorpião pode sentir-se desiludido pelo aspecto «corrente de ar» do Aquário.

Escorpião e Peixes: afinidades dos Signos de Água que se compreendem por meias palavras, que se adivinham um ao outro e comunicam simultaneamente no plano sensual e no plano físico. Este casal surpreende. Uma relação intensa e misteriosa alimentada, sobretudo, por uma fascinação mútua; um pouco perigosa para ambas as partes. Por vezes rebentam os dramas... Um exemplo disso é o casal Richard Burton-Elisabeth Taylor.

O SAGITÁRIO E OS OUTROS

Sagitário e Sagitário: entendem-se bem e ambos dão mostras de boa vontade. Mas os seus defeitos, que os irritam neles próprios, acabam por os cansar um do outro: é difícil proteger um protector... Podem salvar-se através do diálogo.
Sagitário e Capricórnio: a natureza optimista dum. compensa e completa o pessimismo do outro; podem respeitar-se e ter uma confiança recíproca. Mas o Sagitário vive num ritmo que não convém ao Capricórnio. os amores tumultuosos de Frank Sinatra e Ava Gardner não resistiram ao passar dos anos.
Sagitário e Aquário: muito complementar; o Sagitário admira a inteligência do Aquário e exige muito dele, mas sabe que o pode fazer. O Aquário, mais voluntarista. Gostam de viajar juntos, de descobrir o mundo. Talvez mais felizes na amizade que no amor, uma vez que ambos são muito independentes.
Sagitário e Peixes: encontram no outro o que os irrita e desconcerta neles próprios, mas acabam por se compreender e por se amar. Possuem muitos gostos em comum e a mesma paixão pela viagem. O Sagitário deve, acima de tudo, evitar «aburguesar-se» se quer conservar o amor do Peixes neptuniano. O outro adapta-se.

O CAPRICÓRNIO E OS OUTROS

Capricórnio e Capricórnio: compreendem-se numa relação amigável e dão segurança um ao outro através dessa cumplicidade mas, em amor, podem deixar-se afundar devido ao peso que os caracteriza e às frustrações de que sofrem.

Capricórnio e Aquário: maravilhosamente complementares em amizade, sentimento que não desaparece com o tempo. Mas em amor, o Capricórnio irá sofrer com a incapacidade do Aquário para se comprometer e o Aquário considerará o Capricórnio demasiado rigoroso e moralista.

Caprocórnio e Peixes: entendem-se bem e o Capricórnio sente ternura pelo Peixes sem o levar demasiado a sério. Mas, se se deixar conduzir pela imaginação do Capricórnio, ele, que tão dificilmente sonha, pode sofrer de vertigens... Um casal: Fellini, Julietta Massina.

O AQUÁRIO E OS OUTROS

Aquário e Aquário: é a amizade ao quadrado; a solidariedade mantém-se contra os ventos e as marés. Só podem casar um com o outro se decidirem viver como se não fossem marido e mulher, pois não suportam a vida conjugal e os seus constrangimentos. Na liberdade mas completa, e porque não?

Aquário e Peixes: atraem-se mutuamente, mas compreendem-se mal. Um fala a linguagem da inteligência matemática abstracta e o outro a do coração e da sensibilidade. É também por isso que a atracção existe, mas só dificilmente entrarão no universo um do outro. O entendimento assenta em concessões ou no respeito pelas respectivas naturezas...

OS PEIXES E OS OUTROS

Peixes e Peixes: é o delírio, a loucura, o afogamento, um universo de sinais e de símbolos, de mistérios. São os únicos a conhecerem-se um ao outro e adivinham tudo sem palavras; relação incompreensível para os estranhos, tal como o é a de dois peixes num aquário. Mas o casal resiste com dificuldade a uma total ausência de domínio sobre o real.

AO LEITOR,

À LAIA DE CONCLUSÃO

Eis-nos agora aptos a adivinhar o Signo de nascimento daquele ou daquela que observamos à mesa dum restaurante ou que acaba de nos ser apresentado. Com um pouco de habilidade, não é difícil. Basta ser-se observador, ter memória e prestar atenção.

Descobrimos também que, graças a esta «chave», conseguimos saber mais acerca dela em poucos instantes do que em semanas inteiras de contacto assíduo.

E isto leva-nos a pôr a seguinte questão: se podemos adivinhar o signo de nascimento ou o signo ascendente — às vezes os dois — de alguém acerca do qual ignoramos tudo, não existirá «algo de verdadeiro» e de fascinante nesta astrologia que a ciência — no seu nível mais elevado — começa a redescobrir? Quer atribua ao elo existente entre o homem e o universo uma natureza puramente física, cósmica, magnética ou de qualquer outra espécie, a astrologia continua a ser um testemunho poético desses laços e uma *terra incógnita* digna de ser explorada.

ÍNDICE

INTRODUÇÃO 9
OS ELEMENTOS: FOGO, TERRA, AR, ÁGUA 21
SIGNOS MASCULINOS E FEMININOS 31
OS DOZE SIGNOS DO ZODÍACO 39
AS AFINIDADES ENTRE OS SIGNOS 233
AO LEITOR, À LAIA DE CONCLUSÃO 246

Execução gráfica
da
TIPOGRAFIA LOUSANENSE, LDA.
para
EDIÇÕES 70, LDA.
em Março de 2000